EXPLICATION DES GRAVURES.

Le frontispice repréfente la Vérité févere, qui, ayant brifé fes chaines, leve le rideau d'un pavillon royal, & en découvre l'intérieur, qu'elle éclaire de fon redoutable flambeau.

Sur le devant de ce pavillon, décoré des attributs de toutes les vertus, s'éleve un trône, d'où un monarque, accablé de pavots, tombe affaffiné ; à fes pieds expire un jeune prince fur fon chien égorgé ; & fur les marches du trône un coq fe débat fous un paon qui l'écrafe.

Sur un plan un peu plus enfoncé, une firene s'élançant du lit royal, d'une main ravit le fceptre au roi mourant, & de l'autre diftribue à fes favoris du poifon, des poignards & des cifeaux ; près d'elle on voit un bouc, fymbole de la lubricité.

Le lit eft porté par des coffres pleins d'or & par des débris d'inftrumens d'agriculture ; derriere ce lit on apperçoit la ftatue du dieu des jardins, qui remplace celle de l'hymen, foulée aux pieds. La firene a pour confeil la politique, repréfentée par une femme à deux vifages & mafquée, tenant des balances, fur les plateaux defquelles on lit ces mots : *Intérêt des princes*, & des branches d'oliviers fans fruit, emblême des traités trompeurs. Cette femme cache foigneufement une torche & une épée fous fon manteau, formé d'une peau de tigre retournée.

Un général, un magiftrat & la foule des courtifans viennent humblement recevoir les ordres de la firene.

A gauche, fur le premier plan, le génie de l'hiftoire, frappé d'horreur, s'efforce cependant de reprendre la plume, & de retracer cet odieux fpectacle pour l'inftruction des fiecles futurs.

Les quatre autres gravures repréfentent les principaux forfaits des reines de France, & font placées, la premiere page 15 ; la deuxieme page 20 ; la troifieme page 130 ; la quatrieme page 133.

*Un peuple est sans honneur et mérite ses chaînes,
Quand il baisse le front sous le sceptre des Reines.*

LES CRIMES

DES

REINES DE FRANCE,

DEPUIS

LE COMMENCEMENT DE LA MONARCHIE

JUSQU'A MARIE-ANTOINETTE.

PUBLIÉS PAR L. PRUDHOMME.

Avec cinq gravures.

A LONDRES.

1792.

AVANT-PROPOS.

LES rois de France n'ont pas tous été des animaux féroces démuselés; tous n'ont pas eu l'énergie convenable pour être des brigands consommés: car il faut peut-être plus d'énergie encore pour atteindre au comble de la scélératesse que pour parvenir au sommet de la vertu. Tous n'ont point commis eux-mêmes & à eux seuls les crimes qui rendent la lecture de nos annales si pénible & si dégoûtante : plusieurs de nos princes ont été puissamment secondés dans la carriere des forfaits par leurs meres ou leurs épouses; en sorte que l'histoire, qui jusqu'à présent n'est en effet que le récit des crimes des rois, ne seroit pas complete si on n'y joignoit les crimes des reines.

Les peuples qui ne sont pas encore las d'avoir des rois, devroient du moins exiger d'eux qu'ils fussent athées, bâtards & eunuques : athées, les prêtres n'auroient aucun ascendant sur leur esprit; bâtards, ils n'immoleroient pas les intérêts de la chose publique à des considérations de famille; eunuques, la couche royale ne deviendroit pas le théâtre honteux où de dangereuses sirenes prostituent les trésors de l'état à leur luxe effronté, les mœurs publiques au scandale de leur vie privée, la gloire nationale & la prospérité de l'empire à leurs passions, qui ne seroient peut-être que des vices chez de simples citoyennes, mais qui deviennent des crimes dans ce rang élevé.

Les lis ne filent point, disoient nos bons aïeux; & parce qu'ils ne voyoient pas le nom d'une femme en tête des ordonnances, ils étoient satisfaits, & se vantoient d'être le seul peuple parmi les modernes qui n'obéissoit point au sexe né lui-même pour obéir; & ils fermoient les yeux sur les infamies qui souillerent en tout tems l'intérieur du palais de leurs maîtres : quelquefois ils avoient le courage de s'en prendre aux valets de la cour, agens & complices des turpitudes qui s'y passoient; mais la personne royale étoit sacrée; & comme ils traitoient indistinctement de majesté le monarque & sa compagne, celle-ci, à l'ombre du trône de son mari, prenoit ses ébats en toute sécurité, & s'abandonnoit à tout ce dont est capable une femme qui se voit au-dessus des loix de la société, comme au-dessus des devoirs de son sexe, & dont l'impunité reconnue consacre d'avance les écarts personnels & les attentats publics.

L'ivresse du vin produit chez les femmes, plus de vices que chez les hommes; l'ivresse du pouvoir, l'engouement de la domination donnent des effets plus hideux & plus funestes encore de la part des premieres que de la part des seconds. Une femme qui peut tout est capable de tout ; une femme, devenue reine, change de sexe, se croit tout permis, & ne doute de rien : semblable à l'une des maîtresses de Jupiter, une reine est jalouse de lancer elle-même la foudre, au risque d'en être consumée la premiere.

Les reines qui ont tenu le sceptre en leur nom, ne sont pas celles qui ont fait le plus de mal ; elles étoient responsables, sinon à la loi, du moins à l'opinion, qui conduit quelquefois au châtiment plus vîte que la loi : ce sont les épouses des rois qui toutes s'obstinerent à se faire appeller reines, qui ont influé d'une maniere toujours fâcheuse sur la destinée des empires & le bonheur des peuples ; elles commirent presque toutes les iniquités de la politique, & ce sont leurs maris qui en portent la peine au tribunal de l'histoire, comme on l'écrivoit autrefois. Telle reine n'échappa au ressentiment public que parce qu'elle sut cacher le ressort de ses intrigues sous la pourpre maritale. Pour une Egérie qui ne donna que de sages conseils au bon Numa, que d'Agrippines ! Les deux Faustines souillerent les deux plus beaux regnes des annales de Rome. Antonin & Marc-Aurele eussent été les deux souverains les plus accomplis de toute l'histoire, sans leur foiblesse pour leurs femmes. Xantippe sur le trône eût peut-être fait de Socrate un despote. L'un des inconvéniens graves attachés à la monarchie, est l'ascendant des reines : jusqu'à ce qu'on ait trouvé un Epictete qui voulût se charger la tête d'une couronne, les peuples auront toujours à se mettre en garde contre leurs rois qui ne seront pas orphelins, célibataires ou veufs. Si les rois, plus foibles encore que les autres hommes, se laissent mener par leurs flatteurs, quel empire ne doit pas avoir sur eux une princesse adroite & ambitieuse, qui, pour obtenir, saisit ou fait naître les occasions où elle sait bien qu'on ne peut la refuser ? la mythologie des Hébreux nous en a laissé un emblême fort juste dans l'histoire de Samson & Dalila.

Le royaume de France ne tombe point en quenouille, mais nos souverains n'ont imité Hercule que dans ses foiblesses pour Omphale. La quenouille a frappé sur nos têtes un bien plus grand nombre de coups d'autorité que le sceptre.

Les vieux habitués des cours se récrient toutes les fois qu'un peuple, sorti de sa léthargie, retire à son roi les antiques prérogatives dont lui & ses prédécesseurs avoient tant de fois abusé. Laissons ces hommes faits au joug pleurer sur les débris de leurs chaînes qu'on a brisées malgré eux, & sur ce qu'ils appellent l'avilissement du pouvoir suprême. Jamais les nations qui gardent un roi à leur tête ne se montreront trop avares quand il s'agira des droits du trône. Les loix ne seront jamais trop séveres, trop précises, quand elles auront pour objet les limites de l'autorité souveraine; & le prince lui-même, s'il est marié & honnête homme, loin de s'en plaindre, applaudira à ces mesures de rigueur qui le sauvent de lui même dans ces momens consacrés par la nature, où le sage n'est qu'un homme. Si de simples citoyens doivent la ruine de leur état, de leur fortune & de leur réputation aux foiblesses qu'ils ont eues pour leurs compagnes, les rois bien pénétrés des devoirs attachés à ce titre, ne sauroient trop se mettre en garde contre un sexe toujours à craindre quand il est déplacé. Ce n'étoit pas sans de bonnes raisons que la nature l'avoit assujetti à des conditions propres à tempérer ses mouvemens d'orgueil & son attrait pour la domination.

C'étoit avertir les femmes de la sorte

d'empire à laquelle elles pouvoient aspirer & devoient borner leurs prétentions ; c'étoit dire à chacune d'elles : aime ton mari, tu as reçu en don tout ce qu'il te faut pour lui plaire. Honore le pere de tes enfans, ton organisation te fait une loi de la douceur & du calme. Tu n'as de moyens que pour faire régner l'ordre autour de toi. Une administration plus vaste, plus compliquée que celle de ton ménage est hors de ta portée ; il te faudroit recourir à la ruse pour suppléer au défaut des forces. Regne sur ta famille par l'amour & la reconnoissance. Amuse tes enfants au bruit du hochet ; mais le timon de l'état ne convient pas à ta main débile & mal assurée.

Les femmes, sur-tout en France, ne tinrent compte de ces sages intentions de la nature. Celles nées sur les marches du trône voulurent y monter & s'y asseoir. Une vieille tradition sembloit les y autoriser. Du tems des Druides, plusieurs Gauloises prenoient place au sénat, y votoient & délibéroient à l'instar des hommes ; & on se trouvoit bien de les consulter : & en effet quel mal pouvoit-il résulter de ce droit exercé publiquement par des femmes sous l'œil de leurs maris ? Mais alors les Francs étoient encore dignes de leur nom ; ils n'avoient pas de rois : ils étoient fuperftitieux, mais point efclaves ; & ils furent fe délivrer de leurs prêtres quand ceux-ci devinrent trop incommodes & trop exigeans : malheureufement les Druides ne tarderent pas à être remplacés ; & nous avons plus de peine à nous défaire de leurs fucceffeurs. Bientôt auffi les affemblées du peuple devinrent des confeils d'état du prince, auxquels les femmes n'affifterent point comme autrefois ; mais du moment qu'il y eut une cour, elle donna naiffance à la galanterie, & les femmes de nos rois n'en vengerent que trop les filles humiliées d'une certaine loi falique fur laquelle on n'eft pas bien d'accord.

Le climat & la civilation amollirent peu à peu le Gaulois, plufieurs fois vaincu, mais jamais dompté ; il ne pouvoit l'être que par les femmes : devenu François, les femmes de la cour obtinrent par leurs intrigues la même déférence que nos premiers ancêtres accordoient à la fageffe & au patriotifme des femmes de Druides, en forte que bientôt il y eut un rang plus defpotique, plus abfolu, plus défaftreux encore pour la chofe publique que celui de roi de France, ce fut le rang de reine de France : & l'on verra dans le cours de cette histoire comment nos princesses couronnées en soutinrent le fatal éclat. On y verra comment la nature s'est jouée de nos institutions sociales, qui heurtent tous ses principes, comment elle a rendu le plus tranquille, le plus doux, le plus compatissant des deux sexes susceptibles des appétits les plus violens, des passions les plus malfaisantes, des caprices les plus sanguinaires : & si la révolution de 1789 n'est pas venue plus vîte, si la nation Françoise ne s'est pas trouvée réduite aux abois plus tôt, la faute n'en doit pas être imputée à nos reines ; c'est que nos ressources furent encore plus inépuisables que leur mauvais génie n'eut de fécondité ; c'est que le mal, comme le bien, quand il est fait sans suite, n'opere qu'à la longue. Si nos souveraines avoient été douées de la perversité réfléchie de Tibere, il y a long-tems qu'on ne parleroit plus des François en Europe. Mais malgré la fertilité d'imagination des femmes ambitieuses, vindicatives & toutes-puissantes, la nature, en voulant bien leur accorder l'aptitude de commettre tous les forfaits, pour avertir les hommes de les faire rentrer à leur place, ne leur a pas fait heureusement le don de la prudence. Qu'on suppose tout le génie de Machiavel à une Marie-Thérese d'Autriche, à une Catherine II, & que l'on calcule les résultats politiques de ce mêlange adultere.

Mais pour nous renfermer dans le cadre de notre tableau, si parmi nos lecteurs il en est qui s'attachent à l'étude du cœur humain, ils apprendront, non sans quelque étonnement, que les crimes des rois de France mis dans l'un des plateaux d'une balance, les crimes des reines de France dans l'autre plateau, les reines auroient tout l'honneur de la comparaison. Nous laisserons à l'observateur le soin de tirer lui-même la conséquence de ce calcul, que ce livre le mettra à même de vérifier. Mais nous lui rappellerons, en terminant cette esquisse, un ancien trait d'histoire qui ne sauroit être trop connu, & dont il sera aisé & profitable de faire l'application aux événemens postérieurs.

Quand Samuël, pour détourner ses compatriotes, encore heureux, encore libres, du projet qu'ils avoient conçu de se mettre en monarchie, leur traça le portrait d'un roi, tout hideux & ressemblant qu'il le leur fit, Samuel ne put les dissuader de se donner un roi. Les Hébreux n'étoient pas doués d'un intellect subtil, *gens durâ cervice*, dit St. Paul ; mais le grand prêtre n'avoit jamais été à la cour : libérateur de sa patrie, il l'auroit préservée d'un fléau plus grand que le joug des Philistins, s'il eût terminé sa philippique contre les rois par ces dernieres considérations.

Israélites! je ne vous ai pas tout dit; le roi que vous me demandez, & dont je viens d'offrir à vos yeux l'image trop fidele, ce roi ne pourra pas vivre seul; il éprouvera les mêmes besoins que vous. Il lui faudra une compagne. La femme de votre roi voudra être reine aussi. Vous n'imaginez pas l'effet que doit produire ce titre sur l'esprit & le cœur d'une femme. Peuple! savez-vous ce que c'est qu'une reine ? Souveraine du roi au lit conjugal, elle voudra l'être encore par-tout ailleurs. Tout ce que les femmes ont d'astuce, elle le mettra en œuvre pour prendre sur son mari le même empire que vous aurez accordé à son mari sur vous. Malheur à vous si elle plait au roi! malheur encore à vous si elle n'en obtient que de froids hommages! Dans le premier cas, rien ne se fera dans l'empire que par elle & pour elle. Elle voudra commander aux ministres, aux généraux, aux magistrats, comme elle commande à ses femmes & à ses valets. Vous la verrez d'une main fermer les yeux à son auguste époux, ivre d'amour & de vin, &

de l'autre diftribuer en fon nom les tréfors de l'état, les graces réfervées au trône, les dignités & les châtimens. Du fond de fon boudoir elle réglera la marche des armées, le fort des colonies. L'efclave qui aura imaginé une mode nouvelle, le courtifan qui fe fera fait remarquer par les complaifances les plus baffes, voilà ceux qui deviendront vos véritables fouverains. Pour obtenir du roi l'iniquité la plus révoltante, la famine d'une province, la profcription de plufieurs milliers de citoyens honnêtes, mais trop clairvoyans pour la reine, il ne lui en coûtera qu'une fauffe careffe, un baifer traître. Heureufe encore la nation, fi cette femme ne mêle point un fang ennemi au fang de vos rois, & ne vous charge de l'entretien de fes plaifirs. Si, honteux & las de porter le joug d'une femme, vous en appellez enfin aux droits de l'homme & du citoyen libre, la firene couronnée deviendra femblable à la louve qu'on a forcée dans fon repaire. Vous la verrez foulever contre vous tous vos voifins, & appeller les armes étrangeres fur le fein de fa patrie. Vous la verrez, profitant de fes avantages d'époufe & de mere, promener en tous lieux fes enfans, & regagner par la pitié ce qu'elle aura perdu par fes crimes. Vous la verrez careffer le foldat, applaudir aux lévites rebelles, alimenter les mécontens de toutes les claſſes, & ſous un air calme, attendre avec impatience le ſignal d'une guerre civile & religieuſe.

Peuple! redoutez les rois; craignez surtout la femme de vos rois. Je lis déja dans l'avenir les noms de Jézabel, d'Athalie....

Lecteurs, ajoutez à ces noms la liſte de ceux dont ce livre donne l'hiſtoire : le grand Samuël ne fut prophête que pour ſon pays.

LES CRIMES
DES
REINES DE FRANCE.

Si la puissance suprême a eu de tout tems l'inévitable privilege d'aliéner l'esprit des hommes qu'on en a revêtus, de corrompre leurs ames, d'éteindre en eux tout sentiment de justice, de foi, de générosité, de respect humain; si l'histoire ne nous offre pas un seul exemple d'un homme qui, étant *roi*, ait été juste & bon, (& quel est l'homme juste & bon qui eût voulu être *roi ?*) portons nos regards plus loin, & lisons aussi dans les annales du monde à combien d'excès la royauté a emporté les femmes; lisons combien elles ont commis de crimes pour satisfaire leurs passions, pour servir leurs intérêts privés & leur ambition personnelle; combien elles en ont fait commettre à leurs maris, à leurs fils, à leurs freres; combien elles les ont aidés à cimenter par le sang leur puissance usurpée; combien elles leur en ont fait verser, pour dérober à leurs regards les suites infâmes des débordemens dont ils auroient dû les punir. Leur foiblesse naturelle s'unit facilement à la barbarie; elles deviennent hardies & cruelles dès qu'elles sont coupables, & alors tout ce que la nature mit en elles d'attraits & d'armes innocentes, sert à couvrir ou autoriser leurs vices.

Alors l'art dangereux de féduire & de tromper, les careffes perfides & enivrantes, les feintes larmes, le défefpoir affecté, les prieres infinuantes, tout en elles rend peut-être plus dangereux dans leurs mains le dépôt d'une puiffance quelconque. Lorfqu'elles en font revêtues, elles deviennent obftinées dans leurs volontés, conftantes dans les moyens de parvenir à leurs fins, & vivement irritées par les obftacles. L'habitude de dominer par les charmes extérieurs les rend plus vindicatives que les hommes, quand elles en rencontrent quelques-uns qui ofent réfifter à cette beauté dangereufe, que Platon appelle *une courte tyrannie*; lorfqu'elles ont une fois paffé les bornes en quelque point que ce foit, & la puiffance royale les invite promptement à les franchir, alors elles ne voient dans la nature qu'elles, leurs intérêts, leurs paffions, leurs projets; il faut que tout cede à leur emportement; leur efprit en délire ne connoît plus de frein, & l'excès de la fievre ardente dont le tranfport les dévore, les précipite de crime en crime, jufqu'à transformer enfin ces êtres doux & timides en animaux plus féroces & plus indomptables que les hommes les plus barbares & les plus ignorans.

Le rapprochement des faits confacrés dans nos monumens hiftoriques, va prouver fi le tableau eft exagéré. La premiere femme qui s'offre à nos regards eft Bafine, reine de Thuringe. Elle vécut vers l'an 460 de l'ere chrétienne; lorfqu'elle connut Childéric, quatrieme roi de France, elle n'étoit point dans un âge où quelquefois l'amour peut fans crime étouffer la voix de la raifon, elle étoit époufe & mere; Childéric, connu par ses débauches, chassé de sa patrie par les seigneurs dont il avoit déshonoré les femmes & les filles, va chercher un asyle à la cour du roi de Thuringe. Basine son épouse se charge du soin officieux de consoler ce coupable fugitif ; & lorsqu'il est rappellé en France, cette nouvelle Hélene abandonne, pour le suivre, son mari & ses enfans. Childéric l'épouse, & cette femme adultere donne paisiblement le jour à Clovis premier. Il paroît que le roi de Thuringe considéra ce crime avec mépris, & ne chercha point à renouer les liens que la criminelle avoit rompus ; mais l'audace de Childéric n'en alluma pas moins entre les deux peuples une haine qui dans la suite fit couler du sang : les nations étoient alors assez simples pour regarder les intérêts de leurs rois comme *indivisibles des leurs*.

Clotilde, à qui les moines ont décerné les honneurs de l'apothéose, dont nos fades historiens antiques & modernes ont à l'envi exalté les vertus chrétiennes, paroît avoir été d'abord une fille ambitieuse, intrigante & dissimulée ; fort jeune encore, elle sut échapper à la vigilance du tyran de Bourgogne, Gondebaud son oncle, qui, pour s'assurer le trône, avoit fait périr son frere & ses neveux, & n'avoit conservé Clotilde & sa sœur que parce qu'il imaginoit n'en avoir rien à craindre : seule elle trompa les yeux de toute la cour ; la différence de religion étoit un premier obstacle à ses vœux ; elle exigea de Clovis une promesse de se convertir à la foi chrétienne, & se contenta d'un serment royal qu'il fit légérement & qui ne le lia pas. Le consentement de son oncle étoit nécessaire, elle sut s'en passer. Ce ne seroit cependant pas un crime, tout eſt permis à quiconque peut briſer les fers d'un barbare ; mais Clotilde, la pieuſe Clotilde quittant ſa patrie en 492 pour ſuivre l'ambaſſadeur de Clovis, fit mettre le feu à quelques villages, innocens des crimes de Gondebaud, & s'écria, en voyant les flammes s'élever vers le ciel : » Grace à Dieu, mes parens ſont déja vengés "! Clovis s'embarraſſoit peu d'une religion quelconque, encore moins de la foi des ſermens ; il ne tint pas ce qu'il avoit promis, & l'ambitieuſe reine ne s'y étoit peut-être pas attendue : cependant elle ſut obtenir ſur ſon eſprit dur & farouche aſſez d'empire pour faire baptiſer ſon premier enfant ; la mort de celui-ci que le pere n'attribua qu'à l'influence du Dieu dont il ne reconnoiſſoit pas l'empire, ne l'empêcha point de laiſſer encore baptiſer le ſecond ; & enfin à la bataille de Tolbiac, ſuccombant preſque aux efforts des Sueves & des Bavarois, il s'aviſa d'invoquer le Dieu de Clotilde, & demeura victorieux ; il embraſſa auſſi-tôt la foi chrétienne, ſans y croire & ſans la comprendre. La conſtance de Clotilde ayant obtenu ce premier ſacrifice, & ſa piété ne modérant point ſon amour pour la vengeance, elle eut moins de peine à lui perſuader d'entrer à main armée ſur les terres de ſon oncle, & d'y faire périr une multitude d'hommes qui n'avoient pas trempé dans les fureurs de Gondebaud. Ce n'étoit ni à calmer les paſſions de ſon mari, ni à lui inſpirer des ſentimens doux & paiſibles que s'occupoit la ſainte reine, c'étoit au contraire à ſeconder ſes penchans criminels, à lui indiquer les moyens de verſer le ſang humain. Elle avoit été aſſez puiſſante pour le rendre chrétien, & elle ne l'empêcha point de faire égorger presqu'à ses yeux neuf de ses proches parens; lorsque la mort de ce prince cruel mit fin à ses crimes, elle se servit de son empire sur le cœur de ses enfans pour leur faire massacrer les fils & les petits-fils de Gondebaud ; & cependant, lorsqu'elle les exhortoit ainsi au meurtre, elle s'étoit retirée à Tours, sur le tombeau de Saint Martin, où elle vivoit dans les exercices de la piété *la plus exemplaire* en apparence, enrichissant une église des dons arrachés aux peuples par son mari, & en partie du pillage des autres églises, dans lesquelles Clovis, premier roi chrétien, avoit souvent trouvé de quoi suppléer au besoin de son insatiable avarice. Après sa mort, arrivée en 548, Clotilde fut canonisée par les moines, honorée par les historiens de son siecle; sa mémoire a été en vénération, elle auroit dû périr sur un échafaud : c'est ainsi que l'erreur a déifié les scélérats couronnés, tandis que les ministres de la loi ne connoissoient pas d'innocens dans les conditions obscures.

Sigebert, roi d'Austrasie, venoit d'épouser Brunehaut, fille d'Athanagilde, roi des Visigoths, & Frédégonde commençoit à régner sur le cœur de Chilpéric, roi de France. Le même siecle vit naître ces deux femmes exécrables, dont une seule auroit suffi pour embraser toute l'Europe ; & comme si le hasard se fût joué des malheureux esclaves qui ne savoient pas s'en délivrer, elles furent continuellement en guerre. La plus odieuse étoit celle qui termina paisiblement une vie toute souillée de forfaits ; l'indomptable férocité de son caractere, jointe à la lubricité de son tempérament, rapproche Frédégonde, malgré la différence

A iij

des siecles, de ces deux autres monstres couronnés, Isabeau de Baviere & Catherine de Médicis.

Frédégonde, née à-peu-près en 550, étoit femme de-chambre d'Audouere, premiere femme de Chilpéric, & maîtresse de ce prince. Audouere étoit belle, dit-on, mais sans esprit; elle étoit mere de trois enfans, & enceinte du quatrieme, lorsque Chilpéric la quitta pour aller assassiner les Saxons. Frédégonde profita de son absence, & se servant de la superstition pour enchaîner le cœur féroce de son amant, elle imagina de conseiller à la crédule Audouere d'être elle-même la marraine de l'enfant dont elle accoucha. Dans ces tems où toutes les erreurs réunies enveloppoient l'esprit grossier des aveugles François, toute alliance spirituelle interdisoit sévérement les liens de la chair; violer ses sermens, rompre les saints nœuds de l'union la plus respectable, massacrer de sang froid des captifs, assassiner militairement des millions d'hommes, être même parricide dès que les intérêts prétendus politiques l'exigeoient, se rassasier enfin d'or & de sang, tout étoit permis aux rois; au moins tout étoit rachetable, aux yeux de Dieu, par une offrande aux églises, & les évêques vendoient les absolutions suivant le tarif de tous les crimes: mais c'étoit un péché irrémissible que de passer une nuit avec sa commere ou avec sa parente à tel ou tel degré, lorsqu'on l'avoit épousée, car on auroit pu commettre l'inceste le plus abominable, & ce crime avoit son taux comme les autres. Chilpéric, soupçonné d'avoir été d'accord avec sa maîtresse pour entraîner Audouere dans le piege, ne manqua pas de rompre son mariage à son retour, sous prétexte du degré défendu d'affinité spirituelle. Audouere & sa fille furent envoyées dans un cloître, & toutes deux périrent ensuite par l'ordre de Frédégonde. Les auteurs ne se disputent à cet égard, que sur le genre de leur mort, & Mézeray, le plus véridique de tous, assure qu'avant de leur ôter la vie, la détestable Frédégonde les fit déshonorer toutes deux par ses satellites.

Qui n'auroit cru que Frédégonde alloit monter sur le trône? Mais Chilpéric avoit juré de n'épouser jamais qu'une princesse. Frédégonde, constante dans ses projets, sentit qu'il falloit céder un moment à un préjugé qu'elle se flattoit de détruire, & souffrir encore une fois des nœuds qui ne l'intimidoient pas. Brunehaut avoit une sœur nommée Galsuinte. Chilpéric employa les bons offices de Sigebert son frere pour l'obtenir; & la malheureuse Galsuinte, malgré les pleurs de sa mere & ses funestes pressentimens, fut amenée à Chilpéric, ou plutôt à Frédégonde.

Athanagilde avoit cru assurer le bonheur de sa fille en la chargeant de trésors; il s'étoit flatté qu'un prince avare, voyant en elle une source de richesse, respecteroit son repos, ou du moins ses jours. Chilpéric, sans doute, ébloui par de si riches présens, fit serment sur les reliques de ne point *renvoyer la princesse*. En effet, il ne la *renvoya* pas; Frédégonde sut le dispenser d'être parjure, & lorsqu'en 568, elle eut obtenu la promesse de monter sur le trône, Chilpéric envoya un de ses plus intimes favoris au lit de la reine, avec ordre de l'étrangler. Mais ces deux monstres étoient faits pour se disputer l'activité dans le crime, Frédégonde l'avoit prévenu; Galsuinte étoit morte. Les historiens, implacables ennemis des peuples & de la vérité, ont osé blâmer Sigebert & Brunehaut d'avoir voulu venger cet assassinat. Sans doute, s'il y avoit eu des loix, si les nations éclairées avoient fait tomber sous le glaive des bourreaux la tête des rois criminels, la sœur de Galsuinte & son beau frere n'auroient eu que la justice & la loi civile à invoquer; mais dans un siecle malheureux où les peuples égarés, croyoient voir des présens de Dieu dans la personne de ces dévastateurs impies, souvent on les avoit vus s'armer pour de moindres raisons. Brunehaut & Sigebert entrerent dans les états de Chilpéric, & le réduisirent bientôt à la derniere extrêmité: ce prince étoit détesté de ses peuples qu'il accabloit chaque jour de taxes nouvelles; il fut abandonné de Gontran son frere lié au parti de Sigebert; il n'avoit plus d'autre asyle que la ville de Tournay, où il courut s'enfermer avec Frédégonde, qui, voulant prouver que *rien dans la nature ne pouvoit l'empêcher de suivre son mari*, le suivoit en effet dans les camps avec une sorte d'audace qu'on ne sauroit honorer du nom de courage, & qui tenoit plutôt de la férocité. D'ailleurs, elle étoit nécessaire à son infâme époux: jamais Frédégonde ne fut abattue par aucun revers, dès qu'elle pouvoit le réparer par un crime; & l'invention dans cette espece de ressource lui étoit plus familiere qu'à Chilpéric. Dans ce désastre, elle sut armer le bras de deux jeunes hommes sur lesquels elle employa tous les prestiges de la religion, ceux des présens, l'espoir brillant d'une fortune immense, les charmes plus puissans encore des caresses, dont une courtisanne sait accompagner ses discours flatteurs : elle réussit ; Sigebert fut assassiné.

La révolution fut aussi-tôt consommée ; l'armée du roi d'Austrasie leva le siege de Tournay, toutes les villes du royaume de Chilpéric furent soumises, & il s'en fallut peu que l'assassin ne montât sur le trône de son malheureux frere. Le comble de la bassesse & de l'ignominie fut de voir Brunehaut, la sœur de Galsuinte, la veuve de Sigebert, offrir sa main & ses états au bourreau de sa sœur & de son mari. On conviendra sans doute que les rois seuls ont donné de pareils exemples. On n'a point d'idée parmi les citoyens de semblables violations de toutes les loix des peuples civilisés ; on n'a point vu la veuve impie joindre sa main perfide à la main sanglante du meurtrier de son mari ; on n'a point vu la sœur épouser le bourreau d'une sœur ; on ne lit de ces récits atroces que dans les fastes des tyrans couronnés, ou de ceux qui, vivant dans les forêts, y subsistent, comme les premiers, du fruit des vols & des assassinats. Il y a cette différence, que les *rois* des grands chemins ont, de tout temps, expiré sur des gibets, & que ceux des villes étoient considérés comme des dieux.

Frédégonde eut cependant assez d'empire sur Chilpéric pour empêcher l'adroite manœuvre de sa rivale. Le fils de Sigebert étoit demeuré prisonnier entre les mains de ses ennemis, & sa vie, qui servoit de barriere entre Chilpéric & le trône d'Austrasie, ne pouvoit être en sûreté dans les mains de Frédégonde. On trouva moyen de l'enlever & de le porter à Metz, où il fut proclamé roi. Chilpéric se vengea de ce malheur, en pillant les tréfors de fon frere, en reléguant Brunehaut à Rouen, en lui enlevant fes deux filles. Il envoya en même-tems des troupes dans le Maine, à deffein de s'en emparer, & fit paffer Mérovée, fon fils aîné, dans le Poitou. Mérovée étoit fils d'Audouere; il ne pouvoit, felon les loix de la nature, avoir pour Frédégonde, ni pour fon pere, beaucoup de refpect & d'attachement : il fut en fecret flatté de pouvoir les punir; au-lieu d'aller à Poitiers, il fe rendit à Rouen, où Brunehaut, fecondant fes chagrins, lui fit accepter fa main. Prétextat, évêque de cette ville, les maria, malgré le degré fi proche de parenté. Cette imprudence coûta cher & à Mérovée & à l'évêque de Rouen; l'un & l'autre la payerent de leur vie; le jeune homme par un affaffinat : il n'étoit pas difficile de faire égorger un enfant fans expérience, il l'étoit davantage de perdre un évêque; on imagina de lui faire un procès en forme, & Chilpéric ne rougit pas d'être, à l'inftigation de fa femme, le vil dénonciateur de fon fujet. Il falloit que Chilpéric & Frédégonde euffent paffé toutes les bornes des crimes permis aux rois; il falloit que les peuples mêmes les confidéraffent avec horreur, puifque les évêques n'oferent facrifier Prétextat à leur haine. Frédégonde ne trouva de remede à cette haine que l'affaffinat, fon recours ordinaire, & l'évêque fut immolé. Prefque auffi-tôt périt par le poifon un feigneur François qui avoit ofé reprocher à cette femme le long amas de cruautés dont elle marquoit chaque jour de fa vie.

Il n'étoit pas tems encore de lui faire de fi amers reproches; fa carriere n'étoit pas remplie. Il reftoit à Chilpéric un fils d'Audouere, un jeune homme nommé Clovis. Si les crimes du pere lui avoient justement enlevé le cœur de Mérovée, son fils aîné, on peut croire que le meurtre de celui-ci ne lui attacha pas Clovis. Irrité contre ces deux monstres, impatient des souffrances ameres du peuple, dont il avoit pitié, parce qu'il étoit lui-même opprimé, il laissoit souvent échapper des paroles menaçantes. Frédégonde jura sa perte. Il semble cependant que malgré son empire illimité sur son mari, elle eut besoin de quelque artifice pour commettre ce nouveau crime. Il fallut accuser Clovis même d'en avoir commis, & on le feignit coupable d'aimer la fille d'une magicienne. C'étoit dans un moment où les fléaux du ciel avoient frappé le royaume de nouveaux malheurs. Les débordemens de plusieurs fleuves, le dérangement des saisons, une espece de tremblement de terre, & les maladies épidémiques, suites ordinaires de ces fléaux, avoient ravagé les provinces *appartenantes* à Chilpéric. Le roi fut en danger, & les enfans de Frédégonde périrent. On n'imagineroit pas que cette furie, qui méditoit alors le meurtre de Clovis, s'avisa de penser que le ciel la punissoit des impôts excessifs qu'elle avoit mis sur le peuple : elle dit au roi » qu'il » falloit les retirer, afin d'appaiser la colere de » Dieu, & ne plus exciter contre eux *les cris de la* » *veuve & de l'orphelin*, puisque la main de la » divinité leur ôtoit les enfans auxquels ils destinoient l'amas de ces richesses qu'ils arrachoient » au pauvre, dont ils négligeoient d'écouter les » soupirs". Quelle fut la cause de cette véritable comédie ? Ceux qui savent juger ne pourront croire qu'aucune idée religieuse pût entrer dans le cœur de Frédégonde. Si la crainte du jugement de Dieu avoit pu frapper tout-à-coup une ame souillée de tant de crimes, elle seroit tombée dans les plus horribles accès du désespoir. La mort lui ayant enlevé ses enfans, se trouvant sans appui, elle voulut peut-être s'en faire un du peuple, & le ramener à elle; peut-être aussi ne voulut-elle que préparer le meurtre de Clovis: elle l'accusa d'avoir attiré sur son pere & ses freres les maladies dont ils venoient d'éprouver la violence, & d'avoir employé la science infernale de la magicienne. Dans un tems d'ignorance, l'accusation parut d'autant plus vraisemblable, que ce jeune homme n'avoit ressenti aucun effet de l'influence pestilentielle de l'air, & l'on persuada sans peine que sa maîtresse l'en avoit préservé. Cette misérable fille fut arrêtée & battue de verges, par l'ordre de Frédégonde, jusqu'à ce qu'un traitement aussi barbare lui eût arraché l'aveu de son prétendu crime; & munie d'une preuve juridique, Frédégonde alla trouver son mari, duquel elle obtint l'ordre de faire saisir Clovis & de le faire amener devant elle. Juge & partie, elle joua le rôle de magistrat, & interrogea elle-même le malheureux prince, à qui elle n'arracha aucune parole qui pût dégrader l'homme, & l'homme innocent. Son dessein, sans doute, avoit été, par cette audace, d'irriter le caractere impétueux qu'elle lui connoissoit, de le porter contre elle à quelque outrage, & d'arracher à son pere un arrêt de mort. Déçue dans cet espoir, le meurtre vint à son secours, & Clovis fut trouvé mort dans sa prison. Elle fit croire à son pere qu'il s'étoit tué lui-même, & se fit adjuger, à titre de confiscation, les biens propres du prince & de sa mere. Les principaux officiers de Clovis furent enveloppés dans la proscription, ils périrent tous; la prétendue magicienne fut condamnée au feu, & cependant Frédégonde n'étoit point encore lasse de crimes.

A la vérité la mort de ce prince la mettoit à l'abri de dépendre un jour d'un maître irrité; mais ses fils, son neveu n'étoient plus, & à la mort de Chilpéric, le fils de Brunehaut devenoit l'héritier des états de son oncle, & de la haine de sa mere; leur antipathie venoit moins de la mort de Sigebert & de Galsuinte, que d'une rivalité personnelle de talens & de beauté; elle en étoit bien plus invétérée. Frédégonde, née pour tenter les choses les plus difficiles, entreprit de s'allier avec le fils de cette rivale, & de lui faire assurer, par Chilpéric, son héritage, à défaut d'enfans mâles. Elle ne réussit cependant pas dans ce projet, qui ne valut aux peuples déja ruinés qu'une nouvelle guerre où le sang coula encore pour les intérêts de deux criminelles prostituées. Pendant ce tems, elle chercha à marier Rigonte sa fille au roi des Goths, & insultant à la misere publique, elle destina des richesses immenses pour la dot de cette princesse, prétendant qu'elle ne lui donnoit rien qui ne fut à elle, qui ne lui fût acquis par les dons de son mari, ou ceux des grands de sa cour : cinquante chariots furent chargés de ces trésors, escortés par quatre mille hommes, mais cette garde n'ayant point empêché qu'ils ne fussent pillés par Didier, comte de Toulouse, Rigonte fut obligée de retourner à la cour de Chilpéric, où elle se dédommagea du malheur de n'être point mariée, par une vie fort licencieuse que sa coupable mere s'avisa souvent de blâmer avec aigreur. Les historiens ont prétendu que Rigonte étoit coupable de montrer à une pareille mere peu de respect & de ménagemens. Il paroît que cette fille n'eut à se reprocher qu'un excès d'incontinence, qu'on auroit pu trouver étrange dans toute autre que l'enfant de Frédégonde; mais à quel respect cette femme criminelle, ce bourreau du genre humain avoit-elle droit de prétendre? Tout l'espoir qui lui étoit permis n'étoit-il pas de mettre au jour des monstres moins abominables qu'elle, & incapables, seulement, de verser son propre sang. Cependant Rigonte fut encore heureuse de lui échapper. Un jour qu'elles étoient ensemble, elle lui reprochoit, avec une artificieuse douceur, de la traiter rigoureusement; & feignant de croire qu'elle desiroit encore quelques-uns des riches ornemens dont elle étoit si abondamment pourvue, elle ouvrit un grand coffre qui renfermoit les plus précieux, & l'invita gracieusement à choisir les étoffes & les bijoux qui flatteroient le plus ses desirs; l'imprudente fille s'étant courbée jusques dans le coffre, la marâtre le referma sur sa tête; & si ses cris mal articulés n'avoient pas été entendus, elle l'étrangloit de ses mains : & des historiens ont eu l'impudeur de la plaindre des *chagrins domestiques* que lui causoient la conduite & le manque de respect de cette malheureuse fille! Détestables flatteurs, si Rigonte eût porté la couronne & qu'elle eût assassiné sa mere, vous l'auriez canonisée.

Frédegonde, de concert avec Landri son amant, fait assasiner Chilperic son époux au retour de la chasse.

Il étoit tems que l'odieux Chilpéric fût lui-même victime de ce monstre, dont il avoit autorisé tous les excès, dont il avoit suivi les conseils barbares; la guerre duroit encore entre lui, Childebert & Gontran, lorsqu'elle mit au monde un fils nommé Clotaire. Cet événement ayant fait évanouir l'espoir de Brunehaut, son fils entreprit une autre guerre contre les Lombards; & Chilpéric voulant chercher le repos, qui fuit toujours les tyrans, fit sa résidence la plus ordinaire en automne, à Chelles près de Paris, où il avoit un château. Là, vers la fin du mois de septembre 584, prêt à partir pour la chasse, il lui prit fantaisie de rentrer & de dire un mot à la reine; il la trouva seule dans son cabinet de toilette, les cheveux épars, & la frappa légèrement sur la tête d'une baguette qu'il tenoit à la main. Frédégonde, qui le croyoit en route, le prit pour Landri de la Tour, son amant, & connu pour tel de toute la cour, hors du roi. *Landri*, lui dit-elle sans se détourner, *un bon chevalier ne doit jamais frapper les dames par derriere*. Chilpéric immobile d'étonnement ne répliqua rien, & après un moment de silence, sortit sans s'expliquer. Frédégonde se retourna, le reconnut, envoya chercher Landri, lui raconta son imprudence, & lui ordonna de choisir entre la mort du roi ou la leur. Landri lui obéit, & au retour de la chasse, des assassins gagés par ces deux adulteres, ayant environné Chilpéric, lui arracherent par le crime une vie odieuse à tous les gens de bien.

Comme il est assez difficile aux flatteurs les plus décidés d'excuser une femme débauchée qui attente aux jours de son mari, ceux de Frédégonde n'ont trouvé d'autre moyen en sa faveur que de l'en disculper tout-à-fait. Mais ils ont mal réussi, lorsqu'ils n'ont pu alléguer comme preuve de l'impossibilité du crime, que l'intérêt qu'avoit Frédégonde à ne le pas commettre. Ils auroient eu raison si la foule d'intérêts politiques qui devoient lui rendre la vie de son mari précieuse, avoit pu être mise en balance avec l'intérêt présent de sa propre vie. Mais elle avoit trop bien appris à Chilpéric à se délivrer de ses ennemis, pour croire que la route du crime lui fût inconnue, ni qu'elle pût l'effrayer : il étoit offensé, la vengeance étoit certaine, il falloit donc se délivrer d'un danger actuel, imminent, & se donner le loisir de parer aux événemens plus éloignés. Ce seroit d'ailleurs perdre du tems que de prouver qu'elle fut coupable; tous les auteurs véridiques l'ont publié, le peuple n'en douta pas, & la frayeur s'étant même élevée dans son ame au premier cri d'indignation qu'excita contre elle la mort du roi, elle s'enferma dans la cathédrale de Paris, où l'évêque *Reginalde* la reçut.

Il a été prouvé de tout tems que les scélérats rencontrent quelquefois une combinaison d'événemens qui semble n'offrir qu'à eux seuls des ressources dans les grands désastres. Les deux prétendans à la succession de Chilpéric (puisqu'alors les nations se considéroient elle-même comme des immeubles) étoient Childebert, fils de Brunehaut, & Gontran, frere de Chilpéric. Si le premier se fût emparé des états de son oncle, c'en étoit fait de la méchante Frédégonde; mais Gontran prévient son neveu, arrive dans Paris avec une nombreuse escorte, & prend possession

du

du royaume au nom du jeune Clotaire. Childebert, qui s'étoit avancé dans le même dessein, se retire à Meaux, députe vers son oncle, lui demande le partage de la succession, & le supplie de lui livrer à l'instant Frédégonde pour être punie du meurtre de son mari, de ceux de Galsuinte, de Sigebert & des deux fils d'Audouere. Il n'étoit plus tems, Gontran étoit déja séduit par les artifices de Frédégonde, par l'espoir de la régence, & par la flexibilité naturelle de son caractere : persuadé, ou feignant de l'être, que le jeune Clotaire, âgé seulement de quatre mois, étoit le sang de Chilpéric, il repoussa fièrement la demande de Childebert, prit Frédégonde & Clotaire sous sa protection, consentit à être le parrain de cet enfant, &, ce qu'il y a de fort rare parmi les têtes couronnées, il tint parole. De son côté, Frédégonde n'oublioit pas le soin de sa vengeance; on surprit plusieurs assassins envoyés par elle pour tuer Childebert & Brunehaut, avec des armes empoisonnées ; mais on auroit cru dans les siecles de superstition, qu'un génie infernal veilloit à la conservation de ces deux monstres, & détournoit d'elles seules leurs mains sanguinaires. Elle ne put réussir, & se trouva exposée à de nouveaux dangers, lorsque Gontran mourut, laissant Clotaire âgé seulement de neuf années. Mézeray assure que Frédégonde avoit plus d'une fois attenté sur sa vie. Il falloit que le crime fût en elle un besoin, car elle devoit plus à Gontran qu'à Chilpéric même.

Quoi qu'il en soit, son courage & son génie suppléerent à ce qui lui manquoit d'appui & de secours ; seule elle sut rallier autour de son fils les

B

grands & les soldats, & même le peuple crédule qui regardoit comme sacrée la personne d'un roi. Seule à la tête de l'armée inférieure en nombre à celle du roi d'Austrasie, & portant dans ses bras l'enfant qui lui servoit d'égide, elle vainquit Brunehaut & son fils; & assura l'empire de Neustrie à Clotaire. Childebert mourut, elle fut accusée, & c'est de ce seul crime qu'elle n'a pas été convaincue. Brunehaut, ressaisie du gouvernement sous le nom du fils de Childebert, déclara de nouveau la guerre à sa rivale, & n'emporta d'autre fruit de son entreprise que la honte d'une défaite, & le pillage de ses trésors; mais vingt mille hommes, dit-on, périrent dans une seule bataille. En supposant même ce nombre exagéré, comment ne frémiroit-on pas de douleur & de rage en voyant couler le sang par les querelles de deux monstres à qui leurs soldats auroient fait justice s'ils les avoient égorgées pour le repos de la France, & l'expiation de leurs forfaits? Hélas! en vain la nation libre & généreuse a juré de ne plus prétendre à aucune conquête; les rois qui nous environnent & dont nos voisins sont encore la proie ne respirent que le sang, & nous forceront peut-être à en répandre. Malheur à eux s'ils nous contraignent à faire briller le fer, ce ne sera plus une guerre d'esclaves contre esclaves, combattant pour le choix des tyrans! nous combattrons pour la liberté des peuples, nous le publierons, tous leurs *sujets* voudront être nos freres, & leurs camps demeureront déserts.

Ce succès, si déplorable pour la France, fut le dernier dont l'impudique reine de Neustrie devoit jouir, elle mourut enfin en 596, âgée de cinquante ans, laissant une mémoire en exécration à tous les peuples chez lesquels son nom étoit parvenu. Elle fut louée par les flatteurs que l'or attache toujours à la suite des monstres couronnés : Ce qu'il y a de plus honteux, & de plus déplorable, c'est que les hommes les plus savans de chaque siecle ont toujours sacrifié l'intérêt des nations à leur intérêt personnel; trop long-tems ils ont employé à tromper les hommes, ces talens dont la raison leur enseignoit à faire un plus noble usage.

Clotaire monta sur un trône dont sa coupable mere venoit d'accroître la puissance par des conquêtes sur le royaume d'Austrasie. Brunehaut délivrée d'une rivale d'autant plus atroce qu'elle étoit éclairée, demeura seule sur la sanglante arêne ou long-tems elles s'étoient disputé le prix du crime. Comme les rois de Neustrie ont réuni à eux seuls toutes les portions de l'empire François, eux seuls forment principalement dans notre histoire la succession de nos rois, & Brunehaut, qui ne fut jamais maîtresse de Paris ni de Soissons, tient moins essentiellement à notre sujet que Frédégonde. Cependant son impudicité, la violence de ses passions, & ses assassinats nous offrent un si terrible exemple de la puissance des femmes dans le rang suprême, qu'elle doit ajouter sans doute une terreur utile à celle qu'impriment les forfaits des rois. Brunehaut ayant à conduire des princes jeunes, présomptueux, emportés, se chargea du soin infâme de pourvoir aux plaisirs de ses petits-fils & même à ceux de leurs enfans. Elle composoit avec soin leur serrail, &

quelquefois, difent les chroniques du tems, elle étoit témoin de leurs orgies dont la fale image rappelloit à fon ame le fouvenir de fes propres débauches. L'empire qu'elle prenoit fur ces foibles efprits par de fi lâches complaifances, lui fervoit & à les plonger dans une honteufe molleffe, afin de conferver le timon des affaires, & à écarter d'eux les hommes fages, par des affaffinats dont ils fignoient l'ordre dans ces momens d'ivreffe. Quoique avancée en âge, & flétrie par de honteux excès, elle fe livra encore à une paffion ridicule pour le jeune Protade, dont elle fit le complice de fes crimes, en lui faifant partager fon autorité, fous le titre de maire du Palais. Protade fut affaffiné par les grands, jaloux de fon crédit & irrités de fon infolence. Brunehaut avide d'autorité, trouva de nouvelles reffources dans la divifion de fes deux petits-fils; elle vint à bout de les défunir; Thierry par fes confeils fait maffacrer Théodebert fon frere, fous prétexte que c'étoit un bâtard de Faileube fa mere & d'un jardinier; il meurt, & Brunehaut, qui fans doute avoit conçu contre ce malheureux prince une haine implacable, fait périr avec lui fes deux fils, dont elle écrafe elle-même le plus jeune contre une muraille. Bientôt après, Thierry, devenu amoureux de la fille de ce même Théodebert, & voulant l'époufer, Brunehaut eft forcée de convenir qu'elle eft fa niece; Thierry veut paffer outre, elle l'empoifonne & regne encore fous le nom de fes arriere-petits-fils. Mais enfin, les grands de la cour d'Auftrafie fe laffoient des crimes de ce monftre: fi Frédégonde s'étoit fait endurer trop

Pag. 20.

Le la Rue
Brunehaut écrase elle-même le plus jeune des
fils de Théodebert

long-tems par les Neuſtriens, c'eſt qu'elle avoit plus de caractere & de combinaiſon; c'eſt qu'elle ſe faiſoit haïr & craindre, au-lieu que Brunehaut ſe faiſoit haïr & mépriſer. Clotaire, héritier de Frédégonde, & non moins ambitieux & cruel que ſa mere, profita des diſpoſitions dans leſquelles ſe trouvoient les Auſtraſiens, déclara la guerre à Brunehaut, & d'avance ayant acheté les chefs de l'armée & ceux de la nation, remporta une victoire facile ſur des hommes qui d'eux-mêmes abandonnerent la miſerarable reine à ſon ennemi. Conduite dans le camp du vainqueur, elle y fut traitée avec une extrême ſévérité. Perſonne n'oſa ou ne daigna prendre ſa défenſe : » Elle fut jugée, dit un de » nos lâches hiſtoriens modernes, par ſes pro- » pres *ſujets*, ou par ceux d'un prince qui n'a- » voit aucun droit ſur ſa vie ". Certainement, ceux qu'on appella ſes *ſujets* avoient un droit impreſcriptible à la juger & à la punir des maux qu'elle leur avoit faits, & s'ils n'uſerent pas de ce droit, c'eſt qu'ils n'avoient ni le ſentiment de leur force ni celui de leur dignité d'hommes. Si Clotaire avoit été juſte, c'étoit à eux qu'il devoit remettre cette criminelle, en les exhortant à ſuivre à ſon égard les loix de ſon pays; mais il n'y avoit ni lumieres dans la nation, ni juſtice dans l'ame de Clotaire. Brunehaut fut punie, les loix ne furent point ſatisfaites, & ſa mort, quoique terrible, ne ſervit pas d'exemple à celles qui depuis ont oſé autant & plus qu'elle. On ſait qu'elle fut expoſée dans le camp aux outrages des ſoldats; enſuite attachée à la queue d'un cheval indompté & traînée par l'animal féroce au travers des rochers & des bois; ſes reſtes épars furent jettés au feu, & ſes cendres, renfermées dans une urne, furent dépoſées à Autun, dans l'abbaye de St. Martin.

Ainſi périrent ces deux monſtres. Frédégonde, avec beaucoup de talens & de génie, eut dans le caractere cette fermeté qui fait les grands ſcélérats. Sa conduite fut toujours combinée d'après ſes intérêts; ſes crimes eurent toujours un but relatif à ſa poſition, à ſes craintes ou à ſes projets. Son penchant à la débauche même fut contenu ſelon les occaſions, & ne la gouverna jamais que d'accord avec ſes beſoins politiques. Brunehaut, plus mépriſable, commit des crimes ſans néceſſité, ſe livra ſans réſerve à ſes paſſions, & ne donna dans le cours de ſa vie aucune marque de cette ſorte d'énergie qui n'eſt pas inconnue aux plus grands coupables. Frédégonde fit plus de mal, fut plus atroce, plus dangereuſe & ſut éviter le châtiment; Brunehaut, criminelle ſans caractere & ſans élévation, tomba au pouvoir d'un brigand plus fort qu'elle, qui n'exerça qu'un acte de vengeance arbitraire, tel qu'elle l'eût exercé ſur lui.

Une choſe incroyable eſt la maniere dont le moderne hiſtorien de France, l'abbé Vély, a parlé du ſupplice de cette abominable femme. » Une princeſſe, dit-il, fille, femme, mere, » aïeule & biſaïeule de tant de rois, expoſée » aux inſultes d'une ſoldateſque effrénée, traî- » née par un cheval furieux, déchirée en pie- » ces....! La plume ſe refuſe à de pareilles hor- » reurs ". Oui ſans doute, vil flatteur des rois, elle tombe des mains, mais c'eſt au récit des horreurs commifes par tes idoles; elle fe refufe à ce long amas de meurtres, de rapines, d'exactions, au moyen defquels tes princes retenoient les peuples dans la crainte & l'abattement, dans la mifere & l'abjection, & non pas au tableau d'un châtiment trop tardif & trop bien mérité. Eh! que t'avoit donc fait ta patrie pour chercher à épaiffir autour d'elle les ténebres de l'ignorance, & à prolonger fon délire? Tandis que l'auftere Mably, prêtre comme toi, mais prêtre du vrai Dieu, avoit le courage de déchirer le voile, & d'apprendre aux hommes à connoître leurs droits, leurs devoirs, leur dignité, à méprifer & haïr la puiffance ufurpée des tyrans, toi prêtre des faux dieux, tu ne rougiffois pas de ramper devant les bourreaux du genre humain. Mais Mably favoit être pauvre, folitaire & indépendant; & toi, tu ne favois qu'être académicien, valet des femmes & des grands, & penfionnaire d'une cour.

La premiere race de nos rois ne nous préfente plus dans leurs femmes que des êtres nuls, indolens, bigots, fachant prier Dieu, doter des monafteres, enrichir des églifes, combler de bienfaits des moines fainéans, des religieufes inutiles, avec les biens que leurs maris arrachoient aux hommes pauvres & laborieux. L'hiftorien *Vély* nous dit que dans les abbayes les filles de condition trouvoient un afyle pour leur vertu, les veuves, un lieu de refuge dans leurs malheurs, les reines, une paifible retraite contre les embarras tumultueux de la grandeur. Mais il ne nous dit pas que ces riches établiffemens, fondés fur les ufurpations dont nous venons enfin de tarir la source & déraciner l'abus, n'étoient en effet que des asyles ouverts à l'intrigue & aux complots; que souvent les crimes les plus odieux furent tramés dans l'ombre de ces murs; que souvent il en sortit des meurtriers & des empoisonneurs, que le libertinage y eut autant d'accès que la vertu, & que telle des princesses ou reines, qui après sa mort y reçut les saints honneurs de la canonisation, y avoit joui pendant sa vie de tous les plaisirs du monde, & n'y avoit pas abjuré un seul de ses vices, ni de ses plus ardentes passions. Il dit encore que le gouvernement retira de grands avantages de ces pieux établissemens. Si, avec tous les adorateurs de nos anciens documens il entend par le mot gouvernement, les rois & leurs ministres, il a raison; car le peuple n'apprit jamais des moines & des prêtres qu'à périr docilement par le fer & la flamme, & à se prosterner devant la tyrannie.

Bathilde, femme de Clovis II, fut une de ces fondatrices de couvens; aussi figure-t-elle dans le calendrier. Il paroît que ce fut une princesse sans vices, sans défauts essentiels, mais aussi sans aucune vertu d'éclat. Tandis que son époux, plongé dans la mollesse, ne se montroit qu'une fois l'année, traîné par quatre bœufs, & couché sur un lit de fleurs & de feuillages, tandis qu'il vivoit dans la plus honteuse débauche, il paroît que Bathilde étoit comme lui, soumise à l'autorité des maires du palais, & que pendant sa régence, elle fut moins occupée des affaires que des litanies & des offices. Retirée enfin dans l'abbaye de Chelles, qu'elle avoit fondée, elle y termina sans éclat une carriere inutile. Tel est le sort de ces grands personnages, ou leurs crimes épouvantent l'univers, ou leur nullité fait pitié : simples citoyens, au sein de l'égalité, les scélérats seroient punis, & les êtres sans talens trouveroient dans le travail des moyens de se rendre utiles à la société.

Les maires du palais, qui, dans leur origine, n'étoient que les chefs de la domesticité du prince, étoient parvenus à se rendre maîtres de la puissance royale. L'hérédité des bénéfices (1) avoit rendu la noblesse maîtresse du royaume. Le clergé balançoit toujours l'autorité des grands, quoiqu'il eût perdu beaucoup de richesses. Les peuples seuls n'étoient rien que de malheureux esclaves sans propriétés, sans facultés, & même sans desirs. Les assemblées du champ de Mars étoient oubliées; celles des grands mêmes étoient fort rares & ressembloient, sans doute, comme le dit Mably, à la réunion d'une bande de brigands qui se rassemblent pour le partage du butin. Cette *antique noblesse*, sans loix, sans police, sans magistrats sans frein, comme sans principes & sans morale ne pouvoit être régie ni collectivement, ni individuellement. Chaque seigneur vouloit jouir de toutes les prérogatives de son ordre. Le clergé s'étoit attribué des pouvoirs indéfinis sur le spirituel, afin de conserver son empire sur le temporel. L'autorité royale étoit anéantie, & c'eût été un grand bien, si la nation avoit su la détruire pour établir la sienne propre, c'est-à-dire,

---

(1) On appelloit ainsi les concessions faites par nos premiers rois aux *lendes*, ou grands de la cour; d'abord sans aucune redevance de leur part, ensuite à titre de *fiefs*.

la seule raisonnable & légitime ; mais une autre tyrannie s'étoit élevée à la place de la premiere, celle des maires du palais, qui pour l'affermir avoient besoin que toutes les loix connues fussent violées, & que, sous le nom de coutumes, toutes les passions & tous les caprices de la noblesse, des prêtres & des moines, fussent respectés. La noblesse fut la dupe de cette extrême tolérance ; elle ne sentoit pas qu'en fatiguant le peuple du poids de son insolence & de sa tyrannie, elle faisoit beaucoup de mécontens, & qu'il étoit naturel que les malheureux esclaves, accablés de leurs fers, se ralliassent autour d'une puissance unique, seule capable de réprimer les tyrans particuliers. Les maires du palais n'auroient pas eu besoin de se parer du titre de rois, ni de s'environner de la pompe du trône, si leur charge avoit été héréditaire ; mais la mairie n'étoit qu'élective. Quand même ils auroient cru faire le bien, ce n'est que dans les pays libres, dans les républiques, que le citoyen habile travaille pour le bonheur général, & ne considere ses propres enfans que comme les enfans de la patrie. Dans un état monarchique, au contraire, tous les intérêts sont individuels, & l'amour même de la gloire est personnel à soi & à sa famille : ainsi les maires du palais marcherent toujours vers le trône, afin d'assurer leur pouvoir à leur postérité. Pepin eut cette charge sous Childéric fils de Clovis II ; & comme il avoit remarqué que les grands, impatiens du joug, pensoient déja, comme une portion de leurs vassaux, à rétablir l'autorité du prince, il conçut que la modération étoit nécessaire, & qu'il étoit tems de les flatter. Un tyran qui peut affecter des vertus, est un être plus dangereux encore que les tyrans sanguinaires; l'homme qui a vraiment de grandes vues, détestera toujours plus ce qu'on appelle les *bons rois*, que ceux là même dont le nom fait frémir l'univers. Ceux-ci appellent sur eux la haine & la vengeance, qui réveillent enfin les peuples. Les autres invitent à l'indolence & au sommeil, mortels ennemis de la réflexion & de la liberté. Ce fut ce qui arriva sous Pepin; des apparences de justice & de vertu lui concilierent ces grands toujours inquiets; il les trompa; les plongea dans l'insouciance, & son habileté sut réunir sur sa tête les mairies de Bourgogne & d'Austrasie, dont les titulaires moins adroits s'étoient fait chasser. S'il avoit voulu, il auroit pu opérer dans le gouvernement des réformes utiles, améliorer les loix, adoucir la férocité des mœurs, distinguer des pouvoirs, arracher le foible à l'oppression du plus fort, apprendre enfin à tous les ordres qu'on ne cesse d'être esclave de ses passions, que lorsqu'on est soumis au joug des loix; mais il auroit fallu restreindre lui-même sa puissance, avant de porter atteinte à celle des autres classes; & jamais un *roi* ne cédera rien de ses prétentions, que lorsqu'il lui sera commandé par une nation entiere de céder le trône au véritable souverain. Pepin souffrit donc assez de désordres pour être toujours nécessaire à ceux qui en étoient victimes, & ne mit un frein qu'au mal dont l'excès pouvoit lui être nuisible. S'il ne laissa point à ses fils le titre de roi, c'est qu'apparemment il crut en avoir assez fait pour qu'ils n'eussent plus qu'à le prendre; c'est que, mécontent de Charles Martel, son fils, il ne voulut pas lui faire le don d'une couronne; c'est que, par un singulier caprice, il légua le trône à Dagobert III, qui, selon l'idiôme d'alors, en étoit *l'héritier légitime*, & sa charge de maire à Théobalde, son petit-fils; sous la tutelle de Plectrude, sa femme.

Cette Plectrude étoit fiere, ambitieuse, & d'un caractere impérieux; mais, par bonheur, elle avoit peu de génie. Charles Martel étoit fils d'Alpaïde, autre femme de Pepin, & en cette qualité, haï d'une marâtre à laquelle il faisoit ombrage. Il étoit en âge de gouverner lui-même; & Théobalde, à qui Pepin laissoit la mairie, n'étoit qu'un enfant. Il étoit donc fort différent pour Plectrude, accoutumée au rang, à l'autorité & aux richesses de femme du maire, ou de céder ces avantages à un jeune homme qui n'auroit eu ni égards, ni respect pour elle, ou de la conserver à titre de régente, sous le nom d'un roi & d'un maire, tous deux enfans. Elle avoit toujours eu soin d'aigrir les chagrins de son mari contre ce fils aîné, dont l'humeur & le caractere lui déplaisoient. Devenue maîtresse de son sort, elle eut l'adresse de le faire arrêter & enfermer; son plan de gouvernement étoit de conserver sous son obéissance les états d'Austrasie, de Bourgogne & de Neustrie; mais les grands, qui jamais en France n'ont souffert qu'à regret la domination des femmes, se liguerent contre elle, & les Neustriens élurent un autre maire, nommé Rainfroy. Cependant, maîtresse des trésors de Pepin, & environnée de ses créatures, Plectrude conservoit d'assez grands avantages, si elle avoit su en profiter. Elle eut assez de crédit pour mettre une armée sur pied, & les François assez de lâcheté pour consentir à égorger leurs concitoyens. Rainfroy mit le jeune Dagobert à la tête de ses troupes; & les aveugles soldats, peu accoutumés depuis quelque tems à voir un roi, éblouis de sa présence, comme si c'eût été celle d'un Dieu, redoublerent leur zele. La téméraire Plectrude fut repoussée vigoureusement dans la forêt de Compiegne; son autorité s'affoiblit beaucoup par sa défaite, & Rainfroy auroit tout-à coup rétabli l'autorité royale, si Dagobert n'étoit mort après sa victoire. Ce qu'il y eut de malheureux pour Plectrude, c'est qu'au même moment Charles Martel rompit ses fers, & parut dans l'Austrasie. Rainfroy venoit de placer sur le trône Chilpéric, surnommé *Daniel*, fils de Chilpéric II, & renfermé chez les moines de Chelles; mais ce fut en vain qu'il opposa ce roitelet aux grandes vues de Charles Martel. La journée de Vinciac assura l'empire au fils de Pepin, & la victoire même sur l'opiniâtre Plectrude, qui, se voyant déçue dans toutes ses espérances, abandonnée de son parti, s'enferma dans un monastere qu'elle avoit fondé à Cologne; elle y fut si complétement oubliée, qu'elle y termina ses jours, sans qu'on sache même l'année de sa mort. Il ne lui manqua que de l'esprit, pour être vraiment criminelle sur le trône, ou dans une place à-peu-près égale. Si elle fût née dans une république, une éducation différente, des mœurs simples, la nécessité d'être estimable pour être estimée, en auroient peut-être fait une citoyenne.

Parmi les différentes femmes de Charlemagne,

on distingue Fastrade, fille de Raoul, comte de Franconie, dont le caractere pensa devenir fatal à son mari. Malheureuse Germanie ! tu n'as jamais envoyé à la France que des monstres ivres d'orgueil & avides de sang ! L'insolence de cette fille des Céfars, irrita les grands d'Austrasie, que Charlemagne avoit accoutumés à des mœurs plus douces ; son humeur chagrine aigrit le caractere de Pepin, dit le Bossu, fils naturel de l'empereur ; & l'empereur même devenoit, par ses conseils, plus sombre, plus hautain, plus despote. Il étoit à Ratisbonne peu accompagné, lorsqu'un prêtre Lombard, s'étant endormi dans l'église de Saint-Pierre, s'éveilla, au milieu de la nuit, au bruit de plusieurs hommes rassemblés, qui sembloient tenir une espece de conseil. Surpris, il écoute sans se montrer, & la conversation de ces hommes lui découvre le secret d'une conjuration contre l'empereur & sa femme. Dès qu'il put, sans crainte, sortir de sa retraite, il courut au palais en instruire Charlemagne, & lui nomma les conjurés, au nombre desquels étoit son fils. Fastrade, enflammée de colere, loin de reconnoître ses torts & de les réparer par un acte de clémence, fit les plus grands efforts pour endurcir le cœur de son mari, déja porté à la vengeance. Elle ne l'engagea que trop à punir, d'une maniere atroce, des hommes coupables seulement d'avoir senti qu'ils n'étoient pas faits pour ramper sous une femme. Elle vouloit exiger de lui qu'il lui sacrifiât son fils ; mais Charles, qui n'avoit l'ame féroce que parce qu'il étoit roi, ne put étouffer la voix de la nature, & se contenta de faire enfermer Pepin dans un monastere. L'impitoyable Fastrade mourut peu de tems après, pour le bonheur de son mari & celui des François.

Le gouvernement avoit changé de face depuis la destruction de la race Mérovingienne. Pepin, fils de Charles Martel, avoit dénaturé l'inauguration des chefs appellés rois ; cette grandeur qui jusqu'à lui tenoit encore à une sorte d'élection, ce bouclier sur lequel on élevoit le prince, sur lequel il recevoit un hommage que l'on pouvoit peut-être lui refuser, puisqu'il sembloit le demander, cette ombre enfin de la liberté des anciens Francs avoit disparu. L'usurpateur du trône, jusqu'alors héréditaire, crut devoir imposer au peuple & aux grands un nouveau joug plus difficile à briser, celui de la superstition. La force des armes avoit fait les rois, la force venoit de détruire la premiere famille, usurpatrice de la souveraineté nationale. Pepin imagina de s'entourer d'une force divine; & se faisant sacrer pompeusement, d'abord par Boniface, évêque de Mayence, ensuite par le Pape Etienne III, qui avoit besoin de lui contre les Lombards ses ennemis, il se fit appeler *l'oint du Seigneur*, fit également sacrer ses fils en cette qualité, prétendit par la voix du pontife, que sa dignité, semblable à celle de David, étoit une espèce de sacerdoce à laquelle les peuples ne pouvoient attenter sans commettre un sacrilege; qu'enfin il tenoit la couronne de Dieu seul, par l'intercession de Saint Pierre & de Saint Paul, & que l'église rejetteroit de son sein tous ceux qui oseroient se départir de la fidélité & de l'obéissance qu'ils devoient à Pepin & à sa postérité. Ainsi donc, c'est à dater de cette époque que les rois de France tinrent leur couronne de *Dieu* ; ainſi les peuples ont, dans leur aveuglement, profané le nom de la Divinité, lorſqu'ils ont cru qu'elle les avoit aſſujettis à un fléau de quatorze ſiecles, ſans autre ſoulagement que le plus ou le moins de férocité de chacun de ces individus, dont les noms, la plupart abhorrés, ſouillent toutes les pages de notre hiſtoire.

A conſidérer Charlemagne dans ſes guerres avec les Saxons, il nous préſente l'image d'un farouche habitant des forêts, avide de ſang & de chair humaine, cherchant ſur des bords inhabités la trace des malheureux, victimes de quelques naufrages, & les maſſacrant ſans égard pour le ſexe ni l'âge : que dis-je ? on voit bien pis encore ; non, ce n'eſt point l'homme ſauvage, ce n'eſt point l'enfant brute de la nature, c'eſt celui du fanatiſme & de la ſuperſtition, c'eſt l'homme civiliſé, c'eſt l'homme policé, dont la rage ambitieuſe parcourt l'Europe entiere un glaive à la main, pour ſervir la fureur des vils pontifes de Rome eſclave, & mériter la couronne ſanglante que leur groſſiere impoſture a donnée à ſon pere au nom de Dieu.

Mais ſi l'on examine ce même homme dans le ſein de la France, régénérant les loix, les mœurs, inſtruiſant un peuple abruti, s'efforçant à lui donner une idée de ſa force & de ſa dignité, concevant lui ſeul le plan d'une diviſion de l'empire, telle à-peu-près que l'aſſemblée nationale vient de l'exécuter, rétabliſſant l'antique uſage des aſſemblées du Champ-de-Mars & du Champ-de-Mai, ne promulguant la loi que comme l'ouvrage de la nation, ne ſe ſervant de ces mots, *nous voulons, nous ordonnons, nous commandons,*

mandons, qu'en vertu de ce que la nation avoit *voulu*, *ordonné*, *commandé* (1); lorsqu'enfin il paroît à nos yeux sous l'aspect d'un législateur, on est tenté de croire que des historiens infideles ont donné le même nom à deux personnages différens; & l'on ne sauroit reconnoître le bourreau de l'Italie & de la Saxe épouvantées, dans le premier & le dernier des rois François, qui ait jamais songé qu'il n'étoit qu'un homme, & qu'il appartenoit à une nation.

Que faut-il conclure de cette opposition dans les actes émanés d'un seul homme ? Rien que de fort simple; que si Charlemagne n'avoit pas été roi, il n'auroit pas été une partie de sa vie un brigand tout souillé de crimes; que s'il n'avoit pas été roi, il auroit été un philosophe, & qu'il auroit appris peut-être à la nation à opérer elle-même de si grands changemens; & que ses fils n'auroient pas anéanti tant de sages institutions qui, sous eux, passerent comme un songe. L'espoir le plus insensé qui puisse naître dans le cœur des hommes, c'est de croire qu'un seul homme puisse les rendre heureux. Dans le cours passager de la vie, quel est l'œuvre exécutée par un seul qui puisse résister à la volonté de l'être qui lui succede ? Les feuilles qui couvrent un même arbre portent entre elles une différence visible. De tous les hommes qui couvrent la surface de la terre, il n'en est pas un qui ait une entiere similitude de caractere avec les autres. Mais, comme

---

(1) Les capitulaires disent positivement que la loi n'est autre chose que le vœu de la nation publié sous le nom du prince.

dans la nature, toutes les grandes masses conservent seules leur ensemble, lorsque tout varie dans les détails, de même il n'y a que les grandes masses d'hommes dont les ouvrages puissent acquérir cette consistance imposante, & résister aux efforts du tems. Ainsi les loix faites par un homme, quelque grand qu'il puisse être, n'auront, comme lui, qu'une durée passagere. Les loix des nations seules sont impérissables comme elles (1).

En 814, à la place de Charlemagne, on vit reparoître un homme stupide, sans caractere, plutôt moine que roi, soupçonneux & cruel, traînant tous les malheurs à sa suite, & toujours malheureux lui-même. Tous les établissemens de son pere disparurent, le peuple rentra dans le néant; une vapeur empoisonnée se répandit du trône sur toute la France; & pour combler tous les désordres dont il fut la source, il eut une femme impudique, & par conséquent artificieuse & cruelle. Il avoit trois fils de la premiere, &

―――――――――――
(1) Je ne dis pas que les nations ne s'anéantissent point elles-mêmes. Tout ce qui est composé d'atomes périssables doit se miner peu à peu & changer de forme par les efforts du tems. Mais je dis que ce même changement de forme, qui compose le systême réproductif de la nature, dans son organisation physique, est exactement le même dans le systême moral : la loi de la nature est la même pour tous les genres qui la composent. Les nations sujettes à cette loi disparoissent de la surface du globe; mais la loi même est éternelle, & lorsqu'elle a perdu momentanément son empire sur un peuple dégénéré ou détruit, elle l'exerce chez un autre, jusqu'à ce qu'insensiblement elle l'étende autour d'elle, & revienne couvrir de ses rayons bienfaisans la portion de terre qu'elle avoit abandonnée.

à l'âge de quarante-deux ans, ayant déja plus d'une fois manifefté le defir de s'enfermer dans un cloître, on fut furpris de lui voir choifir dans fa cour la plus belle & la plus jeune des filles qui la compofoient. Judith étoit fon nom, elle avoit dix-huit ans; il l'époufa en 819 à Aix-la-Chapelle. Un homme fombre, inquiet, défagréablement occupé de l'avenir, toujours déplorant le paffé, toujours adorant les reliques, fe profternant aux pieds des papes, menaçant, puniffant & fuppliant tout à la fois, en un mot un véritable imbécille ne pouvoit lui plaire. Mais elle devoit au moins fe refpecter elle-même; rien ne difpenfe une femme de ce devoir. Au contraire, prefque auffi-tôt après fon mariage, fon intrigue publique avec Bernard, comte de Barcelonne, ne laiffa ignorer le déshonneur du roi qu'à lui feul. Les grands, humiliés par Charlemagne, avoient déja repris tout leur empire & toute leur infolence; ils ne pardonnoient point à Judith de leur donner un maître; ils furent moins indulgens encore lorfque, après quatre ans de mariage, en 823, elle mit au monde un prince de la légimité duquel on n'avoit que trop raifon de douter; on en douta bien plus encore lorfque, après la naiffance de ce fils, elle fe hâta de donner à Bernard la place de premier miniftre. Elle avoit conçu le projet de faire paffer l'empire fur la tête de cet enfant illégitime, au préjudice des trois fils aînés de fon mari, & de renverfer ainfi les regles établies. L'hérédité d'une couronne eft un monftre en politique; mais enfin, puifque la nation le fouffroit, ce n'étoit pas à Judith à changer l'ordre que la nation feule pouvoit intervertir. Le foible Louis, esclave de sa femme & de l'amant de sa femme, consentit enfin, en 829, à donner une portion de ses états à ce prince nommé Charles, & âgé seulement de six ans; & ce fut en présence de deux de ses fils aînés, Lothaire & Louis, qu'il leur fit un affront aussi sanglant: Pepin, leur frere, étoit alors éloigné. Si Louis le Débonnaire avoit eu un caractere absolu, que Judith eût été plus adroite & Bernard plus éclairé, cet acte de violence auroit pu réussir; mais s'il étoit mal combiné, il fut encore plus mal soutenu. Les intérêts des freres du jeune Charles, & ceux des grands que Judith avoit toujours maltraités, se réunirent; ils attirerent dans leur parti tous ceux que le prétexte du bien public sut éblouir, & Pepin, le second des princes, se mit à la tête d'une conjuration dont le but étoit de détrôner Louis & sa femme. En publiant les désordres de Judith, on ajoutoit que, si le roi avoit la foiblesse de les souffrir, les princes, les ministres & les *fideles* sujets ne devoient pas avoir la même condescendance. Le voile de la religion fut bientôt réuni à ces allégations spécieuses; les évêques s'écrierent que l'église étoit offensée par la conduite de la reine, & par son adultere avec Bernard.

En même-tems Pepin s'avançoit à la tête d'une armée; Judith n'étoit pas de ces femmes telles que Frédégonde, qui, ayant combiné tous les événemens, ont aussi calculé toutes les ressources; elle s'enferma dans un monastere; Louis courut se cacher à Compiegne, & le lâche Bernard, abandonnant ceux qu'il avoit précipités dans un semblable danger, s'enfuit bassement au-lieu de les défendre. Judith, arrachée de son asyle par l'ordre de Pepin, fut conduite à Compiegne; mais, avant de la rendre à son mari, on lui fit jurer, sous les menaces les plus effrayantes, qu'elle engageroit ce stupide époux à abandonner le trône à ses fils, à se retirer dans un monastere, & qu'elle même prendroit le voile. Elle promit tout; & les fils de Louis, aussi imbécilles que leur pere, eurent la foiblesse de retenir cette femme avec lui dans le même château, en prenant l'unique précaution de mettre auprès d'eux des hommes qui devoient, disoit-on, en répondre *sur leur tête*, & les empêcher de se communiquer autrement qu'en leur présence. Certes! c'étoit vouloir qu'ils tramassent de nouveaux complots, & c'étoit leur donner tous les moyens de les exécuter, que de placer auprès d'eux toujours les mêmes hommes, exposés à la double séduction d'une femme impudente & d'un prince qui avoit de l'or à joindre aux artifices de sa coupable moitié! Mais qu'importoit alors que Louis fût séparé de la société, que Judith fût punie? la nation ne devoit pas profiter de leur châtiment. Il est quelquefois des circonstances bien différentes, & où il paroît bien étrange qu'on prenne des mesures aussi insuffisantes que dans un siecle barbare.

On juge bien que Louis & sa femme se revirent en secret; on juge bien que Judith usa de tous les moyens possibles pour régner encore sur le cœur de son mari; que, pour assurer son triomphe, elle employa ces élans d'amour maternel qui, dans l'ame d'une femme sans pudeur, ne sont rien qu'hypocrisie & artifice; qu'elle rappella l'amour qu'elle avoit inspiré au roi, tant de fois indignement trahi par elle ; qu'elle le flatta de lui former un parti dans le nombre de ses *fideles sujets*: tant de détours eurent un plein succès sur l'esprit d'un imbécille. Louis, n'osant ni trahir son serment, ni le remplir, demanda du tems pour se résoudre ; cette démarche parut suspecte, & ses fils, voyant qu'ils étoient trompés, le firent enfermer dans le monastere de St. Médard, à Soissons, & Judith, dans celui de Sainte Radégonde, à Poitiers. Le peuple accabla cette femme d'injures au moment de son départ, & lui reprocha tous ses crimes ; le peuple n'étoit pas libre alors, il l'auroit accablée d'un silence plus fier & plus insultant. Les deux freres de Judith & son cousin-germain furent rasés & dégradés, comme complices de l'adultere de Bernard avec elle, & de ce moment les deux époux furent observés de si près, que toute communication leur fut interdite, & que Louis, trompé par de faux rapports, crut même que sa chere Judith n'étoit plus, & s'abannonna aux regrets & au désespoir, que n'auroit peut-être pas excités dans son cœur une femme vertueuse, s'il en pouvoit être sur le trône. Dans un autre siecle, la situation de deux êtres méchans, méprisables, nuisibles à l'intérêt public, avilis par le crime & le parjure, n'auroit excité aucune pitié ; personne n'auroit voulu leur prêter d'appui ; on auroit cru se dégrader soi-même ; mais alors, les préjugés, la superstition, l'idée que l'ambition seule des princes étoit cause de la détention d'un pere, engagerent les moines de l'abbaye de Soissons à faire des efforts en sa faveur. Peut-être qu'il y eut aussi quelques vues ambitieuses dans leur conduite. Les trois princes étoient désunis: Gombaud, moine de Soissons, sut en profiter, & Louis fut remis sur le trône aux états de Nimègue, en 828. Il auroit pu se faire craindre de ses fils, mais non pas, comme le disent les historiens esclaves de la puissance des rois, en punissant des hommes justement irrités des crimes de sa femme, indignés de sa foiblesse, & victimes de son imbécillité. Il en auroit véritablement imposé à l'ambition des trois rivaux, s'il eût répudié l'infâme Judith, révoqué les dons faits au fils de Bernard, s'il se fût entouré de la puissance nationale, en restituant, comme son père, au peuple opprimé, la portion de ses droits dont il pouvoit faire usage, en lui montrant qu'il en existoit encore d'autres à la jouissance duquel l'appelloient la nature & la loi, & que les lumières & l'instruction lui apprendroient à ressaisir. Au contraire, l'imprudent monarque ne pensa qu'à reprendre sa femme, & non content de la croire innocente, ou de le feindre, il voulut encore, chose étrange! que les peuples la crussent telle. Avant de la faire rentrer au palais, il fit publier que celui qui voudroit se présenter pour soutenir, en champ clos, l'accusation d'adultère intentée contre l'impératrice, étoit libre de le faire: c'étoit l'usage alors, c'étoit une des formes de ce qu'on appelloit *le jugement de Dieu*. Sous le règne de Louis-le-Débonnaire, un assassinat auroit été le prix de la fermeté qu'auroit montrée l'accusateur de Judith; & personne n'osa s'y exposer. Ce silence, bien constaté dans le terme prescrit, la reine & ses parens jurèrent solemnellement qu'il n'y avoit jamais eu de commerce criminel entre elle & Bernard. Louis se contenta de ce serment, mais il ne paroît pas que le peuple, quelque grossier qu'il fût, regardât comme acquise la preuve de l'innocence de *sa souveraine*, car les murmures continuerent, & le mécontentement éclata dans presque toutes les actions.

Ce qui l'augmenta encore, c'est que les deux fils cadets de Louis ayant contribué à lui rendre la liberté, par jalousie pour Lothaire leur aîné, celui-ci à son tour, consentit au partage de ses états avec Charles, fils de Judith, afin de ruiner les projets de ses freres; de sorte que les vastes pays soumis à nos rois, se trouvoient partagés en différentes portions, qui se voyoient toutes exposées à des guerres sanglantes pour les intérêts d'un enfant illégitime. L'impudente Judith, non contente de braver les loix de l'hymen par des farces aussi indécentes que sa conduite, de violer celles de la nature, en opposant le fruit du crime à ceux d'un chaste amour, celles des nations, en déchirant des provinces, se jouoit encore des craintes que devoit lui inspirer la position critique où elle se trouvoit. Elle vouloit faire revenir Bernard en France; il revint en effet en 831, afin de se purger, par la voie du combat, de l'accusation formée contre lui à l'égard de l'impératrice; & personne ne s'étant encore présenté, il donna la seconde scene du serment, scene tant répétée, & aussi utilement, même sous nos yeux, & l'an troisieme de la liberté françoise.

Les enfans de Louis ne pouvoient demeurer tranquilles spectateurs des désordres de la cour; Judith fomentoit avec soin leurs querelles avec son mari; en 832, elle réussit à faire dépouiller

Pepin de la couronne d'Aquitaine, & à la faire donner à Charles son fils, & fit assassiner un évêque qui pressoit fortement son mari de la répudier. Lothaire & le jeune Louis, roi de Baviere, irrités du traitement fait à leur frere, & auquel ils devoient s'attendre eux-mêmes, se réunirent avec le pape Grégoire, qui passa en France, moins à dessein de servir ces princes, que dans l'espoir d'accroître sa puissance temporelle sur cet empire. Ils leverent en hâte une assez grande armée pour attaquer avec succès l'imbécille monarque, tandis que Grégoire tentoit la voie de l'excommunication. Heureusement pour lui, la suprématie de l'église romaine sur les rois n'étoit pas encore reconnue par le clergé de France; les évêques firent savoir au pape que s'il étoit venu pour excommunier, il le seroit lui-même, comme ayant transgressé les saints canons & la liberté de l'église. Mais pendant cet intervalle, & tandis que les deux armées étoient campées entre Basle & Strasbourg, les fils de Louis trouverent le moyen de lui enlever ses troupes, qui passerent de leur côté: l'empereur se trouvant abandonné, fut obligé de se soumettre, & d'aller trouver ses fils en qualité de suppliant, ayant obtenu du moins la promesse que Judith & son fils ne perdroient ni la vie, ni aucun des membres, ce qui donne une idée de la barbarie du siecle; car il craignoit que les princes ne leur fissent crever les yeux avec du plomb fondu, comme il l'avoit fait lui-même à son neveu. Charles fut envoyé au monastere de Prum, diocese de Treves, par ordre de Lothaire, & Judith, livrée au roi d'Aquitaine, qu'elle avoit fait dépouiller de sa couronne, fut reléguée à Tortone en Italie. Lothaire fit conduire l'empereur à Saint-Médard de Soissons, & assigna une assemblée générale à Compiegne au mois d'octobre 833, afin de le juger. Mais les évêques qui avoient à venger la mort de leur collegue, qui n'avoient repoussé l'excommunication du pape Grégoire que pour avoir seuls le droit de *lier & de délier* ; qui avoient tous tramé la premiere conspiration contre Louis, & tous aussi eu part à la seconde, craignant que le peuple ne se lassât de tous les malheurs dont il supportoit le poids, que les princes ne se brouillassent de nouveau, & que l'un d'eux, venant au secours de son pere, ne les exposât à la vengeance de Judith, imaginerent de dégrader provisoirement l'empereur avant l'assemblée du Champ de Mars. Après avoir rempli l'ame de ce prince superstitieux de toutes les terreurs de l'enfer, ils lui persuaderent de faire venir son fils aîné, & de se réconcilier avec lui, ensuite ils le conduisirent à la paroisse, où prosterné devant l'autel, il confessa publiquement » *qu'il avoit commis sacrilege, parricide & homicide, en violant le serment solemnel qu'il avoit fait à son pere, en faisant tonsurer ses freres par force, & en consentant à la mort de son neveu : qu'il avoit faussé son serment & violé la foi des états, en ôtant les partages donnés à ses trois fils aînés* ; troublé *le repos de la nation par des guerres injustes, & causé les désordres de l'église & de la noblesse par sa mollesse & sa négligence* ". On remarque dans cette confession générale deux expressions singulieres pour le tems ; le reproche d'avoir *violé la foi des états*, & celui d'avoir troublé *le repos de la nation par des guerres injustes*. Ils prouvent au moins que les évêques étoient plus éclairés qu'on ne le croit communément, & que dès-lors les traîtres favoient voiler à propos leurs intérêts perfonnels du mot de bien public & de droits nationaux. Mais fi en 834 on nommoit criminel celui qui avoit *troublé le repos de la nation par des guerres injuftes*, fi c'étoit un prétexte à fa dépofition, fi on croyoit en avoir acquis le droit de le condamner à une prifon éternelle, que ferons-nous aujourd'hui à un traître, qui, ayant reconnu les droits d'une nation, s'y étant foumis, ayant fait ferment de les défendre & de les maintenir, ne cherche pas feulement à troubler LE REPOS DE CETTE NATION dans l'intérieur ; mais, abufant encore de la confiance & de la fécurité publique, s'enfuit dans l'ombre, & va chercher les hordes de Germanie, comme un chef de brigands court avertir fa bande qu'elle peut s'affurer d'une riche capture ? En 834, une poignée d'hommes corrompus cherchant perfonnellement à fe venger, fe fervoient d'une idée informe & infuffifante des droits des nations. En 1791, lorfque ces droits font reconnus dans toute leur majefté, le premier fénat de la république Françoife veut faire grace au violateur public de ces mêmes droits ; que dis-je ! lui faire grace ! ce feroit donner des bornes trop étroites à fa clémence, il ne veut pas même qu'il foit coupable, & fi la crainte ne l'arrêtoit, fi l'opinion ne le faifoit trembler, déja Louis & Antoinette auroient eu, ou la liberté de repartir, ou celle de mettre des conditions au bienfait de leur préfence.

Après la confeffion de Louis I, on le dépouilla de fes habits militaires & impériaux. On le revêtit d'un cilice, & on l'enferma parmi les religieux. Mais l'armée, qui vouloit sa déposition lorsqu'elle n'étoit pas encore faite, s'en offensa lorsqu'elle fut consommée, & les deux freres du nouvel empereur le solliciterent vivement de délivrer leur pere. Sur son refus, ils marcherent contre lui, secondés par le zele des troupes ; & Lothaire, se voyant presque enveloppé prit la fuite, & laissa Louis à Saint-Denis.

Le voilà donc replacé sur le trône pour la seconde fois, en 834 ; sa femme lui est rendue, & avec elle son enfant bien-aimé. Lothaire est contraint de s'humilier à son tour, & de venir demander pardon à son pere. Judith, que les disgraces ne pouvoient dompter, se voit plus puissante que jamais sur le cœur de l'imbécille époux, qui fut moins sensible à la joie de reprendre la couronne, qu'à celle de revoir cette furie. Elle n'en sacrifia pas moins comme auparavant son repos & celui de l'état à ses vues ambitieuses pour le fils de Bernard. Il semble que ces enfans nés dans l'opprobre soient plus chers à leurs impudiques meres, que les fruits de l'union légitime ; ils leur coûtent plus de crimes lorsqu'elles sont placées par le sort de maniere à en commettre impunément ; ils leur coûtent plus de bassesses dans les conditions ordinaires. Judith changea de plan. L'âge & les chagrins altéroient la santé de Louis, elle craignoit de le perdre, & ce fut dans le sein de son plus puissant ennemi qu'elle s'avisa d'aller chercher un appui. Pepin & Louis, roi de Baviere, avoient chassé Lothaire dont ils étoient jaloux ; Lothaire demeuroit seul contre eux, Judith imagina de se réconcilier avec lui, & de mettre son fils sous sa protection. Cette négociation dura plusieurs années, pendant lesquelles sa constance ne s'affoiblit point, & enfin en 838, elle termina son projet. Lothaire vint trouver Louis, se réconcilia sincérement avec lui, & consentit à faire un nouveau partage de l'empire, & à laisser au jeune Charles tous les états qui s'étendoient depuis la Loire jusqu'au Rhin. Charles fut couronné par son pere, & cette cérémonie reçut l'approbation de toute la noblesse. Lothaire promit de respecter ce nouvel accord, & de protéger Judith. Charles jura d'honorer son frere comme son tuteur & son ami. Judith, au comble de ses vœux, célébra cette fête avec une magnificence scandaleuse, & dont le peuple fit les frais. Bientôt le roi d'Aquitaine étant mort, elle entreprit de faire passer encore cette province au pouvoir de Charles, au préjudice des quatre héritiers. Louis, obéissant en esclave aux caprices de cette insensée, donna cette couronne à son fils; & Louis de Baviere ne pouvant contenir son indignation, s'opposa, les armes à la main, à la spoliation de ses neveux. Le vieil empereur fut obligé de marcher lui-même à la tête de ses troupes. Judith l'exigeoit, & il n'étoit pas au pouvoir de ce lâche époux de montrer une volonté contraire : elle le suivit dans son voyage. Les habitans céderent à la présence de l'empereur, & reconnurent le fils de Judith; mais pendant ce tems, le roi de Baviere s'étoit emparé des états que lui avoit cédés Lothaire, & il fallut encore que l'empereur, obéissant à la voix de sa femme, marchât de ce côté. Il n'alla pas loin : c'étoit au plus fort d'un hyver rigoureux. Louis de Baviere, trop foible pour réfifter, s'étoit à peine retiré au bruit de l'arrivée de fon pere, que ce vieillard, épuifé de fatigue, tomba malade, languit long-tems, & mourut à Ingelheim, le 20 juin 840.

Charles avoit dix-fept ans; & nourri de toute l'ambition de fa mere, il n'avoit pas plus qu'elle le génie propre à la foutenir habilement. Il fe détacha de Lothaire; & l'horrible bataille de Fontenay, près d'Auxerre, fut le dernier & le plus affreux des crimes de l'odieufe princeffe. Il y périt plus de François, dit-on, que depuis le commencement de la *monarchie*. Judith en fut prefque le témoin, & fe baigna dans le fang de fes concitoyens, à la lueur de leurs maifons embrafées. La défolation qui fuivit cette horrible journée, força les deux princes à faire un nouveau partage en 843. Ce fut après ce nouveau traité, difent quelques auteurs, que la mort délivra les François de l'infâme Judith. D'autres prétendent qu'elle vécut jufqu'en 874; mais on eft plus tenté de croire qu'elle mourut en 843, puifqu'à dater de cette époque, aucun de fes crimes n'a pu conftater fon exiftence, & qu'il femble impoffible que le génie infernal qui la dominoit n'eût marqué fa trace dans quelque lieu qu'elle fe fût retirée.

Nous ne faurions paffer abfolument fous filence le regne de Richilde, feconde femme de Charle-le-Chauve. Elle étoit fille de Boves, comte d'Ardennes, fœur de Bofon premier, qui fut depuis roi de Provence, & de Richard, duc de Bourgogne. Charles en devint amoureux, lorfqu'il étoit déja lié à Ermentrude, fa premiere femme, il avoit tous les vices de fa mere, & entre autres celui de céder sans scrupule à tous ses caprices & à toutes ses passions. S'il ne répudia point Ermentrude en faveur de la belle Richilde, c'est que n'étant aimé ni de ses sujets, ni de ses voisins, craignant toujours ses oncles, & voyant la puissance des papes s'augmenter rapidement en France, il craignit que le divorce avec une femme qui ne lui donnoit aucun sujet de plainte, ne mît sa couronne en danger. Richilde se contenta donc, pendant quelques années, du titre de *concubine*; & quoique sous la premiere race, & partie de la seconde, ce titre ne fût point aussi avilissant qu'il l'est devenu à mesure que les mœurs se sont épurées, il est surprenant que la fille d'un prince se soit abaissée à le porter. La mort de la reine, arrivée en 869, la plaça sur le trône, & son mariage fut célébré à Aix-la-Chapelle, le 22 Janvier 870; sa dot lui fut assurée à sa priere par Louis-le-Begue, fils aîné de Charles & d'Ermentrude. Lorsque Charles passa en Lombardie, dans le dessein de s'emparer des états de Louis, son frere, mort en 875, Richilde, pendant son absence, demeura régente du royaume, sans en avoir le titre. Il paroît qu'elle s'en acquitta mal, & qu'elle donna lieu à des troubles nouveaux dans le royaume, déja exposé aux ravages des Normands, aux entreprises des papes, & aux attaques de tous les princes voisins. Il paroît que, jalouse de son autorité, elle méprisa les conseils des hommes sages qui pouvoient la guider, & qu'ayant donné aux favoris du roi des dégoûts & des sujets de plainte, elle fut cause de l'entrée de l'héritier de Lombardie en France. Charles ne recueillit donc qu'un mauvais succès de son entreprise. Il accorda au pape, sur le royaume de France & sur l'empire, des droits aviliſſans dont on connoît la ſuite fatale, & cela pour acheter de lui les vains honneurs du couronnement, qui flattoient ſa puérile vanité & celle de ſa femme. Obligé d'oppoſer ſes forces à celles de Louis, ſon neveu, il fut battu, & ſon camp pillé. Richilde ſe conſola de ce revers, lorſqu'au concile de Pontyon, Charles, preſque auſſi imbécille que Louis, ſon pere, la fit paroître avec lui, & donna l'exemple ridicule d'une femme aſſiſe ſur un trône à côté de ſon mari, préſidant une aſſemblée d'hommes, dont la miſſion étoit de délibérer ſur les intérêts ſpirituels & temporels de pluſieurs nations. Les évêques, étonnés & humiliés de l'audace de Richilde, ne ſe leverent point pour la recevoir; & il ne faut pas s'étonner, après une pareille marque de foibleſſe, ſi Charles avoit abandonné au pape des prérogatives ſi conſidérables, & dont il voulut confirmer la ceſſion dans ce même concile. Il avoit couronné ſa femme; la vanité de ſa femme étoit ſatisfaite. Que leur importoit à tous deux que la nation & les ſiecles futurs fuſſent ſacrifiés à un inſtant de pompe & d'éclat? Cette épouſe chérie ne lui étoit cependant pas plus fidele que Judith ne l'avoit été à ſon pere. On ne ſait même ſi elle ne trempa point dans la conſpiration de Boſon, ſon frere, par laquelle Charles périt empoiſonné en 877. Quelques lâches hiſtoriens, accoutumés à nier les crimes des rois, lorſqu'ils ne peuvent les colorer de quelques prétextes, ont demandé quel intérêt Richilde auroit pu avoir de trancher les jours d'un mari dont elle étoit adorée; comme ſi l'excès des paſſions étoit ſoumis à l'empire de la raiſon, comme ſi les femmes ſur-tout

connoiſſoient

connoissoient un frein à leurs volontés, lorsqu'une fois elles en ont formé d'illégitimes; comme si on ne leur voyoit pas constamment, & sans réflexion, sacrifier leurs plus grands intérêts futurs à une légere satisfaction du moment; & comme si enfin un mari n'étoit pas toujours un observateur incommode pour une femme sans mœurs. Richilde avoit eu cinq enfans, & n'en avoit conservé aucun; elle aimoit son frere Boson, en qui Charles n'avoit eu que trop de confiance; elle croyoit pouvoir démembrer une portion des états de son mari, pour en faire le partage de ce frere chéri, sur lequel même on avoit conçu plus d'une fois des soupçons peu honorables pour elle. Charles est empoisonné; on en accuse Boson; on le regarde comme l'auteur du crime, & Richilde continue à vivre dans une familiarité suspecte avec l'assassin presque reconnu. Bientôt elle se livre à de tels débordemens, que Foulques, archevêque de Rheims, lui écrivoit peu de tems après la mort de son mari, qu'au-lieu de *tenir la conduite d'une veuve chrétienne, le démon alloit par-tout avec elle; qu'on ne voyoit à sa suite que dissentions, emportemens, incendies, pillages, meurtres, libertinage, excès de toute espece.* Elle employa toutes sortes de moyens pour fermer l'accès du trône à Louis, dit le Begue, fils aîné de Charles, & elle ne lui céda enfin qu'à des conditions si favorables à Boson, que peu après il devint le fondateur du royaume d'Arles : alors elle voulut bien restituer au fils de Charles les ornemens de sa dignité, dont elle s'étoit emparée avec le testament de son pere. On ignore l'année de sa mort, & les lieux où elle vécut depuis celle de son mari.

D

La seconde race des rois de France disparoît à nos regards sans nous offrir aucune femme dont on puisse citer le nom; heureuses d'avoir été nulles, de n'avoir pas laissé une mémoire en horreur à la postérité : plus heureuses encore si, éloignées de ces trônes souillés par le sang des peuples, elles n'avoient point partagé avec de coupables époux & la substance & la dépouille des nations; & si l'horreur qu'inspire aux hommes libres le seul nom des rois, n'enveloppoit dans la proscription de ce titre odieux tout ce qui a pu jamais approcher de ces êtres féroces, dont.

Semblables aux animaux farouches & stupides,
Les loix de leur instinct sont les uniques guides (1).

Hugues Capet s'empara de la couronne de France. Peu importoit à qui elle pouvoit écheoir en partage; rois héréditaires, rois électifs, usurpateurs, tout ce qui présente le nom de roi, ne porte désormais dans l'esprit des hommes libres que l'épouvante & l'horreur. Lorsqu'on se fait une idée des mœurs des tygres, on se les représente la gueule toujours fumante des entrailles de ceux qu'ils ont déchirés, les griffes dégouttantes de sang, & dévorés du besoin d'en répandre encore; mais un tygre n'est pas environné de baïonnettes, mais il n'a point à sa solde des esclaves qui fassent la chasse pour lui; mais il n'a point de cachots où il fasse une provision de victimes, mais il n'impose pas des tributs aux animaux, & ne peut pas les forcer à le nour-

―――――――――――

(1) Rousseau, Odes sacrées.

rir; mais il ne détruit point ses semblables; mais il vit seul dans les bois, & l'homme adroit & courageux peut l'atteindre d'un plomb meurtrier. Ainsi, les tygres sont moins à craindre que les rois, & pour l'homme condamné à vivre sous un roi, il importe aussi peu qu'il soit ce qu'on appelle *usurpateur* ou *héritier légitime*, qu'il soit imbécille ou spirituel, lâche ou brave, qu'il importe à l'homme dévoré par le tygre, si cette majesté est tachetée de telle ou telle façon.

Le premier des Capets monta donc sur le trône en 987; les historiens lui ont prodigué les plus grands éloges, parce qu'il fut heureux & puissant. Son usurpation leur a paru légitime, parce qu'elle eut un succès favorable pour lui & sa race. D'après ce que nous avons déja dit, ce n'est pas comme usurpateur que nous le jugerons, mais nous l'appellerons criminel est sanguinaire, pour n'être parvenu à l'empire que par la voie des assassinats, pour avoir traîné dans les prisons son rival Charles de Lorraine, sa femme, ses enfans, pour les y avoir fait mourir mille fois chaque jour qu'il daigna les y laisser vivre : pour s'être enfin maintenu sur ce trône si chérement acheté, en ruinant pour des siecles le bonheur, la fortune & le repos des François, par le pouvoir qu'il accorda aux grands & au clergé. Passons sur tous ses hauts faits tant vantés par de vils écrivains à gages, & cherchons à retrouver quelque digne compagne de nos tygres couronnés.

Robert, dit le pieux, fils de Hugues Capet, lui succéda en 997; il avoit épousé en premieres noces, Berthe, veuve d'Eudes, comte de

Provence, & arriere-petite-fille de Louis IV, roi de France; elle étoit donc sa parente, & même au degré défendu. Outre cet inconvénient, il avoit tenu avec elle sur les fonds de baptême un des enfans qu'elle avoit eus de son premier mari. Grégoire V, qui occupoit alors la chaire pontificale, donna le premier exemple d'une excommunication lancée contre le royaume entier; Robert ayant refusé d'obéir à ses premieres menaces, & de se séparer de sa femme, le service divin fut interdit dans toute la France, les sacremens aux vivans, & la sépulture aux morts. Robert abandonné de ses domestiques, n'en put retenir que deux qui, regardant comme profane tout ce que touchoit leur maître, refusoient encore de manger des mets qui lui avoient été servis, & brisoient tous les meubles à son usage. Le chagrin fit faire une fausse couche à la reine. Les satellites de l'évêque de Rome publierent aussi-tôt qu'elle étoit accouchée d'un monstre qui avoit le cou & la tête d'un oiseau. Les crimes des rois n'auroient pas été aux yeux des peuples un motif suffisant pour les détrôner, & à la voix d'un pape ils auroient arraché la couronne à Robert, parce qu'il avoit épousé sa parente. Il fut contraint à céder; mais son obéissance coûta cher à lui & au peuple. Ayant répudié Berthe, il fit choix de Constance, fille de Guillaume, comte d'Arles, & l'épousa en 998: c'étoit une autre Judith, fiere, absolue, sans regle & sans frein; livrée à toutes les passions qu'entretient l'autorité quand elle ne les fait pas naître, elle gouverna despotiquement son mari, sa maison, ses enfans, tout ce qui eut le malheur de l'approcher, & enfin la nation même. La cour de Robert étoit auparavant grave & auſtere; dès qu'elle y parut on y vit régner les plaiſirs les plus bruyans, un luxe effréné, des feſtins, des danſes, des jeux de toute eſpece; on y vit changer chaque jour de ton, d'uſage & de ridicule. Les habits, les armes, les bottes & juſqu'aux harnois des chevaux devinrent affaires de mode, & lorſque la reine avoit décidé ſur une forme ou une couleur, il n'étoit permis à perſonne de paroître d'une maniere oppoſée à ſon caprice. Ce fut elle qui, la premiere, amena en France des poëtes provencaux, c'eſt-à-dire, ces premiers troubadours qui, donnant à la fois des leçons de poéſie & d'amour, rendirent les mœurs plus douces, mais non plus chaſtes. Pluſieurs auteurs prétendent que Conſtance étoit ſage; en tout cas, elle n'eut aucune des vertus qui annoncent la ſageſſe, aucune de celles qui la rendent aimable; & l'on à bien de la peine à croire à une exacte vertu dénuée de douceur & de modeſtie. Quoi qu'il en ſoit, Robert exerça auprès d'elle une patience qui alla juſqu'à la foibleſſe, ou plutôt juſqu'à une véritable lâcheté. Hugues de Beauvais étoit le premier miniſtre & l'ami de ce prince, qui ſouvent ſe conſoloit avec lui des chagrins que lui cauſoit cette femme altiere. Elle le regardoit comme un cenſeur incommode; elle le ſoupçonnoit d'engager ſon mari à modérer pour elle ſes complaiſances imbécilles. Quelquefois en effet il obtenoit du roi de jouer le rôle d'un homme, & non celui d'un enfant docile & ſoumis. La haine de Conſtance s'en accrut à tel point que, ne connoiſſant plus de bornes, elle s'adreſſa ſecretement à Foulques, comte d'Anjou, ſon oncle, dont le caractere farouche lui promettoit une vengeance aſſurée. L'exécution du projet étoit difficile : le miniſtre étoit preſque toujours au palais, auprès du roi, & environné de domeſtiques & de courtiſans. Mais il eſt des caracteres que rien n'intimide, & lorſque les femmes ont une fois paſſé les bornes impoſées à leur ſexe, elle donnent facilement des exemples de la plus extrême hardieſſe. Voyant que la réuſſite du projet étoit lente & pouvoit devenir incertaine, elle pouſſa l'audace juſqu'à faire aſſaſſiner Hugues dans une chambre du palais, aux yeux même du roi, & ſi proche de lui, que le ſang de ſon ami rejaillit ſur ſes habits. Il faut avouer qu'un mari qui ſouffre & pardonne un pareil outrage eſt bien digne de tous ceux qu'une femme peut lui faire éprouver ! auſſi ne s'arrêta-t-elle point à ce coup d'eſſai, lorſqu'elle put meſurer toute l'étendue de l'indulgence à laquelle elle devoit s'attendre. De quatre fils, dont elle étoit mere, elle n'avoit de tendreſſe que pour Robert, le troiſieme, & ſa plus forte haine tomboit ſur Henri, l'aîné de tous. Lorſque ſon pere le fit couronner en 1017, comme ſon ſucceſſeur, & à l'exemple de Hugues Capet, Conſtance ne put voir cette cérémonie ſans chagrin & ſans indignation. Henri étoit d'âge à jouir de quelques revenus & des agrémens de la jeuneſſe ; ſa mere, auſſi avare qu'impérieuſe, lui refuſa les choſes les plus néceſſaires à la vie & aux vêtemens, de ſorte que, las de tant de perſécutions, il s'exila de la cour, & ſans argent, ni moyens de s'en procurer, il erra dans les états de son pere, comme un aventurier, & comme tel fut mis dans les prisons du château de Belesme, où Guillaume, comte du Perche, le fit enfermer, dit Mézeray, pour quelque action indigne, à quoi la nécessité l'avoit forcé. Ce jeune homme étant mort en 1026, Robert, qui ne pouvoit intervertir l'ordre établi dans la succession, fit couronner Henri à sa place. Nouveau désespoir de Constance; nouvelles réclamations en faveur du jeune Robert; mais lorsqu'elle vit que ses cris & ses emportemens ne pouvoient forcer le consentement du roi, elle chercha, par ses intrigues, à faire un parti à son fils bien-aimé; bouleverser le royaume, y allumer le feu des guerres civiles, faire périr des milliers d'hommes, démembrer l'état, donner des villes entieres, n'étoit rien pour cette insensée si elle pouvoit réussir dans ses projets. Elle voulut d'abord supposer une erreur de date dans la naissance de Henri; ce moyen ridicule de substituer un cadet à son aîné, n'ayant pu réussir, elle voulut réformer le droit d'aînesse, & l'on n'entendoit plus dans sa bouche que ces mots: *Ce n'est pas l'âge, c'est le mérite qui doit régler la préférence*. Le droit d'aînesse est sans doute un monstre né du vasselage & de la féodalité; sans doute cette coutume barbare, qui fait outrage à la nature, a causé toutes sortes de maux politiques. Mais c'étoit à la raison & à la philosophie qu'il appartenoit de réformer cet abus, & non à la folie passagere d'une femme. Constance ne put réussir; son mari & son fils n'en furent pas moins persécutés. Son fils Robert, assez bien né pour désapprouver les emportemens de sa mere, en fut aussi maltraité que son frere, & tous deux ne pouvant vivre auprès d'elle, ni s'éloigner de la cour, faute de secours pécuniaires, Henri s'empara de Dreux, & Robert, d'Avalon & de Beaune : mais ils n'étoient pas des criminels, ni des rebelles, & dès qu'ils surent que leur pere marchoit contre eux, ils se rendirent, & lui demanderent pardon d'une faute dont il connoissoit les motifs.

Il auroit manqué à une femme hardie d'affecter la dévotion ; aussi s'empressa-t-elle de persécuter les hérétiques. Un chanoine d'Orléans, nommé Etienne, & qui étoit son confesseur, tomba dans l'hérésie des manichéens ; Robert, qui n'étoit pas plus homme qu'un autre roi, quoiqu'il ait été plus malheureux que beaucoup d'autres, fit juger Etienne & ses sectaires, en 1019, avec la plus grande rigueur. Constance fut présente lorsqu'on les condamna au supplice, & en sortant de l'église, cette femme barbare, insultant aux derniers momens d'un malheureux, s'avança vers Etienne, avec un mouvement de fureur, & en l'accablant d'injures, lui creva les yeux d'une baguette qu'elle tenoit à la main. Non contente de cet acte de violence, bien plus digne d'un jugement rigoureux, que l'erreur de ces infortunés, elle poussa la cruauté jusqu'à soutenir la vue de leur supplice. Et quel supplice ? grand Dieu ! Ils furent tous enfermé dans une chaumiere, autour de laquelle on mit le feu. Ainsi cette femme, dont la véritable impiété troubloit sans cesse le repos de l'état, celui de son mari & de ses enfans, croyoit se rendre agréable à Dieu par ces excès de barbarie ; & réparer ses attentats par des présens aux églises, & des fondations de monasteres ? Son mari mourut en 1031; à ses derniers momens, il déclara que Henri étoit son successeur; les états le reconnurent, tous les grands se soumirent, mais non l'inflexible Constance. Elle arma encore en faveur du jeune Robert, s'empara des meilleures places de l'état; Henri se vit presque abandonné; le duc de Normandie fut le seul souverain qui osa venir à son secours; & si le fils chéri de Constance avoit eu autant d'audace & d'ambition que sa mere, il est certain que jamais Henri n'auroit régné. Mais l'ame de ce jeune prince étoit celle d'un homme, il étoit digne de n'être pas roi. Le duc de Normandie reprit les places que Constance avoit en sa possession, & Foulques, comte d'Anjou, qui s'étoit repenti de l'assassinat de Hugues de Beauvais, engagea enfin sa turbulente niece à faire un traité avec ses fils, par lequel elle promit de ne plus se mêler d'aucune affaire. La rage de n'avoir pu réussir à brouiller les deux freres, & le chagrin de mener une vie oisive, la firent tomber malade à Melun, où elle mourut en 1032, un an après son mari.

Il ne faut point passer sous silence la fameuse comtesse de Montfort, qu'on accusa de sortilege, pour expliquer l'empire qu'elle savoit acquérir & conserver sur le cœur des hommes. L'abbé Suger en fait un portrait d'autant plus séduisant, qu'il y avoit alors en France peu de femmes aimables : s'il n'a flatté en elle ni les charmes de l'esprit ni ceux de la figure, il n'est pas étonnant que Philippe premier, petit-fils de Robert, en soit devenu éperdument amoureux. Sans doute Bertrade avoit reçu quelques leçons des troubadours, & l'imagination échauffée par des idées poétiques, elle devoit trouver peu de satisfaction dans la réalité d'un mariage très-disproportionné. La politique des cours l'avoit donnée à Foulques *le rechigné*, comte d'Anjou, prince très-laid & très-vieux. La belle Bertrade, peu flattée d'une telle alliance, entendoit chaque jour vanter les plaisirs de la cour de France sous un roi voluptueux. Philippe premier avoit déja fait plus d'une infidélité à son épouse Berthe; mais aucun des objets qu'il lui avoit préférés n'avoit pu le fixer. Bertrade mariée au comte d'Anjou, déja mere d'un fils, qui peut-être ne devoit pas l'attacher d'avantage à son mari, mais qui devoit au moins lui inspirer du zele pour ses intérêts, Bertrade conçut le projet de devenir reine de France; sa jeunesse, sa beauté, sa naissance lui donnoient le droit d'y prétendre : c'étoit alors un titre que d'appartenir aux maisons régnantes de France & d'Angleterre. Elle donna toutes les apparences d'une intrigue romanesque à son projet ambitieux. De secretes avances faites à Philippe, sous un nom d'abord inconnu, ensuite dévoilé par degrés, enflammerent la curiosité d'un jeune homme enclin à l'amour. Enfin, on se donna un rendez-vous la veille de la pentecôte en 1092, dans la ville de Tours; on eut un entretien; sans doute il fut décisif, car la comtesse, profitant du moment des cérémonies religieuses, sortit de Tours sous la conduite d'un gentilhomme françois, nommé Guillaume, se rendit à Meun sur Loire, & de-là gagna Orléans avec une escorte que Philippe lui avoit envoyée à Meun. Ils s'apperçurent alors des difficultés qu'alloit éprouver leur mariage. Liés l'un & l'autre, il ne s'agissoit pas moins que d'un double divore, & sur-tout de l'approbation du clergé de France & du pape. Bertrade obtint facilement sa séparation dans les tribunaux : qu'a-t-on pu jamais refuser à une belle sollicituese? mais si elle avoit pu alléguer l'âge du comte d'Anjou, l'espece de violence qu'on lui avoit faite pour lui donner la main, la vie actuelle des deux femmes qu'il avoit illégalement répudiées avant de l'épouser, Philippe n'étoit pas dans le même cas. Cependant au milieu des intrigues de ce prince pour faire briser ses liens, Berthe mourut en 1093, & Philippe crut être libre : il n'avoit pas réfléchi que Bertrade étoit sa parente au cinquieme ou sixieme degré, Foulques au quatrieme, & que c'étoit aux yeux de l'eglise deux obstacles invincibles. D'ailleurs, la rupture du mariage de Bertrade ne pouvoit passer que pour une des scenes scandaleuses qu'offroit sans cesse aux peuples les caprices & l'impudeur des princes, de sorte que l'église ne fut pas désapprouvée du public lorsqu'elle s'opposa au mariage, qui cependant fut célébré en 1094, par l'évêque de Bayeux à qui Philippe fit don de quelques bénéfices. L'évêque de Chartres fut moins docile, il alluma les feux sacrés de la guerre religieuse contre le roi & sa femme. Philippe le déclara déchu de la qualité de fidele, abandonna ses terres au pillage & le fit citer au concile de Rheims. Ainsi voilà des terres dévastées, des chaumieres & des maisons en proie aux flammes, de paisibles agriculteurs ruinés, la pudeur des filles & des femmes violée pour satisfaire la passion d'une femme ambitieuse & galante! Peuples, conservez précieusement vos rois & vos reines, & vous consacrez au milieu de vous le germe d'un fléau plus terrible que ceux dont la nature ne vous frappe qu'à de longs intervalles, & auxquels un art falutaire apporte des fecours !

Une circonftance avoit changé la face d'une caufe auffi puérile. Le comte d'Anjou avoit confenti juridiquement à la caffation de fon mariage, & les évêques à qui Bertrade avoit vendu les terres de l'empire & donné des places & des titres fe révoltoient contre l'autorité du pape. Les feigneurs s'étoient joints à eux, liés par le même intérêt, & frappés du pouvoir que s'arrogeoit la cour de Rome. Guillaume, comte de Poitiers & duc d'Aquitaine, s'éleva contre les légats avec tant de véhémence dans l'affemblée de Poitiers qu'il entraîna beaucoup de riches perfonnages & que le peuple même en vint jufqu'à la violence contre les Romains. Une pierre jettée contre eux alla frapper un prêtre affis à leur côté. Ils prirent la fuite, mais la fentence d'excommunication n'en fut pas moins lancée contre Philippe. Elle produifit cependant moins d'effet que celle dont Robert avoit été victime, c'eft-à-dire, que le peuple ne la vit pas avec la même fuperftition, mais elle eut des fuites plus funeftes pour le repos de la France : elle engagea plufieurs des grands vaffaux de la couronne à fe révolter. Philippe étoit obligé de marcher contre eux, & Bertrade, tranquille au fein de la molleffe & des plaifirs, voyoit d'un œil ferein la moitié de la France armée pour fa querelle contre l'autre moitié.

En 1103, le roi ne pouvant fuffire à tant de combats, affiégé jufqu'aux portes de Paris, crû devoir affocier à l'empire fon fils aîné Louis

gé de 20 ans. On ne peut lui refuser beaucoup
[d]e courage & d'adresse : il repoussa les ennemis
[d]e son pere, se fit aimer des soldats, dont il fut
[ê]tre le compagnon plutôt que le chef, & se fit
[é]galement considérer de la petite noblesse & des
[c]itadins, dont il fit respecter les chétives possessions,
[e]n réprimant le brigandage des grands vassaux; mais
[c]ette grande réputation, qu'il devoit flétrir dès
[q]u'il seroit monté sur le trône, ne le rendit pas
[p]lus agréable aux yeux de la galante Bertrade. La
[m]ollesse d'une vie sensuelle n'adoucit pas le cœur
[d]es femmes, elles deviennent féroces à mesure
[qu]'élles s'enfoncent dans le vice : celle-ci avoit des
[e]nfans de Philippe, & la gloire dont se couvroit
[l]'héritier du trône chagrinoit son ame ambitieuse.
[L]ouis desira voir la cour d'Angleterre. C'étoit un
[s]pectacle curieux ; le fils de Guillaume le Conqué-
[r]ant régnoit sur les Bretons, jadis si fiers, & qu'un
[s]eul homme venoit de plonger dans l'esclavage ;
[L]ouis avec la permission de son pere, passa dans
[c]e pays. A peine y fut-il arrivé que Henri reçu une
[l]ettre scellée des armes de Philippe, portant la
[p]riere de faire mourir le jeune prince ou de le retenir prisonnier. Henri n'étoit pas fort scrupuleux,
ni d'un caractere humain, il étoit au contraire violent & barbare, il étoit roi. Ce ne fut pas le respect
des loix de l'hospitalité qui le retint ; si l'ordre avoit
été de Philippe, Louis étoit perdu. Mais l'Anglois auroit risqué beaucoup de se rendre ministre
des vengeances de Bertrade ; c'étoit elle qui avoit
tracé cette lettre hardie. Henri la montre au jeune
Louis, qui sans perdre un moment, passe la mer,
arrive à Paris sans y être ni attendu, ni annoncé,
se jette aux pieds de son pere, & vient, dit-il,

lui apporter la tête d'un criminel qu'il a condamné, Philippe étonné releve son fils, l'embrasse, lui demande l'explication de ce mystere, & lui jure qu'il n'a aucun sujet de se plaindre, & n'a donné aucun ordre sinistre. Louis, qui ne demandoit que cet aveu, se releve alors, demande hautement justice de sa belle-mere, & proteste qu'il s'en fera raison lui-même, si elle lui est refusée. La foiblesse de Philippe pour sa coupable maîtresse, car elle mérite plutôt ce nom que celui d'épouse, le força d'implorer lâchement le silence de son fils, & dès le même jour, ce prince sentit dans ses entrailles l'atteinte d'un feu dévorant dont on attribua d'abord la cause à la précipitation du voyage, & au trouble dont il avoit été saisi. Un seul domestique pénétra l'infernal secret ; on crut qu'il avoit guéri son maître par un miracle, & ce fut tout simplement par un contre-poison aussi actif que le breuvage mortel que Bertrade lui avoit donné. La fureur du prince s'accrut, il vouloit punir sa marâtre de ce second attentat ; mais Philippe assez lâche, assez imprévoyant pour endurer auprès de lui une criminelle hardie, se contenta d'éloigner son fils, en lui faisant un appanage de tout le Vexin françois.

Tout ce que la nature produit de bon dans le cœur de l'homme s'efface & disparoît sous le poids immense d'une grandeur hors de la nature. Dans toutes les classes humaines, verroit-on un seul pere, qui, après avoir convaincu sa femme d'avoir voulu faire assassiner son fils, & de l'avoir ensuite empoisonné, pût résister non-seulement à l'indignation dont il seroit saisi, mais à la crainte d'habiter un moment avec une criminelle ? Eh ! qui pourroit en pareil cas lui être garant de sa propre vie ? Qui pourroit être égal au supplice de la communication perpétuelle avec un être dont les mains sembleroient toujours dégouttantes de sang ? Les rois seuls dans la nature, & les voleurs dans les bois peuvent respirer en paix au milieu de leur complices. On ne peut dire que la complaisance de Philippe fut un affaire de politique. Bertrade étoit méprisée, haïe, redoutée du peuple & des grands; l'église l'avoit en horreur, il pouvoit l'abandonner sans exciter de murmures, tandis que ses efforts pour la garder avoient fait couler le sang des peuples. Cependant, au-lieu de s'en éloigner, en 1103 après le meurtre projeté de Louis, on le vit profiter de l'arrivée du pape en France pour solliciter avec ardeur la confirmation de son mariage, & à force d'intrigues, d'or & de bassesses, il obtint, en 1103, l'absolution de toutes les censures lancées contre lui, & la réhabilitation de ce mariage honteux. On accusa encore Bertrade de la mort de Geoffroy Martel, & d'Ermentrude sa premiere femme. Qeulques historiens rapportent qu'elle vouloit faire passer le comté d'Anjou au fils qu'elle avoit eu elle-même dans le tems de son premier mariage. D'autres détruisent ce fait ; mais ce qu'il y a de certain, c'est qu'elle sollicita Philippe en faveur de ce fils, & qu'elle obtint pour lui le comté d'Anjou, au préjudice de ceux qui avoient plus de droits à cet héritage qu'un enfant dont l'état étoit extrêmement incertain, & par les galanteries de sa mere, jointes à l'âge & aux infirmités du pere, & par la situation où étoit le comte, mari de deux femmes vivantes, dont le divorce n'étoit pas reconnu, & par le divorce de Bertrade elle-même, avant qu'il y eût un jugement prononcé. Ce qui est encore certain, c'est que le fils aîné de Foulques fut assassiné, que Bertrade en profita, & *que celui-là a fait le crime auquel le crime sert.*

Quelques historiens prétendent encore qu'elle se consacra au service de Dieu, à Haute-Bruyeres, au diocese de Chartres, après la mort de Philippe, arrivée en 1108 ; d'autres disent qu'elle retourna auprès de Foulques, & y vécut jusqu'à sa mort en 1109, sept ou huit mois après celle de Philippe ; il paroît vraisemblable qu'en effet elle prit le voile en 1115 à Haute-Bruyeres, parce que le nécrologe de cette abbaye en fait foi, & parce qu'on y voit encore son tombeau. Il paroît qu'elle y mourut 1117 ; mais dans l'intervalle de 1108 à 1115, il est possible qu'elle ait été rejoindre son premier mari, qui ayant été assez fou pour la voir, pour respecter ses volontés & lui obéir même pendant la vie de Philippe, pouvoit bien l'être assez pour la recevoir après sa mort.

Ce fut dans ce siecle malheureux que l'église romaine eut la fatale puissance de mettre toute l'Europe en feu. L'Allemagne, la Pologne, l'Espagne, la France, l'Italie, s'ébranloient jusques dans leurs fondemens à la voix des papes. Grégoire VII fit périr des millions d'hommes pour la fameuse querelle des investitures, déposa des rois, des empereurs, excommunia des royaumes ? & la cause de tant de maux étoit simplement la prétention des rois & des pontifices de donner également l'investiture des bénéfices par la crosse & l'anneau. Les papes vouloient que les rois ne donnassent que l'anneau & une baguette. Les rois & les empereurs prétendoient être égaux aux papes, & les peuples s'égorgeoient pour de semblables miseres.

feres. Le feul roi qui ofa réfifter à Grégoire VII fut celui d'Angleterre, & il ne fut pas excommunié. Cette querelle imbécille des inveftitures ne pouvant occuper éternellement les peuples & les rois, Urbain II, fucceffeur de Grégoire, n'imagina d'autre moyen de l'emporter fur ces brigands auffi fameux, que d'inventer quelque nouveau genre d'attentat à la paix publique, & il prêcha la folie des Croifades. Qu'un pape ambitieux ait accueilli cette idée offerte par un prêtre fanatique; que des moines aient cherché à l'accréditer; que des rois l'aient propagée, cela eft naturel; les papes y voyoient une augmentation de puiffance; c'étoit, difoient-ils, Dieu qui les avoit infpirés; c'étoit au nom de Dieu qu'ils commandoient ces pieux voyages aux têtes couronnées. Ils étoient les chefs de ces entreprifes, ils recevoient fous leur protection les perfonnes & les biens des croifés; ils diftribuoient les indulgences avec profufion; & recevoient en échange les aumônes & legs que l'on faifoit d'avance pour conferver les conquêtes qu'on alloit faire; ils faifoient lever des décimes fur le clergé même, afin d'aider de la moindre portion de tant de richeffes les pauvres fideles qui fe croyoient appellés par la voix de Dieu. Les rois, de leur côté, fe virent débarraffés tout-à-coup des grands vaffaux les plus mutins & les plus puiffans; une grande partie leur vendit même des biens confidérables pour s'armer & armer leurs gens de guerre: quelques-uns laifferent leurs terres en garde à des dépofitaires infideles, qui s'en accommoderent avec les rois; d'autres les engagerent, périrent ou fe ruinerent, & ne purent les retirer. Les femmes & les enfans mineurs qui demeuroient dans d'autres châteaux se laissoient tromper & séduire facilement; enfin leur départ enlevoit le seul obstacle que pût encore trouver l'autorité royale; & la multitude d'hommes qu'ils traînoient avec eux, ôtoit à la nation sa principale force, en lui enlevant sa plus brillante jeunesse. On conçoit donc comment les pontifes & les rois furent saisis de cette manie: mais que toutes les nations de l'Europe se soient laissées séduire; qu'en foule elles se soient précipitées au-devant du piege; qu'elles aient traversé des mers pour aller périr de misere, de faim, de maladies ou bien par le fer, sur des bords inconnus, c'est un délire qu'on a peine à croire, lors même que les monumens les plus révérés nous l'attestent. Ainsi jusqu'à ce moment, une demi-douzaine de brigands couronnés a disposé du sort de l'Europe entiere. Ils ont dit constamment les uns des autres que leur absurde puissance étoit *de droit divin*. A-peu-près un million d'esclaves titrés, enharnachés d'étoiles & de rubans de toutes couleurs, comme les gardes du sérail de Constantinople le sont de perles & de plumets, ont répété que leurs maîtres étoient aussi *les maîtres de la terre;* & cent millions d'hommes, n'osant comparer la force de deux cents millions de bras à la foiblesse de ces frêles individus, ont cru que Dieu les avoit créés pour être le jouet d'une demi-douzaine d'hommes cruels, & de femmes dissolues.

Tel étoit hier encore le sort de la France; & quoiqu'elle ait changé de face, quoiqu'elle donne à l'Europe, à toute la terre, l'exemple d'un premier pas vers de plus hautes destinées, un grand nombre de ces êtres dégradés que nous venons de peindre exiſtent encore dans ſon ſein, & ſe rallient autour d'un *maître* que la nature a dégradé comme eux. Songeons qu'il faut parcourir des ſiecles plus reculés, & montrer aux François qui ſont hommes ce qu'il en coûte à ceux qui oublient leur force & leur dignité.

La femme de Louis VI, ce fils aîné de Philippe I. n'offre rien à la curioſité; ſans doute elle n'eut pas de grands vices, car les hiſtoriens eccléſiaſtiques de ſon tems ne l'ont pas louée. Il n'en eſt pas de même d'Eléonor de Guyenne, femme de Louis VII, couronné du vivant de Louis VI, en 1132, & devenu roi en 1137. Eléonor étoit fille unique de Guillaume X, duc de Guyenne & comte de Poitou; Guillaume au lit de la mort, en 1136, inſtitua le jeune Louis ſon héritier, aux conditions qu'il épouſeroit ſa fille; & jamais alliance plus brillante ne fut propoſée à un fils des rois de France. Louis VI, qui lui-même touchoit à ſa fin accepta le don de Guillaume avec joie, fit préparer de ſuperbes équipages à ſon fils, & l'envoya recevoir lui-même, avec ſa femme, le ſerment de ſes nouveaux *ſujets*. Eléonor avoit ſeize ans; elle étoit fort belle, & d'une humeur extrêmement enjouée. Louis pouvoit inſpirer de l'amour, elle lui en témoigna, mais il dura peu : vive & légere, fiere & ambitieuſe, elle crut ne s'être mariée que pour gouverner & jouir en liberté de tous les plaiſirs. Son mari la ramena en France après la mort de ſon pere le premier août 1137. Elle y trouva l'abbé Suger, premier miniſtre, favori de Louis VI, & maître de la confiance de Louis VII. Le crédit de cet homme ſenſé fit ombrage à une jeune tête qui vouloit à la fois & s'amuſer de tout, & commander à tout. La dévotion du roi, celle de ſon

E ij

ministre, l'incommode surveillance d'un homme âgé, lui donnoient souvent des chagrins, parce que Louis, gouverné par les conseils de Suger, ne laissoit pas le champ libre à toutes ses volontés. Cependant on ne remarque pas entre eux une extrême mésintelligence, jusqu'au moment où la folie du jour l'entraîna en personne à la terre-sainte. On avoit reçu de tristes nouvelles de l'armée des Croisés. Les états-généraux s'assemblerent à Vezelay en Bourgogne; & ce n'étoit pas, comme on seroit tenté de le croire, pour y traiter des affaires du royaume & des intérêts du peuple, mais c'étoit pour entendre le fanatique abbé de Clairvaux exhorter le roi & les grands, & le peuple même à s'aller de nouveau faire égorger au bout du monde, & assassiner eux-mêmes des hommes qui ne songeoient pas à la France, & vivoient dans leur propre esclavage, & sous l'empire de leurs prêtres, sans imaginer de venir nous forcer à penser comme eux. Louis VII, qui se repentoit du massacre de Vitry en Champagne où trois ans auparavant il avoit fait périr treize cents personnes, imagina de l'expier en passant la mer pour en aller massacrer d'autres, & faire périr ses sujets : il se hâta de prendre la croix, & résolut d'emmener Eléonor avec lui : l'abbé Suger employa les plus vives instances pour le retenir; mais le calme de la raison est inutile auprès des fanatiques. Louis n'écouta point son ministre, & Suger ne fut pas fâché du moins de lui voir emmener la reine. Il auroit fallu la nommer régente; & l'on sent combien un pareil caractere eût augmenté les désordres. D'ailleurs, la jalousie du roi ne lui auroit pas permis de la laisser si loin de lui, & il espéroit beaucoup de son crédit sur son oncle Raimond, prince d'Antioche, ville par où l'armée devoit passer. On prétendit attirer les bénédictions du ciel par des prieres publiques, & en même-tems on attiroit les malédictions du peuple par les impôts excessifs qu'on leva pour cette expédition. Eh! combien ne falloit-il pas d'argent pour traîner à sa suite une femme, qui en engagea une foule d'autres à l'accompagner, à qui il en falloit en outre pour la servir, & qui furent imitées même par les concubines des croisés, & suivies par une foule de poëtes & d'histrions? Ainsi le luxe, la débauche & l'oisiveté présidoient à cette *guerre sainte*; ainsi l'on s'embarqua pour aller tuer des hommes, comme on monte sur un batelet pour aller à une foire ou à quelque mascarade.

Ce fut avec beaucoup de peine que Louis VII, battu dans les déserts de Syrie, arriva jusqu'à Antioche, où l'oncle d'Eléonor, loin de lui donner des secours, lui en demanda pour lui-même. Eléonor fut piquée des justes refus de son mari; sa conduite irréguliere devint presque publique. Raimond sut lui plaire, & leur commerce incestueux ne fut pas ignoré de Louis. On l'avertit de plus qu'un jeune Turc nommé Saladin ne lui étoit pas indifférent, qu'elle en avoit reçu des présens, qu'enfin, elle se comportoit en véritable prostituée. Quand Louis n'auroit eu à l'égard de Raimond que des soupçons, le refus qu'elle fit de quitter Antioche en seroit devenu la preuve. Louis fut obligé de la faire enlever, & de l'aller attendre à quelques lieues de la ville. On juge bien qu'ils ne se revirent pas sans se témoigner l'un à l'autre un vif ressentiment; le désordre passa dans

E iij

l'armée : les femmes des croisés n'étoient pas plus sages que *leur maîtresse*. A l'exemple du roi, les maris devinrent jaloux. Ils se soupçonnerent les uns les autres, s'aigrirent, & les projets les mieux concertés manquerent faute d'union. Raimond d'autant plus irrité contre Louis, qu'il ne s'étoit pas attendu à l'enlevement de sa niece, lui tendit plusieurs pieges de concert avec elle, & il auroit infailliblement succombé, sans les secours de Roger, roi de Sicile, qui l'arracha des mains des Grecs, le conduisit dans ses états, d'où il se rendit à Rome, & revint en France en 1150.

La ruine de l'armée répandit la désolation dans tout le royaume ; les temples & les places publiques retentissoient des cris plaintifs d'une multitude de meres éplorées, de veuves & d'orphelins réduits au désespoir. On maudissoit le fougueux abbé de Clairvaux ; on se disoit que s'il avoit été vraiment inspiré de Dieu, il auroit prévu la déroute des croisés, & n'auroit pas mis en deuil la moitié de la France. Comment cette réflexion si simple ne conduisoit-elle pas à se refuser au moins à toute autre extravagance du même genre ?

Louis rapportoit avec le chagrin d'une défaite le ressentiment le plus vif contre Éléonor : leur mésintelligence devint de part & d'autre une antipathie insurmontable, & la conviction de ses fautes ne la rendoit que plus altiere. Elle se plaignoit *de n'avoir épousé qu'un moine, & non un roi ;* cela pourroit être vrai, mais étoit-ce une raison pour se déshonorer elle-même ? étoit-ce une excuse pour avoir conspiré contre lui avec son oncle, pour avoir voulu le livrer à ses ennemis, à des barbares chez qui sa mort étoit certaine ? Ses dédains, ses plaintes, sa hauteur jointes à une conduite infâme le fatiguerent tellement, que moins imbécille qu'elle ne le croyoit, il résolut de s'en séparer. Il sut se respecter en prenant ce parti. Ce fut sous le prétexte de parenté, au degré défendu, qu'il se fit demander à lui-même le divorce, par quelques-uns des alliés de la couronne. Il répondit qu'il ne prétendoit pas la retenir contre la volonté de Dieu, & la loi de l'église. On assembla un concile à Beaugency, la sentence de divorce fut prononcée, Eléonor renvoyée, & la Guyenne rendue. Elle épousa peu après le duc de Normandie, qui fut depuis roi d'Angleterre. Lorsque les isles Britanniques parviendront comme nous à la liberté, lorsqu'elles reconnoîtront, comme nous, qu'il n'exista jamais de rois dans les pays libres, lorsqu'ils voudront connoître les crimes de leurs têtes couronnées, Eléonor de Guyenne figurera dans le tableau, & seule, entre toutes les princesses de France, elle aura rempli la fatale destinée de porter chez deux nations le flambeau de la discorde, le germe des guerres intestines, & de fomenter avec soin un long & opiniâtre combat entre le pays qu'elle quittoit, & celui où elle venoit de s'introduire.

Dans l'intervalle du regne de Louis-le-Gros à celui de Louis VIII, & la régence de Blanche de Castille, niece de St. Louis, la nation Françoise avoit fait un pas vers un meilleur sort. Il paroît que ce fut un effet du hasard, & qu'il ne fut dicté que par l'excès du malheur, sans être le fruit d'une combinaison réfléchie des droits du peuple. Jusqu'alors, il n'y avoit en France d'hommes libres que les ecclésiastiques & les gens de guerre. Tous les habitans des villes, bourgs & villages, étoient esclaves. Les uns appellés *serfs*, semblables aux troupeaux de bétail, étoient vendus avec les terres; les marchés stipuloient tant de feux, comme tant de bœufs & tant de moutons : tristes victimes de la barbarie des rois & des grands vassaux, en faveur desquels ils avoient foulé aux pieds toutes les loix de la nature, les *serfs* ne pouvoient jouir d'aucune de leurs facultés ; celle de se marier, de tester, de changer de demeure ou de profession, d'envoyer leurs enfans dans une autre terre, d'acquérir à leur profit, de cultiver pour eux, de disposer d'un meuble ou d'un ustencile à leur usage, leur étoit interdite sans l'agrément du maître ; & ils ne l'obtenoient jamais qu'en lui payant une redevance arbitraire. Eh ! Comment des malheureux attachés à la *glebe*, & plus malheureux que les bœufs courbés sous leur joug, obligés de travailler pour le maître qui daignoit à peine les nourrir, pouvoient-ils amasser un peu d'argent pour payer à leur seigneur la libre faculté d'agir ? La barbarie de ces maîtres avares réduisit enfin leurs sujets à une si extrême misere, que ne pouvant plus rien tirer d'eux, ces brigands ne voyoient plus d'autres ressources que d'entrer à main armée sur les terres de leurs voisins, de les piller, ou bien d'attendre les passans sur les grands chemins, & de les dépouiller de leurs biens. Une semblable piraterie qui faisoit de toute la France un champ de bataille perpétuel, qui la faisoit ressembler à un repaire de voleurs, dont le roi n'étoit pas même le chef, tendoit au renversement total de la monarchie. Vers l'année 1137, Louis-le-Gros ne sachant comment réprimer de pareils excès, qui ne lui étoient devenus à charge que parce qu'il en sentoit lui-même le poids, chercha enfin dans le peuple un appui nécessaire ; mais il fut assez adroit pour avoir l'air de faire grace, lorsqu'il vendit comme un privilege le droit que la nature a donné à tous les hommes, celui de *communes* & de port d'armes. Les bourgeois acquirent le droit de disposer de leurs biens, & de changer de domicile. Les coutumes les plus barbares & les plus ignominieuses dont on avoit surchargé la vassalité disparurent. Les vassaux assemblés taxerent dans quelques villes les redevances & les traites que chaque habitant devoit payer à son seigneur. Dans quelques autres endroits on convint qu'elles n'excéderoient jamais telle ou telle somme. On fixa les cas particuliers dans lesquels il seroit permis de demander aux nouvelles communautés des aides ou des subsides extraordinaires. Il y eut des vassaux qui ne voulurent plus suivre leur seigneur à la guerre ; d'autres y consentirent, aux conditions de ne marcher que lorsqu'il commanderoit en personne, & presque toutes les communes se réunirent à ne jamais le suivre assez loin pour ne pouvoir revenir le jour même dans leurs maisons.

Les villes devinrent de petites républiques où les bourgeois pour la plupart choisissoient leur maire, leurs échevins, leurs consuls ; dans d'autres, le prévôt ou le juge du seigneur nommoit ces officiers ; ailleurs, il ne faisoit que les désigner. Les compagnies de milice se formerent, choisirent leurs chefs, se rendirent maîtres des fortifications, & garderent elles-même les villes. Les bourgeois sortirent de leur état de stupidité; à peine eurent-ils ressaisi quelques droits, qu'ils parurent dignes d'en faire usage. Dans le pays de Briançon, alors dépendant de l'Empire, mais assujetti aux coutumes de France, les bourgeois assemblés en communes forcerent leur seigneur à reconnoître l'injustice des tributs qu'il avoit exigés; ce ne fut qu'à ce prix qu'il obtint d'être exempt de la restitution. Le peuple (car malheureusement les bourgeois formerent une classe à part) éprouva un soulagement qui lui permit de lever la tête, & de sentir son existence. Il aida les bourgeois de tout son pouvoir, se révolta même dans quelques endroits, & lorsque les seigneurs demandoient aux villes & aux communes quelles étoient leurs chartes & leurs conventions, le peuple leur demandoit fiérement à eux-mêmes de produire leurs titres d'usurpation & de tyrannie. Mais si quelques-uns de ces grands assez mal-adroits pour laisser pressentir le dessein où ils étoient de rompre leurs engagemens, se nuisirent à eux-mêmes, ils porterent à l'autorité du peuple une bien plus terrible atteinte: les communes s'adresserent au roi pour avoir une garantie des promesses de ses grands vassaux, & cette espece de crédit qu'ils accorderent à l'ennemi commun, lui donnant le droit d'intervenir dans les affaires des seigneurs, contribua dans la suite à augmenter ses prérogatives d'abord sur eux, & insensiblement sur tous. Les communes ne sentoient pas que le lion n'étoit qu'endormi, & qu'il falloit le museler. Philippe, dit *Auguste*, profita de la trop grande méfiance du peuple pour les vassaux immédiats de la couronne, & de sa confiance insensée en lui: à la faveur de la protection momentanée qu'il accordoit aux communes, il en obtint des secours contre ses ennemis intérieurs, il abaissa les grands, & laissa malheureusement à ses successeurs le droit de réopprimer le peuple qui ne s'étoit reconnu qu'à demi.

C'étoit dans cet état général des choses, que Louis VIII monta sur le trône. C'étoit sur un peuple moins stupide que Blanche de Castille sa femme eut à régner, sous le titre de régente, pendant la minorité de son fils, Louis IX, appellé *Saint-Louis*; mariée en 1200, à Louis VIII, sous le regne de Philippe Auguste, pere de son mari, elle paroît ne s'être mêlée d'aucune affaire publique pendant la vie de ce prince, ni même pendant les trois années du regne de son mari qui monta sur le trône en 1223, & mourut en 1226; elle étoit petite-fille de cette Eléonor dont nous venons de tracer l'histoire, & fille d'Alphonse VIII, roi de Castille, & d'Eléonor d'Angleterre. Louis VIII la laissa veuve à trente-neuf ans, chargée de l'éducation de cinq enfans, dont l'aîné, Louis IX, avoit seulement douze ans. Il la nomma régente, en présence de l'archevêque de Sens, & des évêques de Beauvais & de Chartres. Dès le premier pas dans son administration, elle prévit le trouble que les grands vassaux de la couronne apporteroient à ses opérations. Vexés par Philippe Auguste, qui avoit protégé les droits du peuple & des communes, ils se flattoient de reconquérir sur une femme ce qu'ils appelloient leurs droits usurpés; car toute jouissance est appellée droit par l'homme avide & injuste. Blanche les ayant invités au sacre de son fils, les uns répondirent que la douleur de la mort récente du pere ne leur permettoit pas d'affifter à une cérémonie d'un tout autre genre; d'autres lui dirent qu'il falloit délivrer préalablement de prifon plufieurs des grands vaffaux, entre autres les comtes de Flandre & de Boulogne; quelques-uns demanderent la reftitution des terres que les deux derniers rois leur avoient enlevées, alléguant que, par les loix du royaume, on n'avoit pu les en dépouiller que par le jugement des pairs: comme fi les rois avoient pu légalement donner des terres qui ne leur appartenoient pas; comme fi les terres données par un ufurpateur pouvoient appartenir légitimement à ceux en faveur defquels il en difpofoit; comme s'il y avoit eu des loix en France, & non pas feulement des coutumes & des ufages; comme fi enfin l'antique jugement des pairs devoit fubfifter uniquement pour eux. Blanche n'avoit pas plus qu'un autre prince l'idée du droit des nations; mais les grands éprouverent que le defir de dominer étoit en elle auffi puiffant que chez les hommes les plus abfolus. La cérémonie fe fit malgré tant de refus, & fans avoir égard à leurs demandes. Le comte de Champagne étoit en route pour s'y rendre; mais il avoit eu des démêlés avec Louis VII, au fiege d'Avignon, & le bruit s'étoit répandu même qu'il l'avoit empoifonné: le peuple ne l'auroit pas vu avec fatisfaction; on lui fit dire de fe retirer, & il conferva de cet affront un vif reffentiment. Depuis long-tems on le foupçonnoit d'être épris des charmes de la régente; on ne fait fi elle avoit jadis répondu à une préférence que les femmes voient rarement avec chagrin, mais dans cette occafion, il fe permit de fe plaindre qu'elle ne le traitoit si mal que parce qu'elle favorisoit quelque autre d'un regard plus doux. Quelle que fut cependant sa maniere de voir & de sentir, il est certain qu'elle ne pouvoit avec prudence souffrir qu'il approchât d'elle; avant de s'être disculpé des soupçons qu'on avoit conçus contre lui. Aimer Thibault, comte de Champagne, n'étoit pas un crime, mais le recevoir à la cour, accusé de l'assassinat de son mari, en auroit été un, & Blanche n'étoit pas capable de le commettre. Ce n'est pas qu'elle ne fût soupçonnée d'avoir beaucoup d'indulgence pour un des deux personnages qu'elle avoit mis à la tête de son conseil. L'un étoit le chancelier Guérin, vieillard austere & rude, qui ne pouvoit inspirer que la confiance & non l'amour, ni même l'amitié. L'autre étoit un Italien, appellé Romain; c'étoit un prélat souple, insinuant, dont l'enjouement & la politesse faisoient l'agrément du cercle familier de la reine; elle lui témoignoit beaucoup d'égards en public, c'en étoit assez pour faire croire qu'en particulier les égards pouvoient aller plus loin. Le comte de Champagne n'en douta pas; il se ligua contre le roi de France avec les comtes de Bretagne & de la Marche, & nous verrons encore la galanterie réelle ou prétendue d'une femme allumer la guerre & faire couler du sang. Les partisans d'un gouvernement absurde nous diront que ce n'étoit point un crime à Blanche d'inspirer une passion malheureuse à un homme cruel & violent: non sans doute, mais lorsqu'une citoyenne ne répond point à l'amour qu'elle inspire, s'il s'éleve à cet égard quelque injuste discussion entre deux amans, elle ne passe pas les limites de deux familles, & tout un peuple, toute une ville n'est ni agitée ni massacrée pour l'intérêt frivole d'une intrigue ou d'un mariage. Peuples, n'ayez point de rois, puisque leurs actions même les plus indifférentes peuvent attirer sur vous, à chaque pas, l'horrible fléau de la guerre.

Le roi d'Angleterre, qui ne desiroit qu'une occasion de reprendre la Normandie, fournit aux trois princes ligués des troupes & de l'argent; ils demanderent alors à la reine la restitution des domaines, que les deux derniers rois leur avoient enlevés. Dans un autre tems peut-être l'autorité royale auroit pu les reprendre, mais alors il n'étoit pas facile de les ôter de force à des communes bien armées. Blanche refuse cette demande inconsidérée, la guerre se déclare; elle se met en état de défense avec une si grande diligence, que ses ennemis voient fondre sur eux des troupes aguerries au milieu d'un hyver excessivement rude. Leur armée n'étoit pas en état de marcher; le comte de Champagne prit le parti d'une feinte soumission, & vint se jetter dans les bras de Louis. La régente lui pardonna, & fit avec les deux autres factieux des traités qui devoient préserver la France de la guerre pendant toute l'année 1127. Cependant une nouvelle trahison du duc de Bretagne & du comte d'Evreux, son frere, devoit rompre les mesures de la régente. Le jeune roi, étant à Orléans avec peu de suite, ces deux princes projetterent de l'enlever; le comte de Champagne, qui n'avoit pas été informé de l'entreprise, ou que peut-être les négociations de Blanche avoient ramené, l'avertit de ce complot, & il étoit d'autant plus difficile à déjouer que les conjurés étoient postés entre Orléans & Paris, & que le retour du roi ne pouvoit être assuré. La reine ne prit point cette voie incertaine pour le garantir; elle se fit conduire à Montlhéry, & fit avertir les Parisiens du danger qui le menaçoit. Ceux-ci coururent aussi-tôt chercher l'enfant; & les ligueurs, épouvantés de cette marche nombreuse, se retirerent; les applaudissemens d'un peuple assez ignorant pour chérir cette source empoisonnée de tous ses maux, ramenerent un roi dans leurs murs, comme s'ils y avoient ramené un dieu bienfaisant.

Les historiens, fideles à leur pacte de servilité avec leurs *maîtres*, ont exalté à l'envi les vertus de Blanche & de son fils, ils nous peignent la régente sous les traits de Vénus. Il se peut que ce fût une très-belle fille, lorsqu'elle vint en France dans la fleur de la plus brillante jeunesse; mais il semble à ces flatteurs que les reines ne vieillissent point, & quand Belleforêt s'extasie à louer sa *mignardise* & sa *gentillesse* lorsque son fils monta sur le trône; lorsqu'il parle de son *tant doux regard* & *gracieuse contenance*, il semble parler d'une femme de vingt ans, & il croit sans doute faire oublier qu'elle en avoit quarante. Une femme à cet âge peut être encore ce qu'on appelle *bien conservée*, mais elle a perdu la fraîcheur qui fait le charme de la jeunesse, & le terme fatal est arrivé où elle doit être satisfaite quand on dit encore : *elle a été belle*. Qu'on juge par de semblables adulations, sur un point dont les yeux seuls font juger, combien elles ont été plus fortes sur le génie & les talens. Ces complimenteurs gagés des rois admirent l'éducation que Blanche donnoit à Saint-

Louis. Un esprit philosophe & droit sait distinguer la vérité même dans leurs propres récits, & dans les faits qu'ils n'ont pu dénaturer. La vérité est qu'elle ne fit & ne voulut faire de son fils qu'un enfant docile & soumis, un dévot plus occupé des saints & des offices, que des peuples & des affaires, un homme digne d'être canonisé, plutôt qu'un homme estimable. Il entendoit le latin de l'église, & c'étoit là que se bornoient ses profondes connoissances. On prétend qu'elle lui faisoit étudier l'histoire. Eh! quels étoient les auteurs qui pouvoient la lui apprendre? Les chroniques mensongeres des couvens, les vies des saints, la légende dorée & autres écrits, uniques productions du génie François, & propres à augmenter l'ignorance des rois & celle des peuples?

Quant au génie administrateur de cette femme si célebre, les hommes avoient si peu de talens qu'il n'est pas si merveilleux qu'une femme en ait montré autant. Commander impérieusement à des hommes qui n'osoient résister; imposer à son gré des taxes sur lesquelles on murmuroit quelquefois, mais qu'on payoit sans résistance; faire battre, sans plan & sans art, des hommes qui ne connoissoient d'autre devoir & d'autre emploi que celui de tuer pour piller; faire juger arbitrairement des hommes ignorans par des juges ignorans & prévaricateurs, brûler impitoyablement des hérétiques, sans connoître ce que c'étoit qu'hérésie; remplir ses coffres de la substance du peuple, & le regarder comme fort heureux d'exister dans la misere, tandis qu'on nageoit dans une abondance & un luxe relatifs au tems; c'étoit à-peu-près alors ce qu'on appelloit *régner*. Quoique les

choses

choses aient changé insensiblement de face, les rois sont toujours les mêmes autour de nous; ils n'ont acquis que l'art de raffiner le crime, & l'on demande en quoi ce poste a été, de tout tems, si difficile à remplir. Certes, il n'est point d'esprit si matériel, si lourd & si grossier qui n'en fût capable, & nous en voyons la preuve. Hélas! il faut, & malheureusement l'expérience nous le prouve, il faut bien plus de lumieres, de force & de caractere pour apprendre à des millions d'hommes à secouer le joug d'un seul, qu'il n'en faut à une seule brute pour asservir des millions d'hommes. Blanche ne fut pas plus habile que ses prédécesseurs; elle commit moins de crimes particuliers que d'autres femmes avant & après elle; mais les tems n'étoient pas les mêmes, & elle n'en eut pas besoin, car elle n'étoit ni moins altiere, ni moins despote que ses pareilles, & aucun des crimes nationaux que les autres avoient commis ne lui échappa. Le premier de tous, sans doute, est d'avoir fait un imbécille de son fils; puisqu'on avoit le malheur d'avoir & d'endurer des rois, au moins auroit-il fallu les rapprocher de l'homme, autant qu'il auroit été possible.

En détachant le seul comte de Champagne de la ligue formée contre Louis IX, sans chercher à ramener les deux autres factieux, elle exposa sa province & une partie de la France à une guerre cruelle. Tout désertoit à l'approche des troupes ennemies; on ne voyoit de tous côtés que des châteaux, des maisons de campagne, des villages & des villes en flammes; les hommes & les bestiaux fuyoient de contrée en contrée; les femmes devenoient la proie du soldat effréné; les enfans

F

étoient massacrés sur le sein de leurs meres expirantes; les vieillards immolés ou au fer ou à la faim; & Thibault lui-même fut obligé, ou se crut forcé à incendier plusieurs places, pour arrêter la marche de cette horde de barbares. Il demande des secours à la régente; on ne lui en accorde que parce que les rebelles, dit-on, ne veulent le ruiner que pour détrôner leur souverain. Le massacre général est compté pour rien, l'humanité oubliée, l'intérêt commande, & c'est à lui seul qu'on obéit. Le comte de Champagne étoit toujours soupçonné d'avoir hâté la fin de Louis VIII au siege d'Avignon; Blanche n'avoit pas été épargnée dans les bruits qui s'en étoient répandus, & l'on trouvoit extraordinaire qu'elle favorisât cet homme avec tant de publicité. On n'a jamais pénétré ce mystere; mais si la mort de Louis VIII fut violente, il n'en soupçonna pas la reine, puisqu'il la nomma régente; & Louis IX ne paroît pas avoir douté un moment à cet égard de l'innocence de sa mere: nulle preuve ne peut venir à l'appui de ces étranges inculpations; n'imputons point de crimes aux rois, on croiroit que nous en avons besoin pour les rendre odieux.

De l'année 1127 à l'année 1130, ces guerres intestines & l'horrible guerre contre les Albigeois inonderent la France de plus de sang que n'en avoient coûté trente années des regnes les plus barbares. Néron faisant brûler Rome, Caligula faisant ruiner invisiblement le pont de Putéole, & tous deux se repaissant de la vue des malheureuses victimes de la flamme ou des eaux, ne font pas plus d'horreur qu'une femme & un enfant se baignant à loisir dans le sang des infortunés habitans du Languedoc; dévaſtant leurs habitations, démoliſſant leurs maiſons, arrachant leurs arbres & leurs moiſſons, commettant ou ſouffrant que leurs troupes commiſſent, au nom de Dieu, les plus abominables des crimes, même ſur les corps morts & déja ſouillés des femmes & des filles. Et lorſqu'au dix-huitieme ſiecle, le prêtre Vély raconte de pareilles horreurs : « Ainſi » fut terminée, dit-il froidement, *l'affaire des* » *Albigeois* ». Il daigne cependant tracer les mots d'ambition & de fanatiſme; mais au bout de deux lignes, entraîné par l'infâme beſoin de louer, « ce » qui avoit, ajoute-t-il, paſſé le pouvoir de Phi- » lippe-Auguſte, *le plus grand politique de ſon* » *ſiecle*, ce que n'avoient pu les armes victorieuſes » de Louis VIII, fut l'ouvrage d'une femme, & » le coup d'eſſai d'un roi encore enfant ». On ne ſait, en liſant l'hiſtoire des monarchies, ſur-tout des états modernes, lequel cauſe le plus d'horreur, ou les crimes de ces races déteſtables, hommes, femmes, enfans, tous voués à l'exécration des ſiecles, ou l'impudence de ces écrivains empoiſonneurs, qui ont ſi long-tems emmuſelé les peuples & déifié des monſtres. *L'ouvrage d'une femme &* *le coup d'eſſai d'un roi encore enfant!* Déteſtable flatteur! que les peuples n'ont-ils étouffé au berceau cette femme & cet enfant, capables d'un pareil coup d'eſſai, & toi-même, & avec eux & avec toi leur race entiere, & celle de tous vos ſemblables!

Blanche & ſon fils ne s'en tinrent point à ces actes de rigueur contre les malheureux ſectateurs d'un autre culte que le leur; ils publierent une ſévere ordonnance contre les juifs, dont la con-

F ij

dition étoit déja peut-être assez affreuse. Depuis plusieurs siecles, tout *juif établi dans le royaume étoit serf ou main-mortable de corps & de chastel des seigneurs dont il étoit couchant & levant*; c'est-à-dire, sa personne & tous ses biens, meubles & immeubles, appartenoient au baron des lieux où il habitoit; il ne pouvoit changer de domicile sans la permission du maître, qui pouvoit l'aller reprendre comme un esclave fugitif, même dans les domaines du roi : non-seulement ils étoient vendus avec les terres, mais ils l'étoient individuellement, plus ou moins cher, selon leur nombre, leurs talents & leur industrie. Une chose plus singuliere encore, c'est que la raison de ce cruel traitement étoit la différence de religion; & s'il arrivoit qu'un juif se convertît, il tomboit *en forfaiture* : le roi ou le seigneur confisquoit tous ses biens, & il tomboit infailliblement dans la plus profonde misere; ainsi l'infamie, l'esclavage, le mépris public lui étoient infligés, pour ce que l'on appelloit son irréligion; & la pauvreté devenoit son partage, s'il cessoit d'être infâme. Ils étoient encore obligés de porter sur eux une marque à laquelle on pût les reconnoître, sous peine de fortes amendes : on défendoit aux chrétiens tout commerce avec eux; il n'étoit pas permis de les gager en qualité de domestiques; on ne pouvoit passer de baux avec eux; on ne pouvoit s'en servir à titre de médecins ni de chirurgiens, ni prendre leurs enfans en nourrice, ni leur donner les siens. Un chrétien convaincu d'un commerce criminel avec une juive, étoit brûlé vif, & la loi portoit que *se souiller avec une juive étoit un crime égal à celui de la bestialité*; ils étoient enfin traités comme la tribu des *Paria* dans l'Indoſtan : on n'auroit pas voulu appaiſer ni la faim, ni la ſoif la plus cruelle avec des alimens offerts par la main d'un juif. S'ils étoient appellés en témoignage contre un chrétien, on exigeoit d'eux des ſermens horribles contre eux-mêmes. Cependant ni les rois, ni les grands vaſſaux ne rougiſſoient pas de partager les gains immenſes de leurs uſures. Lorſque les tréſors du fiſc étoient épuiſés, on les menaçoit de les chaſſer, & alors ils offroient des ſommes exorbitantes, pour éviter le banniſſement; d'autres fois, on exécutoit la menace de l'exil, on déclaroit les débiteurs quittes envers eux, on les dépouilloit de toutes leurs richeſſes, & on les rappelloit enſuite pour les preſſurer de nouveau. C'eſt ainſi que pendant longtems nos contrôleurs des finances ont à différentes fois menacé les fermiers-généraux de les ſupprimer, afin d'en tirer des ſubſides. En 1230, dans une aſſemblée des barons tenue à Melun, Blanche fit défendre *généralement aux juifs toute ſorte de prêt, donna trois ans de terme à leurs débiteurs, & déclara nulles les obligations que ces uſuriers n'auroient pas fait voir dans l'année à leurs ſeigneurs* : elle y ajouta des réglemens très-ſéveres contre l'uſure (1). La

---

(1) L'uſure eſt un grand mal ſans doute, mais il faut être auſſi ignorant qu'on l'étoit alors en légiſlation, ou bien être poſſédé de la manie réglementaire des deſpotes pour faire des loix prohibitives contre l'uſure. Il en eſt de ce vice commercial comme du vice ſocial des jeux de haſard. Ce ſont les mœurs qui doivent ruiner & l'uſure & la paſſion du jeu. C'eſt attenter à la liberté individuelle que d'ordonner à un homme de ne point riſquer ſon bien ſur une carte ou ſur un dez, & à ſon adverſaire de ne pas prendre ce

disposition de cette loi étoit, de la part de la reine, une souveraine injustice. Le prêt à usure étoit toléré, puisqu'on toléroit la personne des prêteurs. L'argent étoit regardé comme une marchandise, puisqu'on en souffroit des boutiques ouvertes. La convention étoit publiquement autorisée entre le marchand d'or & l'acheteur, comme entre le marchand de soieries & le citoyen qui avoit

---

que l'autre a perdu ; que de lui défendre d'acheter cher l'argent dont il a besoin, & à celui qui en a de le vendre au plus haut prix qu'il le peut. Dans ce cas, la loi porte avec elle deux vices également dangereux & inséparables l'un de l'autre. Elle est injuste & insuffisante : injuste, parce qu'elle gêne la liberté ; insuffisante, parce qu'elle est facile à éluder. Mais si les mœurs attachent de l'infamie à la passion du jeu, si le joueur, le locataire qui prête son logis au joueur, le propriétaire qui loue ce logis sont tous bannis de la société par l'opinion ; si toutes les maisons honnêtes leur sont fermées ; si un homme de bien se détourne d'eux dans les places publiques ; si dans les sociétés patriotiques, dans les assemblées de citoyens, l'opinion fixe sur eux un regard universel de dédain & d'improbation ; s'ils sentent que la confiance ne les portera jamais aux charges de l'état ; si les citoyens écrivent sur la porte des maisons de jeu ces mots terribles : *Ici l'on joue ; ici se rendent tels & tels*, voilà une loi prohibitive ; voilà une loi qui porte au fond du cœur d'un coupable une sentence vraiment exécutoire, & qui ne peut s'éluder. Graves sénateurs, Officiers municipaux, épargnez-vous les décrets & les significations ; dormez en paix, la honte & le remords veillent, & leurs traits aigus sont plus inévitables que les vôtres. Si les mœurs condamnent également & l'usurier qui abuse indignement du besoin de son semblable, & l'usuré que des désordres réduisent à la bassesse de mendier le secours d'un être qu'il méprise ; si l'un & l'autre sont également fuis & redoutés de l'honnête citoyen, l'un détestera bientôt le luxe & les plaisirs, qui le forcent à se dégrader ; l'autre sera réduit ou à renfermer son or devenu stérile ou à le verser dans le commerce de la vie par des voies honorables & utiles. Législateurs ! songez donc que vous ruinez les mœurs tant que vous ne leur laissez aucun empire.

besoin d'un habit; l'un demandoit le prix, l'autre le disoit : le premier pouvoit se retirer; & du moment qu'il consentoit à la convention proposée, il ne pouvoit se plaindre d'avoir été trompé, seul cas où la loi doit sévir contre le trompeur; & cependant une loi arbitraire donnoit trois ans de terme aux débiteurs, & déclaroit nulles des obligations réelles, par la frivole raison qu'elles n'avoient pas été mises en vigueur dans l'espace d'une année; c'est-à-dire, que sans examen de la situation du prêteur & de l'emprunteur, sans examen des conditions plus ou moins onéreuses du prêt, des circonstances, des facultés de l'un & de l'autre, un roi pouvoit ou accorder un terme souvent déraisonnable, ou annuller une dette. Annuller une chose existante, c'est être plus que Dieu. Louis XV s'attribuoit aussi le droit d'*annuller tout délit*. Défendre le prêt, étoit également une atteinte portée à la liberté. D'ailleurs, quand on songe que les rois & les grands partageoient le fruit des usures les plus exorbitantes, ce n'est pas sans frémir qu'on leur voit ruiner, à leur gré, les êtres qui les avoient payés d'avance, & favoriser ceux qui devoient au moins légitimement un capital quelconque, afin de leur faciliter les coupables moyens de remplir encore des coffres où puisoient à leur tour les grands déprédateurs, ministres, courtisans, mignons & femmes perdues : voilà les rois, autorisant le crime sans pudeur, & sacrifiant sans pitié les auteurs des crimes dont seuls ils recueilloient le fruit.

Et Blanche étoit dévote, & Blanche avoit fait de son fils un bigot, un homme qui tous les jours lisoit dans son palais & à ses domestiques les cantiques, les litanies & l'office du jour; dont les plaisirs étoient de cultiver le jardin des moines de Cîteaux, ou de porter des pierres pour leur bâtiment dont il faisoit les frais aux dépens du peuple, d'aller y servir fastueusement les pauvres que ses édits dépouilloient, de fléchir orgueil-leusement les genoux aux pieds des autels arrosés du sang des hommes, & d'y demander à Dieu la récompense des guerres continuelles que l'orgueil & l'emportement lui faisoient entreprendre.

Ce roi canonisé, l'un des plus mauvais qu'ait eus la nation, avoit déja dix-neuf ans, lorsqu'il plut à sa mere de le marier. Jalouse de son empire, elle ne s'étoit pas empressée de le mettre au hasard; mais enfin les peuples, qui trembloient toujours qu'il ne manquât de louveteaux élevés à les dévorer, ma-nifesterent leur vœu, & Blanche fut assez généreuse pour s'y rendre. En 1234, Saint Louis épousa donc Marguerite, fille aînée du comte de Provence. L'om-brageuse régente craignant qu'une femme aimable & jeune ne prît sur son fils l'ascendant qu'elle vou-loit toujours conserver, & ne partageât avec elle l'administration des affaires de l'état, gouverna les jeunes époux avec un despotisme extrême, ne leur permettant de se voir qu'à des heures marquées, le plus souvent en sa présence, & ne souffrant pas que Marguerite eût la plus légere part, non-seulement aux affaires publiques, mais encore à celles de la maison royale. Cette jeune femme, renfer-mée dans son appartement, obligée de se cacher pour voir son mari, ne trouvant jamais dans sa belle-mere qu'un visage austere & glacé, n'ayant d'autres plaisirs que les pratiques de dévotion aux-quelles Blanche avoit pris soin de l'assujettir, passa des jours fort malheureux sur le trône, & dut regretter quelquefois d'être née dans un rang où il falloit être ou esclave, ou criminelle.

Saint Louis ayant atteint l'âge de la majorité des rois, fixée alors à vingt ans, prit les rênes du gouvernement en 1236, un an après son mariage; mais Blanche n'en fut pas moins régente de fait. L'esprit de domination ne pouvoit abandonner cette femme qu'avec la vie, & Saint Louis étoit trop bigot & trop soumis pour résister à sa volonté; il auroit cru faire un acte d'irreligion, s'il avoit pu résister une seule fois. Quatre années de paix s'étoient écoulées, & l'on ne voit pas que ces deux personnages tant vantés aient profité de cet intervalle pour étudier les vices du gouvernement & pour y remédier: ils firent des ordonnances, des édits insignifians ou tyranniques, mais ils n'adoucirent pas le poids des taxes, ne cherchèrent point à ouvrir des voies au commerce, à rendre au peuple la vie plus commode, en multipliant les moyens de travail; enfin ils songerent à régner pour eux & leur cour insolente & avide; ils doterent des églises, fonderent des couvens, les peuplerent de moines fainéans & de religieux inutiles, tous êtres perdus pour la société: mais bientôt la guerre recommença pour un sujet qui assurément ne méritoit pas de répandre le sang des hommes. L'ambition & le despotisme des rois exerçoient sur les grands vassaux de la couronne un empire semblable à celui que les vasseaux avoient autrefois exercé sur les *serfs* de leurs terres. Ils ne pouvoient se marier ou marier leurs enfans, sans le consentement du roi: c'étoit pour empêcher la coalition des grandes & puissantes familles, ou pour mettre obstacle aux alliances entre elles & les couronnes ou principautés étrangeres. Le comte de Champagne, devenu roi de Navarre par héritage, maria sa fille unique au fils du comte de Bretagne, éternel ennemi du roi de France. C'en fut assez pour enflammer la colere de Louis IX & de Blanche, qui vit avec dépit son esclave Thibault rompre sa chaîne. Grégoire IX occupoit le siege de Rome; il écrivit à Saint Louis qu'il lui défendoit d'attaquer un fidele croisé pour le soutien de la religion. Louis n'écouta point cet ordre impérieux, & se hâta de lever une armée. Thibault effrayé vint se jetter à ses pieds & lui demander la paix, se soumettant aux humiliantes & injustes conditions de renoncer aux fiefs qu'il avoit achetés du monarque, de donner des places de sûreté, & de ne paroître en France de sept années. Dans un tems où les peuples sacrifiés aux rois étoient regardés comme des machines de guerre, il est étonnant qu'un roi ait accepté de semblables propositions. Si les historiens ne se trompent point, en attribuant la conduite de Thibault à son éternelle passion pour la reine Blanche; s'il est vrai que ce prince passoit son tems à faire des vers pour célébrer ses malheurs & ses chagrins amoureux; s'il avoit la tête aliénée par cette frivole tendresse, il n'y a rien d'étonnant dans sa conduite. Robert, frere de Saint Louis, pensa cependant troubler la réunion des esprits. Jamais on n'avoit cessé de soupçonner le comte de l'assassinat de Louis VIII, & Robert sur-tout ne pouvoit effacer de son esprit cette funeste impression. Le jour même où Thibault alloit au palais prendre congé du roi, les domestiques de Robert lui firent essuyer quelques outrages. Louis irrité condamna ces malheureux à être pendus. Robert, plus généreux que ne devoit l'être un prince, sentit qu'il devoit les sauver, en avouant à son frere qu'ils n'avoient rien fait que par son ordre. Cette folie auroit suffi, pour rompre les traités ; mais Blanche appaisa le roi de Navarre, & ce fut avec tant de douceur & d'adresse qu'elle sut le captiver en cette occasion, que l'insensé crut avoir trouvé un instant favorable, & qu'il parla de son amour en termes plus clairs qu'il n'avoit encore fait. La dévote Blanche s'en offensa, & Thibault reçut ordre de sortir de la cour.

Il paroît singulier que l'excessive dévotion de Blanche & de son fils ne les ait jamais engagés à obéir servilement aux papes, comme l'avoient fait leurs prédécesseurs. On chercha inutilement dans leur caractere assez de lumieres & de fermeté pour s'être délivrés de cet esclavage, & il paroît que ce fut plutôt l'établissement du commerce & les progrès d'une sorte d'esprit public, qui briserent le joug de l'évêque de Rome plutôt en France que dans les autres royaumes de l'Europe. Après l'affreuse guerre contre les Albigeois, Rome avoit établi dans le comté de Toulouse un tribunal d'inquisition; le peuple ne le souffroit qu'avec peine, & les consuls vouloient assujettir les juges à quelques formalités que Raimond, souverain de ce pays, exigea lui-même : les fanatiques se déchaînerent aussi-tôt contre le prince. Ce n'eût été rien si le despote avoit ordonné des châtimens arbitraires contre des innocens ; mais attenter aux droits d'un tribunal féroce, c'étoit un crime irrémissible. Raimond se vit frappé de tous les anathêmes de l'église. Il fit publier aussi-tôt une défense à tous ses sujets de comparoître pardevant les inquisiteurs. Ce fut le signal d'une espece de guerre civile ; on chassa les

Jacobins, principaux chefs de l'inquisition : l'évêque s'enfuit avec tout son clergé. Des prêtres furent massacrés par le peuple, & beaucoup de particuliers ne cacherent plus la maniere de penser qu'on nommoit héréfie. Le tribunal de l'inquisition s'étant refugié à Narbonne, & l'archevêque ayant voulu sévir contre des hérétiques, la ville basse se révolta contre la ville haute, força la maison des freres prêcheurs qui l'avoit reçu, se saisit des registres du tribunal, & les mit en pieces. Ces actes de justice nationale auroient pu avoir des suites funestes, si Louis IX, tenant une balance raisonnable entre deux partis excessivement échauffés, ne les eût engagés à porter leur cause pardevant ses propres officiers de justice à Carcassonne. Le pape s'avisa de donner ordre à Raimond de forcer les consuls de Toulouse de se soumettre à l'inquisition, de sortir de ses états & de passer en Palestine pour cinq années. Le même pontife écrivit en même-tems à Saint Louis, pour le prier d'armer son bras contre l'héréfie, & d'obliger Raimond à faire le voyage de la Terre-Sainte. Louis, au-lieu de lui obéir, le contraignit au contraire, en lui refusant un appui sur lequel il avoit compté, de révoquer cet arrêt de bannissement, & dans la même année d'ôter les pouvoirs aux inquisiteurs.

Il est difficile d'accorder cette conduite prudente avec un esprit de crédulité, de bigoterie & de superstition que le roi montroit dans toutes les occasions où le fanatisme lui présentoit cet appât, quelque grossier qu'il fût. On lui fit croire que la couronne d'épine de Jesus-Christ étoit engagée aux Vénitiens, pour des sommes considérables, par l'empereur Baudouin. Jusques-là les moines de Saint-

Denis avoient prétendu l'avoir en leur possession, & rapportoient même que les épines en étoient toujours vertes. Saint Louis crut, de bonne foi, que les Vénitiens possédoient cette relique; & Baudouin la lui ayant cédée, il la racheta d'un sénateur Vénitien, & la sainte couronne fut rapportée en France, scellée des sceaux de l'empire & de ceux de la république. Saint Louis, Blanche & Marguerite allerent la recevoir à Sens; & le roi la rapporta lui-même, pieds nuds, depuis Vincennes jusqu'à Notre-Dame, & de là au palais, où elle fut déposée dans la Sainte-Chapelle. Il retira encore des mains des Vénitiens un morceau de bois de la vraie croix, le fer de la lance qui perça le côté du Christ, l'éponge qui servit à l'abreuver de fiel & de vinaigre, & d'autres reliques. Les Vénitiens, avides & adroits, auroient eu toutes celles du monde, tant qu'on auroit voulu les leur payer; & c'étoit ainsi que, par une imbécille crédulité, le peuple se laissoit dépouiller des biens de la vie, pour acheter des choses que des imposteurs falsifioient au gré de leur intérêt. Si l'on avoit rassemblé tous les fragmens des reliques éparses dans les pays catholiques, on en auroit fait, & plusieurs croix, & plusieurs couronnes, & plusieurs corps des mêmes saints. L'expérience & la raison ont ouvert les yeux à cet égard, & fait disparoître les erreurs attachées jusqu'à présent au culte simple & pur d'une divinité dont la grandeur nous impose le devoir de l'adorer seule, & non pas les attributs de quelques hommes dont nous ne connoissons la vie que par des relations si éloignées, qu'elles peuvent être ou exagérées, ou mensongeres.

Nous passerons sur les guerres ou civiles, ou

étrangeres, que l'infaillibilité & l'inviolabilité des rois firent éprouver aux François (1), sous le regne de Saint Louis. Si Blanche agissoit alors, c'étoit comme la mere de Néron, *derriere un voile, invisible & présente.* Nous traçons les crimes des reines, & souvent emportés par l'indignation, ceux de leurs maris & de leurs fils viennent s'unir sous la plume aux récits qui nous glacent d'effroi. En 1244 Louis tombe malade à Pontoise; il y est regardé comme mort, revient à la vie & fait vœu de passer en Terre Sainte. Il falloit assassiner des hommes, pour remercier Dieu de lui avoir conservé le jour.

Avant son départ, il laissa la régence entre les mains de la reine Blanche, avec l'autorité la plus étendue. Marguerite, sa femme, redoutant plus que la mort de demeurer sous la tutelle de sa belle-mere, résolut de suivre son mari, & ne voulut écouter à cet égard ni conseils ni remontrances. Blanche en effet avoit toujours été le tyran de cette princesse. Louis avoit plus de vingt-cinq ans qu'il n'avoit pas la liberté de voir sa femme lorsqu'il le desiroit; il craignoit encore

---

(1) Il est peut-être étonnant que le comitié de constitution de l'assemblée nationale actuelle n'ait pas décreté *l'infaillibilité* du roi des François; ce mot n'étoit pas plus inintelligible que celui d'inviolabilité, & il auroit mis le comité plus à son aise, par exemple, dans le cas présent : un roi infaillible ne peut commettre aucun délit, il ne peut y avoir lieu à accusation contre l'infaillibilité. Il est encore tems, messieurs, & comme l'absurdité des idées ne vous effraie pas, vous pouvez substituer un mot à l'autre, lorsque vous présenterez votre constitution à signer à votre roi. Ce moyen vous conserve à jamais l'inviolabilité de la précieuse liste civile.

d'être surpris par sa mere, & faisoit faire sentinelle par ses gardes. Un jour que Marguerite étoit dans les douleurs d'une couche, Saint Louis se rendit à ses côtés ; Blanche, qui l'apprit, courut à l'appartement de la jeune reine, & prenant son fils par la main : » Retirez-vous, lui dit-elle, que faites-vous ici " ? Le foible mari obéit en silence ; mais la reine s'écria en s'adressant à sa mere : » Hélas ! madame, ne me laisserez-vous donc voir mon seigneur ni à la vie, ni à la mort " ? & tomba aussi-tôt dans un évanouissement si profond, qu'on craignit pour sa vie. Louis l'apprit, & rentrant aussi-tôt chez sa femme, eut bien le courage de ne la point quitter, qu'elle ne fut accouchée. Ces mauvais traitemens de la part de sa belle-mere, avoient rendu Marguerite si craintive, qu'il n'est pas étonnant qu'elle ait préféré un voyage pénible, dangereux, au sort de rester sous sa dépendance.

On sait les malheureuses suites de cette guerre en Palestine ; Saint-Louis y fut fait prisonnier, & avec lui la plus grande partie des grands. L'imagination des François leur peignoit sous les plus belles couleurs le succès de l'entreprise ; on préparoit déja le triomphe d'un roi protégé du ciel, lorsqu'on apprit sa disgrace & celle de l'armée. L'impétieuse régente, qui ne souffroit pas même d'être dominée par les événemens, fit pendre, comme perturbateurs du repos public, deux hommes qui les premiers publierent la relation du malheur des croisés, acte de férocité dont on a peu d'exemples. Bientôt la nouvelle se confirma ; & alors la régente, plus humiliée que si elle avoit cru qu'on pouvoit être roi, sans être tout-

puissant, tomba dans un désespoir qui tenoit du délire ; & dans sa crédulité fanatique, elle fut cause d'un désordre extraordinaire. Il se présenta devant elle une espece de visionnaire prêcheur, qui avoit eu des conférences avec la Vierge, & entretenoit une correspondance suivie avec les anges ; il avoit reçu ordre d'eux de prêcher une croisade pour la délivrance du roi, mais seulement aux bergers & aux agriculteurs : la conquête de la Terre-Sainte étant réservée au peuple par la volonté de Dieu, qui dédaignoit l'orgueil de la noblesse. Blanche, dupe de ces fables grossieres, permit à cet insensé de prêcher sa croisade, sans examiner d'abord le ridicule de ces promesses, & ensuite, l'efficacité des moyens. Sans calculer le tems nécessaire au rassemblement d'hommes, à l'équipement des vaisseaux, à leur approvisionnement, à leur voyage, & sans calculer que l'or qu'il en devroit coûter, seroit mieux employé à payer promptement une rançon à des barbares qui avoient à leur discrétion la vie de son fils & celle de l'armée chrétienne ; le frere prêcheur entraîna dans ses pieges tout ce qu'il rencontra de gens simples, crédules, religieux, & ensuite de vagabonds, de bannis, de gens de tout âge & de tout sexe perdus de débauche, & n'ayant de ressource que le crime. Son armée de prétendus croisés, monta bientôt à près de cent mille hommes. Au commencement, chacun s'étoit empressé de leur fournir les besoins de la vie ; mais leur nombre s'étant accru d'une maniere si prodigieuse, ils ne vécurent plus que de pillages & de vols publics. Le chef de ces brigands s'attribua ensuite une autorité spirituelle & tem-
porelle

porelle. Il attaquoit les villes, brûloit les villages, enlevoit les femmes & les filles, & les prostituoit à ses soldats; il cassoit les mariages & les testamens, prêchoit une religion nouvelle, & se faisoit écouter du peuple par une déclamation contre les vices du clergé, les profanations de la cour de Rome, & les vexations des fanatiques, inquisiteurs de la foi. Il partageoit le butin entre ses sectateurs & lui: tous les crimes lui étoient familiers, il agissoit vraiment en roi; mais personne n'ayant dit qu'il tenoit sa puissance de Dieu, on agit avec ce roi & *son peuple* (1) comme avec un voleur de grands chemins & sa bande; on s'arma contre eux, on leur fit la guerre, on les fit presque tous périr, on en délivra la France. Heureux si le peuple françois eût appris par cette expérience qu'on pouvoit se défaire également d'un roi comme d'un autre, & que Dieu n'avoit pas créé de brigands inviolables! Blanche, un peu étonnée d'avoir eu tort, sans pouvoir le dissimuler, crut se laver de cette imprudence en avouant qu'elle s'étoit trompée; comme si cet aveu

---

(1) Sous un certain point de vue, les rois ont raison de dire *mon peuple*. Ils ont en effet *un peuple* à eux:

Et moi, vous le savez, je tiens sous ma puissance
Cette foule de chefs, d'esclaves, de muets;
Peuple que dans ses murs renferme ce palais,
Et dont à ma faveur les ames asservies
Mont vendu dès long-tems leur silence & leurs vies.
   RACINE, *Bajazet*, act. II, scene I.

Voilà l'image de la cour des rois; voilà *leur peuple*, *leurs fideles sujets*, *leurs défenseurs*, & voilà ce que les sénateurs d'un peuple libre craignent aujourd'hui de combattre.

G

avoit réparé les crimes que venoient de commettre ces prétendus envoyés de la Vierge & des anges. Les fautes des rois ne sont pas de celles qui peuvent être pardonnées; leurs suites sont trop funestes; elles sont trop cruelles, trop longues, & leur enchaînement nous enseigne qu'il faut les rejetter pour jamais, si nous voulons jouir en paix de la dignité de notre être & des bienfaits de la nature.

La guerre sainte n'étoit pas terminée: Louis IX, libre, après avoir payé une rançon qui équivaut à la valeur de cinq millions de la monnoie actuelle, persistoit encore dans la coupable obstination de ruiner le peuple & de répandre le sang, lorsque Blanche couverte de crimes nationaux, & de louanges payées & mendiées par des bienfaits encore mal combinés, tomba malade à Melun, & se fit porter à Paris; là, elle donna la derniere scene théâtrale de sa vie : elle manda l'abbesse de Maubuisson, ordre de Cîteaux, monastere fondé par elle près de Pontoise, fit profession entre ses mains, prit le voile, se fit mettre sur un lit de paille, couvert d'une serge, & mourut le 26 novembre 1252, en habit de religieuse, & cependant la couronne d'or sur la tête; car la vanité n'abandonna pas cette ame fastueusement humble & modeste. Quelque idée qu'on se fasse de la superstition de ces tems d'ignorance, il est impossible de ne pas voir de l'affectation dans ces pratiques minutieuses; il est impossible de croire que des êtres méchans, cruels, ambitieux, possédés du desir de tout envahir & de conserver toutes leurs rapines, pussent imaginer de bonne foi qu'ils aimoient Dieu, & qu'ils l'honoroient par l'exercice perpétuel de leurs vices & de leurs penchans déréglés. On est forcé de croire qu'ils y ajoutoient le coupable desir de mentir aux hommes, à Dieu même, & peut-être d'étourdir leur propre conscience. Cette habitude d'hypocrisie & d'affectation est d'ailleurs naturelle aux femmes vicieuses. Le desir d'en imposer leur est propre, & les plus bigottes sont toujours celles qui ont quelque chose à cacher, ou à faire oublier au public. Les vieilles Laïs de la cour, & suivant la cour, terminoient toujours leur galante carriere par leur directeur; les reines & les princesses les plus avilies ont toujours fini par souiller les temples d'offrandes impies. On attendoit le moment où Antoinette finiroit sa lubrique existence par outrager la divinité même, en levant vers le ciel des regards imposteurs. Femme détestable! la voix du peuple qui est la voix de Dieu t'épargnera ce dernier crime, & la justice nationale, trop tardive, mais inévitable, te fera baisser vers la terre tes yeux autrefois si hardis, & enfin remplis des larmes du désespoir, si ce n'est du repentir!

Nous passons dans notre marche pénible à cette *Isabeau de Baviere*, à cette criminelle reine, née comme toi dans ce climat barbare qui nous a donné tant de monstres, dont tu as seule rassemblé tous les vices avec ceux de l'Italie! Née dans cette terre germanique qui ne nous inspirera moins d'horreur que lorsqu'elle sera régénérée par le sang des tyrans de ta race, Isabeau de Baviere nous rappelle à toi; que dis-je! est-elle la seule? sera-t-il question, dans les siecles les plus reculés, d'un monstre féminin, la honte

G ij

de son sexe & l'horreur de l'autre, sans que le nom d'*Antoinette* s'offre à la mémoire des François ?

Isabeau étoit fille d'Etienne II, duc de Baviere : elle vint en France à l'âge de quatorze ans ; on ne sait pas si elle apporta, comme Antoinette à la cour de Louis XV, un cœur déja corrompu, & un corps déja souillé, mais elle y parut en 1385, fut mariée le 17 juillet de cette année à un roi jeune, ignorant, gâté par l'éducation ordinaire des rois, & n'ayant encore donné que des signes de foiblesse & d'imbécillité. Jusqu'alors, Charles VI n'avoit point aimé les femmes, il parut voir Isabeau avec plaisir; on les maria, mais on ne sait pas si l'extrême fécondité de cette femme peut faire juger ni des facultés de Charles ni de son assiduité auprès d'elle. Charles V son pere, dit *le Sage*, Charles V, bourreau des peuples par une longue suite de guerres cruelles qu'il pouvoit éviter ; Charles V, assez hypocrite pour leur faire croire qu'il étoit économe, lorsqu'il étoit avide, exacteur & usurier ; assez fin pour les éblouir par l'éclat des victoires qui jusqu'à ce moment avoient flatté la vanité d'une nation esclave : assez adroit pour faire penser qu'il étoit homme de guerre parce qu'il avoit d'habiles généraux ; pour accorder des privileges, des soulagemens, des largesses même dont il avoit soin de détruire l'effet par des ordonnances, des édits, des loix dont la multitude ne pouvoit comprendre le sens ; assez politique enfin pour se faire aimer en foulant la nation, en portant l'autorité royale au degré le plus arbitraire, en détruisant tout ce que les états-généraux précédens avoient pu faire naître d'inſtitutions ſages, en déguiſant ſon pouvoir immenſe afin de l'établir plus ſûrement; Charles V enfin, trop connu par le maſſacre de Montpellier, fut effrayé lui-même de l'empire qu'il laiſſoit à ſon fils, âgé de ſix ans, & ne ſachant plus, à ſes derniers momens, comment il ſoutiendroit un poids de cette nature, il avança, par un dernier trait de folie, la majorité du roi à quatorze ans, & cita dans ſon ordonnance, & la bible, & l'art d'aimer d'Ovide, pour prouver que les rois enfans, peuvent, par un privilege particulier, être de très-grands hommes. Il ajouta une autre imprudence à celle-ci; appliquant mal à propos la maxime des tyrans, *diviſer pour régner*, il partagea l'autorité entre un régent & des tuteurs, pendant la minorité de ſon fils. Mais puiſqu'il avoit le ſens de regarder les peuples comme ennemis de l'autorité royale, c'étoit leur force qu'il falloit diviſer & non celle du prince. Charles d'Anjou fut nommé régent, les ducs de Bourgogne & de Bourbon, tuteurs de Charles VI. Le roi voulut en vain les lier par des ſermens : inſenſé ! les ſiens l'avoient-ils enchaîné à ſes devoirs ? l'homme généreux a-t-il beſoin de ſermens ! & le traître craint-il d'en faire ?

A meſure que le terrible moment de la diſſolution de ſon être approchoit, de nouvelles terreurs aſſiégeoient cette ame coupable ; la veille de ſa mort, il rendit une ordonnance portant ſuppreſſion des impôts qu'il avoit mis ſur le peuple, ſans le conſentement des états-généraux. A peine eût il fermé les yeux, le 13 ſeptembre 1380, que l'avide & prodigue régent pilla en un ſeul jour les trésors que l'avare monarque avoit amassés pendant tout son regne. Il étoit instruit que Philippe de Savoisy, l'un des conseillers du roi, savoit dans quel endroit étoit renfermée une partie des richesses de ce prince; il le menaça, en présence du bourreau, de le faire pendre s'il n'en faisoit l'aveu. Les grands ne s'en irriterent point, mais le peuple s'ébranla, & demanda, par des clameurs, que la derniere ordonnance du roi sur les impôts eût son exécution.

Les séditions passageres, mais cruelles, d'un peuple qui ne fait que se débattre sous le poids de ses fers, n'ont pas la majesté sublime des actions d'un peuple qui les brise, & se leve tout-à-coup libre & sans entraves. Les Parisiens n'ayant point vu sans courroux rétablir tout ce que Charles V avoit dû abolir; se révolterent; plusieurs villes imiterent leur exemple. Charles d'Anjou avoit entraîné son pupille en Flandres; il le ramena triomphant à Paris, pour répondre aux demandes du peuple & à ses justes réclamations. Charles VI y fit une véritable entrée de tyran; ce monstre encore dans l'enfance, environné de ses oncles & de toute sa cour, assis sur un trône élevé sur les degrés du palais, assista au supplice de trois cents personnes condamnées pour crime de révolte & de désobéissance : la barbarie royale faisoit arriver la mort à pas lents au-devant de ces malheureuses victimes; les procédures étoient longues, surchargées de formes effrayantes, dont l'appareil sinistre augmentoit la consternation : on désarma tout le peuple; on défendit les assemblées, on anéantit le droit de commune; chacun renfermé dans l'intérieur de sa maison trembloit à chaque minute de s'en voir arracher ou de voir entraîner son mari, son pere ou son frere, ou ses fils. Chaque jour on faififfoit de nouveaux accufés, & comme les exécutions auroient été fi multipliées qu'on auroit pu manquer de bourreaux, chaque nuit on lioit des victimes dans des facs, & on les traînoit dans la Seine. Une farce infultante fuccédant à ces horreurs, on affembla le peuple dans la grande cour du palais, & là, toujours en préfence du roi, l'infâme chancelier d'Orgemont eut l'audace & la baffeffe de reprocher à la nation fes crimes & fon ingratitude envers *fon maître*, & de prononcer que les Parifiens méritoient mille morts, pour avoir ofé croire que les impôts étoient des dons libres & volontaires faits au prince, & qu'il ne lui étoit pas permis de les exiger fans le confentement des états; d'avoir ofé imaginer que les princes étoient liés par leurs paroles, leurs traités & leurs ordonnances; qu'enfin & en derniere analyfe, la fociété n'étoit pas un affemblage de furieux & d'imbécilles, dont les premiers euffent éternellement le droit d'opprimer les autres. On attendoit en frémiffant la fin de cette horrible fcene, lorfque les oncles du roi, feignant d'être attendris du fpectacle qu'eux-mêmes avoient préparé, fe jetterent aux pieds du marmot déja endurci dans le crime, & demanderent à cette méprifable & fragile idole la *grace* de tout un peuple. Sa réponfe lui étoit dictée, il daigna commuer la peine de mort en amendes pécuniaires. La ville de Paris fut ruinée; elle n'étoit pas alors dans cet état d'opulence où nous la voyons aujourd'hui; elle n'étoit pas le centre où les richeffes du royaume venoient s'engloutir. Ce qui acheva de la dévaster fut l'infamie avec laquelle on ne distribua aux soldats qu'une petite partie des amendes, & la permission qu'on leur donna de se dédommager par le pillage des campagnes. Rouen, & quelques autres villes éprouverent le même sort; & l'on ne tarda point à établir de nouvelles taxes sur un peuple anéanti par la crainte, & livré au désespoir.

A tant d'horreurs, à celle de la guerre générale qui envéloppoit tous les pays de l'Europe, il manquoit en France la main d'une femme pour augmenter la dissention, & répandre un poison plus subtil dans toutes les ames. Isabeau élevée par les furies pour consommer la ruine de l'état, & le vendre aux ennemis; Isabeau de Baviere parut, & son mariage célébré à Amiens, le 17 juillet 1385, seroit regardé comme l'époque la plus effrayante de nos annales, si le 16 mai 1770, nous n'avions vu former des liens plus funestes encore, sous des auspices plus sinistres; présage trop vrai de tous les maux que traînoit avec elle une nouvelle fille d'Achab & de Jésabel.

Jamais dans les pays esclaves les femmes n'abandonnent les objets de luxe & de vanité; la mort présente à leurs yeux ne les empêcheroit pas de jetter un dernier coup-d'œil sur leur parure ou leurs bijoux. Comme elles ne sont rien par elles-mêmes, elles s'identifient avec ces objets extérieurs, & en font la majeure partie de leur propre existence; s'il en est ainsi des femmes ordinaires, celles que le malheur des états éleve sur les trônes doivent encore être bien plus soumises à ce honteux esclavage : une éducation vicieuse, le libre développement de toutes les passions, des volontés toujours satisfaites, & par conséquent variées à l'infini, les accoutument à ne considérer qu'elles dans la nature, & à couvrir d'ornemens & de pierreries l'idole qu'elles se font d'elles-mêmes. Aussi les princesses les plus odieuses ont été les plus emportées par la fureur du luxe & des ornemens de toute espece. Au milieu des suites de tant de guerres, dans l'extrême misere où languissoit la France, il fallut trouver en 1389 des sommes immenses pour le couronnement d'Isabeau de Baviere; la ville, naguere en deuil, fut obligée de représenter une scene riante, & l'image de la joie déroba pour un moment à tous les regards la sombre tristesse à laquelle un peuple malheureux étoit en proie. Les présens de l'hôtel de ville furent portés à la somme de *soixante mille couronnes d'or*. On vit des tournois, des festins, des combats simulés, des danses & bals masqués, au milieu desquels la pudeur ne fut pas plus ménagée que l'or de la nation. La licence régnoit dans le palais ; & il faut dater de cette époque les fatales liaisons de la reine avec son beau-frere, & de Marguerite de Baviere, duchesse de Bourgogne, avec ce même prince. Et dans quelles circonstances, grand Dieu ! dans un tems ou la soldatesque effrénée des tyrans ravageoit les moissons, ne laissoit que la paille aux misérables agriculteurs, & les massacroit quand ils osoient se plaindre ! dans un tems où ceux qui réclamoient les premiers besoins de la vie étoient traités de *séditieux !* Si l'indigne reine avoit eu quelque sentiment d'humanité, n'auroit-elle pas demandé que cette vaine cérémonie du couronnement fût remife à des tems plus heureux ? n'auroit-elle pas facrifié le frivole plaifir de fe montrer, l'avare defir de s'enrichir par les dons d'un peuple épuifé, au bonheur de foulager les impôts, de.... .... Mais quel delire nous égare ? ofons-nous fuppofer l'humanité dans l'ame des femmes couronnées ? eft-ce dans le cœur des lionnes & des pantheres qu'elle établit fon empire ? Le fatal couronnement d'Ifabeau fut fuivi d'une augmentation dans la gabelle, & cette reffource paroiffant encore infuffifante, on eut recours au moyen défaftreux de l'altération des monnoies; les vols publics n'effrayent pas les tyrans : on foumit à la refonte les pieces de la plus petite valeur, & le décri univerfel, fuite inévitable de ce brigandage, tomba plus péfamment fur la claffe du peuple. Si c'étoient les fuites de la guerre qui avoient tellement appauvri la nation, à en croire les miniftres, c'étoit dans un inftant de calme qu'il falloit effayer de la relever au-lieu de lui porter un coup mortel. Mais les flatteurs difoient que la reine étoit jeune, qu'elle vouloit des plaifirs; & comment auroit-on pu faire vivre dans la retraite la *fouveraine d'un grand empire !* il lui falloit des fêtes, des danfes, des repas fomptueux, dût à côté du palais illuminé, mourir d'inanition dans l'ombre de la nuit, le malheureux qui avoit contribué à l'embellir; dût la province de Languedoc être le théâtre du defpotifme infolent du duc de Berry & de fes officiers. La levée des mêmes impofitions y avoit été renouvellée jufqu'à cinq ou fix fois dans une année. Les exécutions des biens, les faifies, les contraintes avoient dévafté les campagnes; & une grande partie du peuple, fuyant la misere & la mort, passoit dans les provinces d'Espagne. Charles VI ayant appris les concussions étonnantes des administrateurs de son oncle, eut l'intention d'empêcher le désordre, mais ce fut avec de tels ménagemens pour le duc de Berry, que son agent principal fut brûlé, pour la pitoyable cause de l'hérésie, & non comme exacteur & concussionnaire; que le duc ne fut ni arrêté, ni jugé, ni mis en cause, & que la mort de son favori fut la premiere source des divisions que la perfide Isabeau sut fomenter & entretenir dans la famille de son époux. Elle donna l'exemple scandaleux d'une intrigue publique avec le duc d'Orléans, dont l'audace ne craignit pas de souiller le lit de son frere; ce prince étoit hardi, prodigue & débauché comme d'Artois; la reine étoit, comme Antoinette, violente, avare, incapable de modération dans ses desirs, tourmentée du desir de régner; mais Antoinette n'a pas eu besoin, comme Isabeau, d'embrasser tour-à-tour plusieurs partis différents, & de tenir la balance entre divers chefs, toujours prêts à s'entr'égorger. Les tems ont seuls été la cause des différences qui se trouvent dans la vie de ces deux femmes; mais dans l'atrocité de leur conduite elle font également frémir d'horreur.

Charles VI, dont la tête avoit toujours été foible & mal organisée, Charles VI, autour duquel s'étoit répandu tant de sang, Charles VI, toujours environné, dès son enfance, de cadavres expirans, ou sur un champ de bataille, ou dans une ville en flammes, ou dans les murs de Paris, devoit être intérieurement tourmenté par le souvenir des maux qu'il avoit faits. Il faudroit douter de la justice éternelle, si l'on osoit croire que le crime repose aussi paisiblement que la vertu ! Agité sans cesse par des mouvemens violens, assiégé d'idées noires, de sombres vapeurs, accablé d'une sinistre mélancolie, il tomba enfin en démence, à la suite d'une fievre chaude. On ne sait, d'après le rapport des historiens, si l'on doit ajouter foi à la vision de la forêt du Mans; si l'être qui lui apparut étoit effectivement un homme payé par la reine pour achever de lui troubler l'esprit, ou si ce fut simplement un fantôme de cette même imagination déja en délire. Quoi qu'il en soit, il lui prit un accès de fureur, au milieu duquel il tua plusieurs personnes. Nous ne devons pas trouver surprenant si le peuple ne jugea pas à propos de déposer un imbécille, s'il ne crut pas qu'un homme que les loix auroient déclaré incapable de gérer sa propre fortune, ne pouvoit être l'arbitre de la fortune publique. En 1392, la lumiere de la raison n'avoit pas brillé aux yeux du peuple françois; en 1392, il n'existoit peut-être pas dans tout l'empire un seul homme qui, instruit, osât douter qu'un *roi frénétique* fût toujours inviolable & sacré; en 1791, le peuple est assez éclairé pour croire qu'il ne l'est pas; mais ceux qui le conduisent, ceux qu'il a choisis pour manifester ses volontés, & pour les faire exécuter, veulent lui faire embrasser, au moyen du canon & des baïonnettes, la doctrine reçue en 1392.

Charles VI n'étoit pas encore rétabli de cette premiere attaque de folie, que le tems du carnaval lui inspira l'idée d'une mascarade où il pensa périr dans les flammes, par l'imprudence du duc d'Orléans; au moins les historiens ne qualifient que d'imprudence un fait sur lequel on a peine à ne pas fixer des soupçons plus sinistres. Le roi échappa au feu; mais ce danger troubla de nouveau sa raison, & la reine, contente au moins de régner seule, se consola de ce que Charles n'avoit point péri. Bientôt les ordonnances les plus insensées émanerent du conseil, présidé par une femme & par un jeune libertin; la rivalité de charmes & de puissance s'établit entre la reine, la duchesse d'Orléans & celle de Bourgogne, & cette rivalité forma des intrigues & des partis. D'un autre côté, les plaisirs de la cour devinrent plus désordonnés. La fureur de la chasse s'empara de toutes les têtes; les femmes mêmes, oubliant toute discrétion, s'y livrerent avec un emportement digne de la cour de Messaline, & c'étoit au milieu des orgies que se prenoient les résolutions les plus atroces, & que se préparoient les projets les plus sanguinaires; comme il n'y avoit point alors de spectacles, le passe-tems le plus paisible de la reine & de toutes ces femmes perdues étoit d'assister le dimanche à l'exécution des criminels.

Les accès de la maladie du roi devenoient plus fréquens; & l'indigne reine ne voulant pas s'exposer à l'habitation avec lui, lui donna pour tenir sa place une jeune fille nommée *Odette de Champdivers*, fille d'un marchand de chevaux, & ne rougit pas de lui donner des maisons & des pensions, pour vivre avec son mari dans un commerce aussi dégoûtant que dangereux. Isabeau avoit aussi trouvé moyen d'éloigner de la cour la duchesse d'Orléans, dont l'empire sur l'esprit de Charles lui faisoit ombrage. Dans ses accès les plus furieux, la duchesse étoit la seule qui pût en calmer les transports, & la reine craignoit que dans les momens de calme elle n'employât contre elle ce même afcendant. Elle la fit accufer de contribuer, par des fortileges, à la maladie du roi, & la fit exiler. Rappellée bientôt après, on fe fervit d'elle pour écarter le duc de Bourgogne, & tranfporter toute l'autorité dans les mains du duc d'Orléans. Il n'en fut pas plutôt dépofitaire, que tout ce qui pouvoit refter d'apparence d'ordre & de raifon dans l'adminiftration, fut renverfé. Il nomma fous les ordres de la reine, de nouveaux receveurs des aides, qui décidoient fouverainement de tout ce qui avoit rapport à l'adminiftration des revenus publics ; juges, fermiers, impofitions, dépenfes, recettes générales & particulieres, tout leur étoit fubordonné, fans qu'il fût poffible de jamais réparer l'abus d'un pouvoir auffi infenfé, puifqu'il étoit défendu de fe pourvoir même au confeil du roi contre leurs décifions, qu'ils avoient feuls le droit de réformer : ainfi la répartition des impôts devint foumife au caprice de la reine ; la levée en étoit arbitraire, la recette infidele, & la dépenfe devint auffi impénétrable & auffi effrayante qu'en 1789. Si les défordres de la reine Ifabeau n'eurent pas les mêmes fuites que ceux d'Antoinette, s'ils ne conduifirent pas le peuple à faire ufage de fa force & à mettre en pratique la *loi fuprême de fon falut*, c'eft que cette loi fi fainte étoit alors entiérement méconnue. Cependant lorfqu'on vit ordonner par le confeil une impofition nouvelle & générale dans tout le royaume, de laquelle même les eccléfiaftiques n'étoient pas exempts, & cela dans un tems de paix, où le peuple devoit plutôt exiger des foulagemens, le mécontentement éclata de toutes parts, le clergé refufa de payer, & la reine & fon amant furent obligé de retirer leur édit. Le duc de Bourgogne, depuis long-tems ulcéré contre fon neveu & contre la reine, profita de ces mouvemens d'indignation populaire, fomenta fecrétement la haine du peuple, & l'excita à la rébellion contre un pouvoir odieux & méprifable.

Ce fut alors qu'Ifabeau monta véritablement fur le trône; ce fut alors que les furies gouvernerent la nation Françoife: haïe de toute la cour, haïffant tout ceux qui l'approchoient, ceux mêmes à qui elle prodiguoit fes impudiques faveurs en étoient raffafiés avant de pouvoir imaginer que le plus léger fentiment d'amour les leur avoit accordées. Elle auroit fait périr, ou par le fer de la loi, ou par celui de l'affaffin, un homme fortant de fes bras; elle ne l'y auroit reçu que pour le mieux tromper. La garde de la perfonne du roi lui fut donnée; le maniment des affaires fut confié au duc de Bourgogne, oncle de Charles VI. Le duc d'Orléans réclama contre cette faveur; il prétendit qu'elle appartenoit au plus proche héritier du fang, & il ne voyoit entre le trône & lui que le dauphin, encore enfant. Ifabeau fe fit un parti en faveur de fon amant, & l'oncle du roi fut obligé de céder à l'empire de cette femme altiere. Peut-être auroit-il eu affez de raifon pour fouffrir cet affront fans en tirer vengeance; mais l'imprudent favori d'Ifabeau, auffi incapable qu'elle de modération dans leurs fales plaifirs, fe faifoit un trophée de fes victoires fur toutes les femmes de la cour. Il avoit leurs portraits dans une galerie, & il eut l'infolence de faire voir un jour au duc de Bourgogne celui de sa propre femme. Ce fut là le sujet de l'implacable haine qu'il voua au parti d'Isabeau, dont les mœurs avóient empoisonné celles de toute la cour, & au duc d'Orléans, pour qui le déshonneur des familles n'étoit qu'un jeu cruel.

Un peuple ignorant est toujours victime de ces grands coupables qui ne le flattent que pour l'asservir. Hélas! un peuple éclairé n'est pas toujours à l'abri des suggestions perfides! Le duc de Bourgogne alla même jusqu'à dévoiler au roi l'infâme conduite de la reine. Ce misérable prince savoit bien lui-même jusqu'où alloit pour lui le mépris & la négligence de cette femme impie : elle s'acquittoit si cruellement de la garde qui lui étoit confiée, que Charles manquoit non-seulement des soins nécessaires à son état, mais encore des besoins de la vie; sa détresse alloit jusqu'à l'indécence, même dans l'état d'un simple citoyen dont la fortune auroit été resserrée. Les enfans de cette barbare marâtre n'étoient pas mieux entretenus; & tandis que la maison du duc d'Orléans respiroit le faste & le luxe des rois d'Asie, son frere malade déroboit les vases précieux de la couronne, pour les faire fondre & se procurer les choses de premiere nécessité. En 1402, le parti du duc de Bourgogne se trouvoit cependant assez fort pour opposer une digue aux fureurs de la reine. On leva des troupes de part & d'autre; les deux partis alloient en venir aux mains, & la France alloit être inondée de sang pour le seul intérêt de trois princes qui ne se disputoient que le seul avantage de l'asservir. La perfide Isabeau, tremblant de voir échapper de ses mains l'autorité
qu'elle

qu'elle partageoit avec son cher d'Orléans, déposa la fierté dont elle en avoit toujours agi avec le duc de Bourgogne ; elle parvint à le séduire en cédant un moment à ses prétentions, & par son entremise les rivaux réconciliés s'embrasserent & congédierent leurs troupes. Mais il en est de ces réconciliations simulées, comme de la réunion momentanée de quelques brigands que nous voyons quelquefois se tendre la main pour faire réussir un grand complot & se partager une brillante proie, quoique le ressentiment de leurs querelles particulieres vive encore au fond de leurs ames viles, & qu'ils n'attendent que la fin de l'expédition pour le faire éclater de nouveau. Les chagrins des deux princes se concentrerent pour un moment, & ne furent que plus violens. La reine gagna du tems, & en profita pour étayer son autorité comme celle de son amant. Les circonstances lui étoient favorables ; elle venoit de donner le jour à un prince, qui fut depuis Charles VII ; & la nation aveugle & irréfléchie, regardoit comme un bonheur cet accroissement d'une famille déja nombreuse, & née de l'inceste & de l'adultere. Charles VI étoit moins satisfait dans ses intervalles de raison ; il déploroit ses malheurs. L'homme philosophe ne peut que jetter un regard de pitié sur ce misérable jouet de ses infirmités & des passions de ceux qui l'environnoient. Souvent entraîné par la justice, il vouloit punir la reine & son frere, & tous les auteurs des troubles du royaume ; mais que pouvoit un foible esclave contre l'empire de l'altiere Isabeau ! Quelque résolution qu'il pût prendre en son absence, quelque indignation qu'il eût pu concevoir contre elle,

H

elle paroissoit, & Charles étoit soumis : elle parvint enfin à se faire accorder par lui un pouvoir supérieur, même à celui de la régence : on n'imagineroit pas de quel moyen elle se servit ; il faut être femme pour imaginer de pareilles ruses : elle obtint du roi de déclarer, que s'il venoit à mourir, son fils aîné seroit aussi-tôt reconnu souverain, & que de ce moment même il abolissoit la régence, & se remettoit absolument sous la garde de la reine, son épouse, lui donnant un pouvoir absolu sur ses enfans : il lui attribua aussi le pouvoir de révoquer & d'annuller toutes les ordonnances qu'il avoit faites ou qu'il pouvoit faire dans la suite. A moins d'ôter la couronne de dessus sa tête, & de la poser sur celle d'Isabeau, en lui donnant toute l'étendue du pouvoir qui en émanoit alors, Charles ne pouvoit se livrer avec plus d'inconsidération à sa plus cruelle ennemie ; aussi ne tarda-t-il pas à s'appercevoir d'un mépris total de sa part : s'il avoit été mal servi jusqu'alors, il fut totalement abandonné. Isabeau foulant aux pieds l'amour conjugal, le souvenir des bienfaits, la pitié que devoit inspirer un mari dans l'état déplorable où étoit tombé Charles, étouffant dans son cœur la tendresse maternelle, laissa le malheureux roi sans secours, & ses enfans sans éducation & souvent sans vêtemens, tandis qu'elle se gorgeoit impudemment de l'or de la nation.

Mais ce n'étoit pas assez de ce pouvoir absolu de désoler la France par des exactions dignes de tous les supplices, il falloit y amener le fléau de la guerre, afin de grossir la liste des impositions. Les Anglois avoient vu plus d'une fois violer les traités faits sous ce regne, & leurs préparatifs annonçoient en eux le deffein d'en tirer vengeance. Il fallut donc fe préparer à la défenfe, & pour cela le duc d'Orléans, fous le nom de la reine propofa l'établiffement d'une taille générale. Le duc de Bourgogne allégua en vain la mifere publique, l'édit paffa : il falloit de nouveaux tréfors à l'infatiable Ifabeau, le tribut montoit à dix-huit cents mille francs, fans compter les fraix de perception; ce tréfor fut dépofé dans un pavillon du Louvre. Le duc d'Orléans en fit enfoncer les portes & s'empara de tout; car pourvu qu'elle fût obéie dans fes caprices, elle fouffroit volontiers qu'il s'attribuât les apparences de la fouveraineté.

En 1404, le pouvoir de ces deux perfonnages parut monter encore à un plus haut degré; la mort du duc de Bourgogne fembloit les délivrer d'un contradicteur au moins incommode, & quelquefois dangereux. Mais Ifabeau ne s'attendoit pas à trouver dans fon fils un de ces génies violens & imdomptables avec lefquels il eft difficile de lutter dans la carriere du crime. Ce prince nommé *Jean-fans-peur*, mais non pas *fans reproche*, avoit dans l'ame tous les caracteres de la fouveraineté individuelle; il étoit hautain, hardi, cruel, vindicatif; entraîné par des paffions fougueufes, incapable de fcrupules ni de remords. Il étoit peut-être le feul homme qui pût faire trembler la fuperbe Ifabeau.

Cependant elle ne fentit pas tout-à-coup ce qu'elle en avoit à craindre. Elle continuoit à déployer une autorité formidable. Les mécontentemens du peuple, fes murmures contre le duc d'Orléans lui firent redouter l'ufage nouveau qui s'introduisoit de porter des épées, des dagues & des couteaux de chasse. Depuis que les communes avoient consenti à la dégradation du désarmement, la soldatesque seule avoit le droit de porter le fer; elle avoit seule le privilege d'attaquer, & celui de se défendre étoit interdit au citoyen. Que dis-je ! au citoyen... Y avoit-il des citoyens ? Les planteurs laissent-ils des armes aux mains de leurs malheureux esclaves (1) ? La reine défendit donc sé-

_____

(1) Nos vils historiens de manquent pas de blâmer le port d'armes. " C'est à la licence de nos guerres civiles, dit le " *sieur Villaret*, que nous sommes redevables de cette cou-" tume barbare qui transforme un commis, un clerc, un " artiste, un bourgeois paisible, un homme de lettres en " guerriers redoutables, sans que la valeur nationale y ait " gagné. Nous ne sommes certainement pas plus braves que " les Grecs & les Romains, & nos ancêtres sous les Clovis, " les Martel & les Charlemagne. Les hommes destinés pour " combattre avoient seuls le droit de porter l'instrument " nécessaire à la défense de l'état : le reste de la nation ne " cherchoit point à se décorer d'un appareil militaire aussi " embarrassant qu'inutile, & qui, devenu commun à tous " les états, ne distingue personne ".

Méprisable esclave ! on te passe d'avoir été encore en 1770, soumis en aveugle à la chimere des distinctions : on voit bien que ton génie n'étoit pas de ceux qui devancent les tems : mais en 1770, étoit-il permis à un homme qui savoit lire & écrire de consacrer la maxime des tyrans, que nul ne peut être armé, qu'eux & leurs satellites; que les gardes prétoriennes ont seules la funeste puissance d'égorger au nom de l'empereur; que le fer sera comme l'or, la ration des brigands. Tu nous cites l'exemple des Grecs & des Romains, tu dis que nous ne sommes pas plus braves qu'eux. Non, car ils avoient le courage d'être libres, & toi la lâcheté d'être esclave de nature, c'est ainsi qu'Aristote appelle les esclaves volontaires. Le port d'armes est un droit que la nature donne à tout individu, puisqu'il est un attribut du droit de se défendre contre la force : si une loi quelconque le donne à une portion de la société & le refuse à l'autre, elle consacre le droit d'oppression, elle cesse d'être

vérement le port d'armes; on obéit, mais ce ne fut pas sans murmures : tout le peuple se réunissoit à charger de malédictions la misérable princesse, auteur de la misere commune : on l'appelloit publiquement la *grande gaure*, terme immodeste qui exprimoit l'affreuse dissolution de ses mœurs. Le nouveau duc de Bourgogne profita de ces dispositions générales pour demander une place dans le conseil, & l'on n'osa la lui refuser : il se hâta de conclure le mariage de Marguerite sa fille aînée avec le dauphin, & celui du comte de Charolois son fils, avec Michelle de France, quatrieme fille d'Isabeau, car l'histoire doit nommer les choses par leur nom, & l'on ne forcera pas une plume véridique à nommer du nom d'un mari les enfans d'une infâme adultere. Ces alliances préparoient au duc un crédit capable de balancer celui de d'Orléans, & Isabeau commençoit à considérer ce jeune homme avec l'inquiétude qui précede la crainte, & qui semble annoncer à un fa-

---

loi ; car elle est elle-même une infraction à la loi naturelle. Les Grecs & les Romains ne portoient point d'armes en tems de paix, mais il ne leur étoit pas défendu d'en porter : mais ils n'avoient point à craindre les soldats d'un tyran. Chaque citoyen étoit soldat en tems de guerre, & après le combat rentroit dans sa ville & dans sa maison en citoyen paisible. En 1770, on savoit qu'une armée permanente étoit le fléau le plus redoutable à la liberté ; que c'étoit un instrument de tyrannie ; que c'étoit un glaive dans la main d'un furieux : & un lâche historien vouloit nous faire croire que le port d'armes attribué aux citoyens étoit un fardeau embarrassant & inutile. Embarrassant pour lui sans doute ; qu'auroit fait de la liberté un être sans courage & sans énergie ? il faut un maître à celui qui ne sait que ramper.

meux brigand qu'il pourroit être vaincu dans sa profession.

Elle ne se trompoit pas; la premiere taille imposée l'année précédente n'ayant servi qu'à alimenter son avarice & nullement aux préparatifs de guerre, elle proposa d'en lever une seconde en 1405. Le duc de Bourgogne s'opposa vivement à cette nouvelle mesure; il représenta avec véhémence la misere générale, les vices de l'administration, la ruine de l'état, les malheurs des peuples, son juste mécontentement; il offrit sa personne, ses biens, ses troupes pour défendre l'état s'il étoit attaqué; il ajouta au reste que si l'édit passoit malgré ses réclamations, ses états en seroient exempts, & qu'il garantiroit ses sujets d'une taxe injuste. L'édit passa, & Jean-sans-peur ne s'étoit pas flatté de l'emporter cette premiere fois sur le crédit de la reine. Mais il sut adroitement se prévaloir aux yeux du peuple de cet acte de dévouement à ses intérêts. Les peuples esclaves sont si facilement éblouis par les services qu'on paroît vouloir leur rendre! Le duc devint l'idole de la nation: il eut l'adresse de s'éloigner de Paris immédiatement après cette affaire: il vouloit faire desirer ses secours, il vouloit faire haïr de plus en plus ceux qui les avoient rendus inutiles, il vouloit garantir sa province du fardeau de l'imposition nouvelle, pour offrir à la nation un objet de comparaison avantageux à un souverain qui avoit l'art de paroître juste.

Isabeau fut abusée par son départ; elle crut qu'il laissoit un champ libre à sa puissance, & témoigna indiscrétement sa joie par une familiarité plus scandaleuse que jamais avec le duc d'Orléans. Les fêtes recommencerent à la cour; le luxe y devint excessif, les parures des femmes annoncerent par leur éclat & leur superfluité qu'elles avoient perdu tout respect d'elles-mêmes (1). Les hommes efféminés sembloient lutter avec elles en richesses extérieures; chaque jour la reine inventoit des modes nouvelles, & chaque jour, brûlant d'une nouvelle ardeur pour son coupable beau-frere, elle faisoit aussi pour lui de nouvelles acquisitions, & multiplioit les impôts pour assouvir les desirs de l'insatiable favori. Le roi éprouvoit en 1405 un des retours de son affreuse maladie, & ce misérable prince ressentoit toujours les atteintes de la pauvreté au milieu d'une cour fastueuse & dissolue. Isabeau, profitant de son attaque de folie, donna le gouvernement de Normandie à d'Or-

___

(1) Mon intention n'est pas d'interdire aux femmes vertueuses le soin de leur personne; rien ne s'accorde moins avec l'idée qu'on se fait de leur sexe, qu'un extérieur sale & dégoûtant. La propreté, l'élégance, la grace dans les formes & la nature des vêtemens sont liées au contraire à l'image de ces êtres sensitifs & délicats dont les organes flexibles sont aisément choqués & dégoûtés des objets désagréables. J'attache même une de leurs vertus domestiques à ce soin habituel de leur personne, nécessaire pour rendre leur vue agréable à leurs maris, à leurs enfans, à la société de leurs maris. Mais je dis que la simplicité des atours est une image de la simplicité de leurs mœurs. Je dis que les ornemens de luxe prodigués sur les vêtemens & la toilette d'une femme indiquent en elle une passion étrangere à ses devoirs, une idolâtrie d'elle-même, qui décele le desir d'inspirer au-dehors cette même idolâtrie. Je lui vois enfin les goûts d'une courtisanne; pourquoi lui ferois-je la grace de croire qu'elle n'en a pas les mœurs? L'Athénienne étaloit de riches bijoux, des bracelets, des ceintures de prix: voilà mes ornemens lui dit la modeste Spartiate, en lui montrant son mari & ses enfans. De laquelle des deux un homme libre auroit-il voulu être l'époux ou le fils?

H iv

léans. Il est des momens où le peuple le plus esclave se fatigue de ses fers : s'il ne brise pas ses chaînes, il les secoue du moins, & ce bruit effraie les tyrans. Les Normands refuserent de reconnoître le nouveau gouverneur ; notre inconsidéré despote fut envoyé à Rouen pour faire exécuter les volontés de la reine ; il menaça les habitans de les désarmer. Ils répondirent sans détour qu'ils ne reconnoissoient d'ordre que ceux du roi, & le duc ne remporta pour tout fruit de son voyage que la honte & le désespoir d'avoir échoué. C'étoit sans doute le duc de Bourgogne qui avoit préparé cet orage. Le téméraire favori éprouva au conseil même que le crédit de sa maîtresse avoit reçu quelque atteinte, lorsqu'elle demanda au roi de confirmer la nomination au gouvernement de Normandie. Charles VI, qui étoit alors dans un instant de santé, la refusa, & chose singuliere, il allégua l'opposition générale de la province comme une raison à laquelle un *prince du sang* devoit se soumettre. Cet intervalle de raison dura peu ; il sembloit qu'ayant besoin de sa démence perpétuelle pour opérer elle seule le mal qu'il auroit fait lui-même, Isabeau avoit l'art fatal d'en augmenter ou d'en diminuer les accès.

On apprend tout-à-coup au milieu des bruyantes orgies de la cour que le duc de Bourgogne approche de Paris avec des troupes nombreuses : l'effroi s'empare de cette femme & de ses partisans ; d'Orléans le premier prend le parti de la fuite, & Isabeau joint à l'impudeur de le suivre, l'audace de donner ordre qu'on lui amene le dauphin à Corbeil où elle va trouver son complice. Le duc de Bourgogne apprit en entrant dans Paris que ce jeune prince & sa femme étoient partis le matin; il court sur leurs traces, & les ramene, du consentement même du dauphin qui ne suivoit sa mere qu'à regret. Isabeau ne se crut pas en sûreté à Corbeil; elle se rendit à Melun d'où elle donna des ordres pour lever des troupes. Ces ordres acheverent de la perdre; on sut qu'elle vouloit emmener le dauphin en Allemagne; on apprit qu'elle y avoit fait passer de très-grandes sommes d'argent, & qu'on venoit d'arrêter à Metz des mulets chargés d'or; enfin l'on ne doutoit pas que la France ne fût trahie, & l'indignation publique nommoit Isabeau & d'Orléans.

Le duc de Bourgogne fit rendre aux Parisiens les armes dont on les avoit privés arbitrairement; il eut soin d'empêcher que les citadins fussent gênés par le séjour des gens de guerre; il ne put sauver les campagnes des désordres que commettent toujours les soldats armés par le despotisme, mais il en diminua le poids; enfin il eut l'adresse de paroître un tyran supportable, & dans ce siecle de préjugés, même à ce titre, il se fit aimer. Il avoit eu horreur de l'état où il avoit trouvé Charles VI; le plus misérable des habitans du royaume auroit trouvé dans un hôpital les secours que lui refusoit sa femme: on ne l'y auroit pas abandonné cinq mois sans le changer de linge; la gangrene n'auroit pas menacé ses chairs corrompues par les lambeaux de ses habits & par l'humidité de ses excrémens. Cette situation effrayante attesta au duc de Bourgogne jusqu'où la reine portoit l'oubli, non pas du devoir conjugal, mais de la simple humanité. Dans la plus malheureuse condition de la vie, est-il une femme qui ne se dépouillât même du dernier vêtement nécessaire à la pudeur pour en couvrir un époux affligé de tant de maux? Si la tendresse passée, le souvenir de ces liens si puissans & si chers n'agissoient pas sur l'ame d'une épouse, la pitié suffiroit pour exiger d'elle des soins consolans; si enfin elle avoit le cœur froid à tous ces sentimens, le respect d'elle-même, l'amour de sa réputation, la crainte d'exciter le mépris & l'horreur, lui prescriroient au moins d'observer les loix de la décence extérieure. Répétons-le, il n'y a que sur le trône, il n'y a que dans les cœurs endurcis des femmes couronnées qu'on trouve des exemples atroces de barbarie, d'impudeur, d'abnégation totale de tout sentiment, de tout respect humain.

Malgré tant d'horreurs dont le glaive seul auroit dû punir l'infâme reine, les oncles du roi négocierent une paix simulée; Isabeau reparut dans Paris, elle osa s'y remontrer, y traîner encore avec elle le duc d'Orléans, qui enfin, en 1407, fut assassiné presque sous ses yeux par le duc de Bourgogne, aussi scélérat, mais plus adroit que lui. Le bruit général accusa ce prince du meurtre; il s'en défendit d'abord, croyant que ses complices se déroberoient à la vigilance des loix; mais l'un d'entre eux ayant été arrêté, la terreur s'empara de l'ame du coupable, il fit, sans qu'on le lui demandât, l'aveu de son crime, & s'enfuit précipitamment de la cour. Mais bientôt rappellant son audace, il leva des troupes, revint dans Paris, y entra en vainqueur, & contraignit encore une fois la coupable Isabeau de fuir son approche. Ce n'étoit là qu'une ressource ordinaire à un criminel assez puissant pour se défendre : mais que le duc de Bourgogne ait poussé l'impudence jusqu'à justifier publiquement, par le ministere d'un prêtre avocat, l'assassinat dont il avoit fait l'aveu, qu'il ait coloré cette perfidie du nom de politique & de raison d'état, qu'il ait fait approuver le meurtre d'un frere au misérable insensé de la personne duquel il s'étoit emparé, c'est ce qu'on auroit peine à croire si la raison humaine n'avoit désormais classé la race des rois & des princes parmi les différens genres d'animaux carnaciers. Le duc ne tint pas cependant aux préparatifs d'Isabeau & de la duchesse d'Orléans. Le peuple commençoit à se détromper ; il voyoit bien que ce tyran-ci n'étoit ni plus modéré, ni moins ambitieux que l'autre, & il ne tarda pas à devenir indifférent sur le choix du joug qui l'attendoit. Isabeau à son tour obligea le duc à quitter Paris, y rentra elle-même, & reprit sa premiere autorité ; on pouvoit s'en reposer sur elle du soin de la rendre odieuse : loin d'adoucir les charges du peuple, loin d'obéir à l'opinion générale, elle exigea de la ville de Paris des secours nouveaux, alléguant de prétendus besoins que son luxe démentoit. Le crime de Jean de Bourgogne, quoique présent à l'esprit du peuple, ne pouvoit l'emporter sur l'horreur qu'inspiroient tous les crimes d'Isabeau ; & quoique la nation, mécontente de tous deux, n'eût voulu dépendre ni de l'un ni de l'autre, elle en revint encore à préférer le duc de Bourgogne.

Alors occupé à secourir l'évêque de Liége contre ses sujets rebelles, il ne laissoit pas d'intriguer encore à la cour de France ; & lorsqu'il eut concouru à remettre les fiers Liégeois fous le joug du monftre dont ils furent les triftes victimes (1), il revint à Paris accompagné de fes troupes victorieufes, & la reine fut obligée de fuir une troifieme fois; mais elle emmena avec elle le miférable roi qui lui fervoit d'otage, & dont le fort digne de pitié ne contribua pas médiocrement à la réconciliation qu'on cherchoit à ménager entre le duc & la reine. Le peuple avoit reçu Jean-fanspeur, comme un dieu tutélaire; mais ce prince fentoit bien que l'abfence du roi donneroit à fa conduite les apparences d'une rebellion, s'il ne cherchoit pas à ramener Charles dans les murs de Paris; ainfi fon audace fe vit maîtrifée par l'adreffe d'Ifabeau. Il confentit à faire lui-même les premieres démarches vis-à-vis de cette femme, afin de ménager la bienveillance des Parifiens; mais fi dans la vue de leur plaire il contenoit autour de lui fes troupes dans les regles de la difcipline, il n'en étoit pas de même depuis les rives de la Loire jufqu'aux frontieres de Flandres,

---

(1) " L'évêque, plutôt tigre que pafteur, dit Mézeray, ne pouvoit fe faouler de carnage; leur foumiffion n'appaifa point fa rage fanguinaire. Quand il fut rétabli, il s'acharna non-feulement fur les coupables & fur les chefs, mais fur les femmes & fur les enfans, fur les prêtres & les religieux. On ne voyoit tout autour de Liege & des villes qui en dépendent, que des forêts de roues & de gibets, & la Meufe regorgeoit de la foule de ces malheureux, qu'on y jettoit deux à deux liés enfemble ". Peuples, n'efpérez jamais compofer avec vos defpotes; fi vous avez une fois un avantage fur eux, hâtez-vous de les anéantir, autrement attendezvous à toutes les horreurs des vengeances les plus atroces. Duffé-je être accufé de provoquer au meurtre, je dirai avec *Billaud de Varennes* : " La tyrannie qui s'abreuve de fang, ne peut être étouffée que dans le fang ".

où les campagnes inondées de brigands armés, préfentoient de tous côtés l'image des horreurs qui accompagnent les difcordes civiles. Il fe fit donc à Chartres, en 1409, une forte de paix fimulée entre les enfans du duc d'Orléans, & le duc de Bourgogne; le roi donna des lettres d'abfolution, revint à Paris avec fa femme & fon fils, & tout parut calme durant quelques inftans. Mais quel calme, grand Dieu! il préfageoit les plus horribles tempêtes. Ifabeau de Baviere n'avoit pas encore de parti à oppofer au duc de Bourgogne, il lui falloit le tems d'en former un, & elle eut bien la patience de ménager pendant neuf ans les événemens favorables à fes projets de vengeance. Elle s'étoit retirée à Melun, d'où elle venoit rarement à la cour; & fa politique adroite laiffant aux factions le tems de fe former, elle paroiffoit fe maintenir dans une neutralité parfaite entre les d'Orléans & le duc de Bourgogne: ce n'étoit pas qu'elle n'encourageât tacitement les premiers; & bientôt par fes foins fe formerent au fein de Paris, ces deux partis trop fameux des *Armagnac* ou *Orléanais* & des *Bourguignons*, diftingués par les bandes rouges & blanches, & la croix de St. André. Le duc de Bourgogne étoit alors le plus fort; il avoit à fa difpofition le roi, le dauphin, & la ville de Paris. La reine & le duc d'Orléans avec leurs partifans ne defiroient ardemment que le pillage de cette grande ville, & nourriffoient en attendant leur ardeur fanguinaire, par le ravage perpétuel des provinces & des campagnes. Jean-fans-peur, à fon tour, n'oppofoit à leurs brigandages que de femblables dévaftations auffi défaftreufes pour le peuple; lié avec les Anglois, nos ennemis dans ces tems d'ignorance & de barbarie, il se servit d'eux, en 1412, pour venir repousser les Armagnac des environs de Paris; aussi-tôt la reine & ses partisans chercherent plus que jamais à se liguer avec ces mêmes Anglois. Isabeau avoit des moyens plus assurés de parvenir à une association avec eux: il est vrai que ce moyen étoit le démembrement de la France; mais il ne répugnoit point au cœur de cette femme impie. Elle ne se proposoit pas moins que de céder la province de Guyenne aux Anglois, aux conditions qu'ils l'aideroient à ruiner la faction de Bourgogne, & peut-être ce complot alloit réussir, si l'université de Paris n'en avoit averti secrétement Charles VI, alors dans un état de raison. La seule idée de vendre ses provinces aux ennemis, l'électrisa si fortement, qu'il prit les armes & marcha en personne contre les Orléanois: l'étonnement qu'inspira cette démarche fit plus que la force d'une puissante armée; elle suspendit l'ardeur des conjurés. Le duc d'Orléans, qui avoit fait venir le duc de Lancastre avec les Anglois, fut obligé de les congédier à ses frais; & Charles ayant fait la paix, rentra en 1413 à la satisfaction des François.

Mais ce traité dura peu; & bientôt un troisieme ennemi naturel de la France parut dans l'arene: c'étoit le dauphin, âgé de seize ans, & déja empoisonné de tous les vices de sa mere; déja digne du trône, il s'occupoit des moyens d'y monter, & se livroit d'avance à tous les excès de la puissance absolue, sans consulter la reine avec laquelle il ne prétendoit nullement partager l'autorité. Le duc de Bourgogne fut cependant assez habile pour réprimer sa témérité; mais il n'y eut pas moins enfin quatre partis animés à la perte les uns des autres, & dont le peuple étoit tour-à-tour le jouet & la victime. Isabeau, d'Orléans & les Anglois formoient trois partis, dont les motifs de réunion momentanés étoient cependant des intérêts tout opposés; ils travailloient tous à démembrer la France; mais chacun pour soi seul; le dauphin vouloit régner, & piller l'état à son tour; le duc de Bourgogne vouloit conserver l'autorité dans ses propres mains pendant la vie du roi; & les gens les moins insensés se ralloient autour du malheureux Charles VI, qui, par la misere de son état, faisoit cause commune avec le peuple, & devenoit, comme lui, le jouet des tyrans.

Comme femme, Isabeau devoit être la plus adroite dans le crime: elle imagina d'entretenir des négociations de mariage entre le jeune fils du roi d'Angleterre & Catherine sa fille; elle fit accorder entre la France & les Anglois une treve d'un an, à commencer du mois de février 1414, & se flatta de profiter habilement de cet intervalle. Elle avoit offert d'abord pour la dot de la princesse une somme de huit cents mille florins d'or, & quinze villes dans la Guyenne & le Limosin. Le roi d'Angleterre avoit écouté ces propositions, ensuite il avoit demandé davantage; & ses prétentions s'accroissant à mesure que la reine y prêtoit l'oreille, il sembloit attendre l'expiration de la treve pour nous attaquer. En effet, au commencement de 1415, les Anglois descendirent en France par le Havre, & renouvellerent ces horribles scenes dont le brave Duguesclin nous avoit délivrés sous le regne précédent ; enfin l'affreuse bataille d'Azincourt vint mettre le comble aux désastres de la France, & ce monument de deuil offre aux siecles futurs un exemple fatal des crimes d'une reine (1).

Heureusement pour la France que le flambeau de la guerre porte également la destruction chez les vainqueurs & les vaincus ; sans cela Henri V étoit maître de notre sort ; mais son armée sortit des champs d'Azincourt presque aussi épuisée que la nôtre : à peine les restes languissans de ces fameux vainqueurs purent-ils se traîner jusques à Calais,

---

(1) Et vous, coupables représentans de la nation Françoise aux premiers momens de sa gloire, vous qui avez donné à des rois, dont la conservation est déja un de vos crimes publics, l'initiative dans le droit de paix & de guerre ; vous aussi, vous avez votre part à l'horreur qu'inspire aux citoyens le souvenir des journées de Crecy, de Poitiers & d'Azincourt ! Oui, malgré vos précautions semblables aux préambules des édits royaux, lorsqu'un jour (& ce sera peut-être demain) un roi ou une reine trouveront le secret de nous faire attaquer, & sauront nous provoquer une guerre *défensive*, lorsque l'ennemi pénétrant dans nos foyers, les inondera de sang, marchera sur nos corps palpitants ; lorsqu'une soldatesque esclave ira vous arracher à vous-mêmes & la vie & l'or que vous avez reçu pour armer des tyrans d'un pouvoir formidable, parlez criminels agioteurs de la paix des nations, que répondrez-vous à la voix gémissante de vos concitoyens, de leurs épouses, de leurs fils massacrés ? Quand vous serez entourés des vapeurs empoisonnées qui s'éleveront des champs imbibés par vous seuls du sang françois, que répondrez-vous à ceux qui resteront & qui vous diront : hommes avides, c'est par vos mains que nos freres viennent de périr ? Je vois déja la postérité indignée, foulant aux pieds vos fragiles statues d'un jour, écrire en traits de sang sur les fastes de l'histoire, vos noms détestables, à côté des noms de ces perfides sénateurs qui alloient aux temples rendre grace des forfaits de Néron.

Calais, & il en périt encore une grande partie avant d'entrer dans les ports d'Angleterre. Le dauphin qui n'avoit pu s'oppofer aux armes des Anglois, faute d'expérience ou peut-être de volonté, mourut à la fin de cette même année ; il mourut empoifonné : les différentes factions s'accuferent réciproquement de ce crime ; mais s'il en faut croire la probabilité, on n'en peut foupçonner que cette furie à qui la perte d'un fils ne dut pas coûter davantage que celle de tant de François aux champs d'Azincourt. Jean, fon fecond fils, ayant fuccédé au titre de dauphin, n'en jouit que très-peu de tems, & mourut, le 5 avril 1416, avec les mêmes fymptômes que fon frere ; il femble que l'implacable Ifabeau pourfuivit tous fes enfans mâles avec une égale fureur, & qu'elle voulut, dans fes projets contre la France, ne fe réferver que des filles dont elle pût fe fervir habilement pour vendre le royaume à des étrangers. Mais fa haine pour Charles, le dernier de fes fils, ne put jamais s'affouvir dans le fang de ce prince, affez prudent pour ne pas s'expofer à fa rage, affez méchant pour lutter avec elle dans la carriere des empoifonnemens & des affaffinats.

A peine fut-il, pour ainfi dire, maître des affaires, qu'il témoigna tous les mécontentemens que lui caufoit depuis long-tems la conduite de fa mere, une haine irréconciliable pour le duc de Bourgogne & fon parti ; il daigna montrer auffi la plus profonde terreur des maux auxquels la France étoit en proie. Mais qu'on ne s'y trompe point : il n'en fut effrayé que parce qu'il ne les avoit pas faits. Le connétable d'Armagnac avoit été défait par les Anglois devant Harfleur ; le duc de Bourgogne exerçoit sans cesse toutes sortes de brigandages sur les terres de France hors de son apanage. Le roi d'Angleterre avoit fait une seconde descente & s'étoit emparé de plusieurs places en Normandie. Ce prince étoit toujours en traité ouvert avec Isabeau & Jean-sans-peur, & se servoit alternativement de l'un & de l'autre pour piller l'état. La reine, au sein des désastres publics, n'en vivoit pas avec moins de faste & de licence : depuis la mort de son cher d'Orléans, un gentilhomme, nommé Bois-Bourbon, étoit devenu son favori, & peut être elle gardoit moins de bienséances avec lui qu'avec le duc. Si Charles VI avoit joui de sa raison, il auroit été d'un tempérament jaloux, de sorte que dans ces intervalles, il n'étoit pas difficile de le disposer à cette passion. Le connétable d'Armagnac & le dauphin résolurent d'éloigner cette femme dangereuse, & de lui ôter les moyens de vendre l'état. Ils inspirerent au roi le desir d'éclaircir les soupçons qu'ils lui firent concevoir, & un soir il alla surprendre sa femme à Vincennes où elle s'étoit formé un lieu de retraite & de débauche qu'elle auroit pu appeller son isle de Caprée. Charles y vit l'amant qu'on lui avoit indiqué, & cette fois, dans la plénitude de sa raison, il agit vraiment en *monarque*. Bois-Bourbon fut arrêté dans l'instant, mis à la question le soir même, & dans la nuit précipité dans la Seine, lié dans un sac de cuir, sur lequel on avoit écrit ces mots horribles : *Laissez passer la justice du roi* Isabeau fut reléguée à Tours, sous une sévere garde ; & d'Armagnac & le dauphin se saisirent

Pag. 130.

De la Rue.

Charles VI. surprend à Vincennes Bois Bourdon amant de
sa femme, il le fait trainer à la riviere enfermé dans
un sac sur lequel étoit écrit, laissez passer la justice du Roi.

des trésors qu'elle avoit amassés & déposés dans la tour de Vincennes.

Personne n'auroit plaint le sort de cette furie, si le connétable & son fils avoient gouverné avec sagesse; mais ces deux hommes étoient aussi des monstres altérés de rapines & de sang. Les proscriptions, les détentions, les confiscations, les supplices, le ravage des campagnes & des villes, tous les crimes enfin marchoient à leur suite comme à celle d'Isabeau. Le poids des charges devenu tel que le peuple ne pouvoit plus payer, & s'exiloit volontairement pour échapper à la mort; les victoires du roi d'Angleterre, qui se multiplioient chaque jour; enfin, l'état violent où se trouvoient toutes les classes de l'état au milieu de semblables convulsions, engagèrent une grande partie du peuple & des villes de province, à se rendre au duc de Bourgogne. Isabeau, animée d'une nouvelle fureur contre son fils, son mari, irritée de voir tant de désordres dont elle ne profitoit pas, & d'échouer dans ses projets avec l'Angleterre, oublia l'inimitié qu'elle avoit jurée à l'assassin de d'Orléans, & fit faire des propositions à Jean de Bourgogne. Celui-ci l'enleva de Tours, & la conduisit à Troyes, où elle créa un parlement, prit le titre de *reine, par la grace de Dieu*, & donna des édits en son propre nom. Là, elle combina ses projets de vengeance conçus depuis si long-tems, & jamais abandonnés; & en 1418, on vit, dans les murs de Paris, un massacre si horrible que la Saint-Barthélemi seule a pu le faire oublier. Les portes furent livrées au duc de Bourgogne & à toute sa faction. A peine Tanneguy-du-Chastel, prévôt de Paris, eut-il le tems de sauver le dauphin, que sa mere n'avoit pas commandé qu'on épargnât. Le peuple remplissoit toutes les rues & couvroit les places publiques : la plus grande partie avoit arboré la croix de St. André, signe de la faction bourguignone. Les cachots ne purent contenir tous ceux qu'on y précipitoient, & dont les maisons étoient livrées au pillage. Le connétable fut pris ; & tandis que le dauphin avoit été conduit secrétement à Melun par son libérateur, une journée plus affreuse encore se préparoit. Le 12 juin, tout étoit prêt, la fureur du peuple étoit excitée par les moyens ordinaires, les promesses, l'argent & le vin. Les émissaires d'Isabeau étoient les membres de cette *antique noblesse*, si fiere des services qu'elle a rendus *à ses rois* : c'étoient les Luxembourg, Harcourt, Chevreuse, Chatelux, &c. C'étoient ces *appuis du trône* qui se noyerent dans le sang de leurs pareils & dans celui du peuple, pour obéir à une reine, à une panthere couronnée. Le peuple conduit par elle, quoiqu'elle en fût haïe & méprisée, courut en foule aux prisons qu'il avoit remplies les jours précédens. Tous les prisonniers sont massacrés sans distinction de sexe ni d'âge. Le connétable, le chancelier, des évêques, des magistrats deviennent les premieres victimes ; tous les prisonniers tombent sous le fer, sans qu'on daigne s'informer quel est leur crime ou leur faute. Ceux du grand châtelet soutiennent un siege, & donnent l'exemple unique d'hommes détenus défendant le cachot qui les renferme ; ils sont vaincus, on les précipite vivans du haut des toîts sur les piques des assiégeans : dans les cours du palais, on marchoit dans le sang & sur les cadavres. De-là les conjurés se répandent dans les différens quartiers de la ville :

Pag. 233.

De la Rue Sc.
Catherine de Médicis a la cruauté de conduire Charles IX à
Montfaucon contempler le corps sanglant de Coligni:

tout ce qui pouvoit être soupçonné de quelque liaison avec le connétable, de quelque rang qu'il soit, est massacré, lui & toute sa famille ; & au milieu de tant d'horreurs, il est facile de penser que les vengeances particulieres eurent occasion de s'exercer dans le trouble & la confusion d'une pareille suite d'attentats. Les tigres égorgerent des femmes grosses, & l'excès de la cruauté alla jusqu'à leur ouvrir les flancs, & à considérer les enfans palpiter dans ces entrailles privées de sentiment ; les nobles, les preux chevaliers, assistant à ces tragiques exécutions à la tête des soldats, crioient à ces forcénés : *Courage, mes enfans, vous servez votre reine.* Le pillage étoit joint à ces horreurs ; plus de quatre mille hommes périrent, & toutes leurs fortunes passerent aux mains des brigands qui les avoient immolés. A peine l'infâme reïne eut-elle appris la réussite de son projet, qu'elle & son nouveau favori, le duc de Bourgogne, prirent la route de Paris : tranquille & satisfaite, elle parut dans les rues de cette malheureuse ville, sur un char dont l'éclat & la magnificence formoient un contraste effrayant avec le sang qu'on avoit vu ruisseler la veille ; elle-même, parée avec faste & immodestie, escortée de douze cents hommes d'armes, faisoit joncher son passage de fleurs. Elle descendit à l'hôtel St. Paul, où l'imbécille Charles VI la reçut comme une femme chérie, & le duc de Bourgogne comme le frere le plus tendre.

Il s'agissoit d'achever les crimes commencés avec tant de succès ; on arrêta successivement toutes les personnes suspectes ; l'ombre de la nuit favorisoit les enlevemens arbitraires: le ministere de la loi s'exerce en plein jour; le despote, qui abuse de son nom sacré, ne marche que dans les ténebres. Les troupes qui cernoient Paris, & qui épuisoient ses environs de vivres & d'argent, réveillerent encore la fureur du peuple: le massacre des prisonniers recommença; il falloit bien faire périr ainsi des innocens à qui les juges les plus iniques n'auroient pu trouver des crimes: tout ce qui restoit encore de la faction des Armagnac fut anéanti, comme étant la cause de la famine qu'on avoit habilement préparée. Comme ce n'est jamais le peuple qui commet des excès de cette nature & de cette durée; comme il ne se porte même que rarement à un acte de vengeance passagere, comme elle est presque toujours excitée alors par des causes intermédiaires, les attentats longs & réfléchis sont toujours l'ouvrage des brigands salariés par les brigands en fonction; mais ces brigands salariés, accoutumés au crime & à l'indépendance qui le produit, finissent par embarrasser les brigands qui les ont payés. Isabeau s'étoit servie d'eux; elle ne tarda pas à les craindre, & à sentir que six mille bandits à sa solde au milieu de Paris pourroient tourner contre elle les armes qu'elle leur avoit fournies; elle fit alors marcher contre eux les soldats qui n'avoient pas été employés à favoriser leur ministere: les chefs qu'ils s'étoient donnés furent pendus. On éloigna le reste, sous prétexte de leur faire faire le siege de deux places dont les garnisons étoient secrétement autorisées à venir faire des courses jusqu'aux portes de la ville; ils furent repoussés : c'étoit encore une convention; & quand il voulurent rentrer dans Paris, on leur ferma les portes. Maniere admirable sans doute de se délivrer d'une troupe d'assassins, que de les bannir de la capitale & de les envoyer dans les provinces & dans les campagnes, exercer l'art affreux qu'ils venoient d'étudier sur les marches du trône : politique bien digne d'une femme & de quelques tyrans !

Aux calamités de cet affreux événement succéda une épidémie causée par les chaleurs excessives, & par la foule des morts entassés dans les cimetieres, au sein de la ville alors mal saine & mal bâtie. La corruption de l'air, enflammé par la saison, rendit la contagion si funeste, qu'entre les deux fêtes de la Vierge, près de cent mille habitans avoient péri. Les prêtres ne pouvoient suffire à rendre les devoirs funebres; & dans la crainte d'augmenter la consternation publique, on n'annonçoit plus les convois par le son des cloches, & l'on célébroit un seul service pour dix à douze morts. O mes concitoyens ! vous qui vouliez être libres, vous qui peut-être croyez encore que vous êtes libres, calculez ce qu'ont coûté à vos ancêtres les crimes d'une seule reine ! Ouvrez les annales de Rome libre, de Sparte, d'Athenes, de tous les peuples qui ont connu la liberté; cherchez-y une seule des calamités que vous présente en foule l'histoire sanglante des états monarchiques; cherchez si vingt batailles, aussi désastreuses même que celles de Chéronée, ont coûté aux vaincus autant d'hommes qu'un jour des atroces vengeances de vos reines; examinez s'il existe dans ces heureux états un seul exemple d'un pouvoir absolu accordé à des femmes : pouvoir encore plus monstrueux, s'il est possible, lorsqu'il se trouve abandonné à des êtres foibles, dont la nature a limité les facultés physiques & morales : non, vous ne voyez s'ouvrir ces théâtres d'infamie & d'impiété que lorsque ces états, avilis, dégradés, corrompus, eurent admis dans leur sein le poison de la monarchie, coalisée avec un vil sénat, jaloux de partager le honteux salaire des délateurs, & le produit ensanglanté des confiscations. Alors, avec les Néron, les Caligula, les Domitien, les Caracalla, vous voyez régner les Agrippine, les Poppée, les Domitia, les Faustine & tout ce ramas de prostituées qui environnent les trônes, & les occupent ; ah ! ces vils insectes, nés dans le sang & nourris dans la substance infecte des cadavres de leurs victimes, n'ont jamais souillé la lumiere égale & pure qui éclaira le sol des peuples libres. C'est là qu'on a vu des hommes, de grands hommes ; c'est là qu'on a vu des femmes chastes, modestes, courageuses, dévouées à leur patrie, à leurs époux, à leurs enfans ; c'est là qu'ont existé Véturie, Cornélie, Porcia, & tant d'autres qui, en honorant leur sexe, ont fait le bonheur de l'autre. Heureux peuples ! les écrivains, fatigués de leur marche dans la carriere fangeuse des états monarchiques, tournent vers vous des regards qui les consolent ; le cœur navré, les mains presque teintes de ces torrens de sang qu'ils voient répandre sous leurs yeux, ils se disent : Hélas ! puisque la paix & les loix ont régné dans quelques endroits de la terre, ils peuvent y renaître encore.

Paſſons rapidement ſur les intrigues qui ſuivirent les 12 juin & 21 août de cette fatale année ; rappellons ſeulement le ſiege de Rouen entrepris par les Anglois, toujours en traité ouvert avec Iſabeau & le duc de Bourgogne, pour obſerver que le dauphin, ce même Charles VII, que d'imbécilles ou de lâches hiſtoriens ont preſque déifié pour avoir conquis *ſon royaume*, entama lui-même des négociations avec le roi d'Angleterre, & que s'il avoit été aſſez puiſſant dans l'état pour offrir avec la poſſibilité de donner, lui-même auroit conclu le traité honteux qu'Iſabeau conſomma en 1420 ; mais ſes promeſſes ne pouvant être d'aucun effet, & Henri ne voulant traiter du royaume de France qu'avec une force ſuffiſante pour ſe rendre maître des conditions, pourſuivoit ſes conquêtes en Guyenne & en Normandie. Le dauphin, qui ne voyoit plus d'eſpoir de lutter contre ſa mere, chercha du moins à ſe venger ; le moyen eût été difficile pour un citoyen. Ceux qui ſont obligés de ſe reſpecter, ſavent réprimer même un juſte reſſentiment : quant aux êtres placés au-deſſus des loix, quant aux malfaiteurs inviolables, les aſſaſſinats s'offrent d'eux-mêmes à leur penſée. Le pere du duc de Bourgogne avoit fait maſſacrer d'Orléans, l'amant chéri d'Iſabeau. Le duc de Bourgogne, héritier des dégoûtantes faveurs de cette femme, les avoit achetées par le maſſacre de la faction d'Orléans ; le dauphin, à ſon tour, feint de conclure un traité avec le duc de Bourgogne, & le fait aſſaſſiner ſous ſes yeux, à Montereau, en 1419. Quel enchaînement de crimes ! Eſt-ce donc l'hiſtoire des antropophages que nous liſons ? Non, c'est celle des François; ils ont enduré tous ces maux : on veut les faire renaître, & ils se croient libres !

On pense bien que la fureur d'Isabeau s'accrut encore au récit de l'attentat que venoit de commettre le dauphin : elle appella auprès d'elle Philippe de Charolois, fils aîné du duc de Bourgogne, & pressa l'exécution des traités projettés avec le roi d'Angleterre. Le sacrifice du royaume entier lui paroissoit à peine suffisant pour se venger. Quoi ! tous les objets de son ambition & de sa lubricité lui échappoient ! elle avoit commis tant de forfaits, versé tant de sang, envahi tant d'or, pour attirer dans ses bras tant de complices que sa laideur auroit fait fuir, & tout cela pour n'en recueillir aucun fruit ! Pouvoit-elle supporter cette idée ? Non, il falloit déshériter cet indigne fils qui osoit être aussi criminel que sa mere; il falloit vendre aux ennemis les restes de ce royaume épuisé d'hommes & d'argent; il falloit lui livrer ces campagnes, ces vergers, ces guérets stériles, sur lesquels la faulx du despotisme avoit passé; pour appaiser les mânes de trente mille hommes que la faim venoit de faire périr pendant le siege de Rouen ; il falloit charger de nouvelles chaînes leurs misérables enfans, & trafiquer d'eux, comme d'un vil troupeau qu'on ne daignoit plus nourrir. On offrit la couronne à Henri V ; il l'accepta, & le traité de Troyes, du 21 mai 1420, livra le royaume de France à l'étranger. Henri, en épousant la princesse Catherine, fut reconnu héritier de la couronne, pour en jouir, lui & ses hoirs à toute perpétuité, indivisément avec celle d'Angleterre. Isabeau & le duc de Bourgogne, comme représentans de l'imbécille monarque, remettoient dès-lors en son nom à l'Anglois la régence de l'état, vu son incapacité : c'étoit à ce titre que tous les ordres de l'état devoient lui prêter serment de fidélité; il devoit à son tour s'engager à respecter les loix du royaume, à conserver les privileges, franchises & immunités de l'état, enfin tout le vain appareil des sermens usés par les princes, & dont ils se font fait un usage journalier. Henri eut à peine épousé la fille d'Isabeau, qu'impatient d'entrer en possession du superbe domaine que lui assuroient l'imbécillité du peuple & l'infamie de la reine, il s'approcha de Paris, en s'emparant des villes importantes qui résistoient encore à ce nouveau genre d'oppression. Il traînoit après lui le malheureux Charles, que sa femme avoit eu la bassesse de rendre témoin de ce honteux traité. Isabeau & le duc de Bourgogne l'accompagnoient à leur tour & sentoient déja qu'en donnant un nouveau maître à l'état, ils s'en étoient donné un à eux-mêmes. Le despotisme Anglois s'exerça sans ménagement sur les malheureux François; le régent, convoquant à Paris une espece d'assemblée d'états-généraux, y dicta des ordres absolus, & par la refonte des monnoies, il s'empara du huitieme de l'argent monnoyé du royaume. Afin de prouver combien les sermens font utiles, & combien ils font sacrés, sur-tout aux rois, il se hâta de rétablir en Normandie les aides & gabelles, quoiqu'il eût promis solemnellement de les abolir. Enfin, il employa tous les moyens iniques au pouvoir d'un *chef suprême de la nation*, pour affermir ses droits insensés. Comment n'y auroit-il pas réussi en 1420? Trois siecles sont écoulés, & les tems font peu changés!

Que les parlemens ont toujours été vils ! que tous ces grands corps revêtus d'une autorité quelconque, ou consentie ou non consentie, ou achetée ou déléguée, sont dangereux lorsque cette autorité se prolonge au-delà d'un terme court & invariable, lorsque le germe de la corruption peut s'y introduire, lorsque le délire de la souveraineté s'empare de leurs foibles cerveaux ! L'hérédité de la couronne étoit alors un objet de vénération (& c'est encore en vain que la philosophie en a démontré l'extravagance); cependant, le parlement de Paris, ce *sénat auguste*, ce prétendu représentant de la nation, docile & soumis aux volontés criminelles d'une femme, reconnut la vente publique qu'elle venoit de faire du royaume de France, délivra les *lettres de ratification de cette folle enchere*, & consentit non-seulement au dépouillement de *l'héritier légitime* & de sa postérité, mais fit encore, dans toutes les formes judiciaires, le procès à ce même héritier, au nom & *de par* la volonté de l'usurpateur, pour l'assassinat du duc de Bourgogne, & cela en présence de Charles VI, qui passoit pour le pere de l'accusé, & qui étoit certainement le véritable roi de la France, qui enfin ne pouvoit être dépossédé, même a titre d'imbécille, ni par sa femme, ni par le sénat, ni par des étrangers, mais seulement par la voix du peuple. Qui croiroit qu'une plume libre & indépendante dût tracer la justification d'un roi, ou d'un *prince royal !* cependant on est forcé d'avouer que le sénat parisien fut plus lâche & plus vil encore que le dauphin n'avoit été traître & méchant ; & que, malgré tous les crimes que ce prince avoit déja commis, le parlement en commettoit un plus grand encore en couronnant celui d'Isabeau, & en violant pour elle toutes les loix observées dans le royaume, & que le peuple ne lui avoit pas ordonné de changer.

Isabeau s'étoit trompée deux fois de la même maniere! pour anéantir la faction des Armagnacs, elle avoit appellé dans Paris des brigands qui l'embarrasserent ensuite; pour se venger de son fils, elle se vendit elle-même à un brigand étranger dont elle devint la victime : elle avoit cru régner sous le nom de sa fille & de son gendre; elle s'étoit réservé de grands honneurs, de grandes richesses, une maison fastueuse, des trésors d'une valeur considérable; elle croyoit jouir du luxe & de la mollesse qui convenoient à ses goûts impurs, de l'autorité dont elle étoit toujours avide, du produit des impôts dont elle n'étoit jamais satisfaite, du plaisir de répandre le sang dont elle étoit insatiable. Elle fut trompée dans son attente. Henri V quitta la France, après avoir recueilli seul tout ce qu'il put en arracher des subsides; après avoir donné une garde angloise à Charles VI, avoir réglé sans avis toutes les affaires de l'état; & emmena sa femme avec lui, laissant Isabeau sous la tutelle du comte d'Exceter, sans aucun pouvoir & aucun maniement dans les affaires. Confinée dans l'hôtel de St. Paul, avec son mari, elle y considéroit déja dans l'abaissement & l'oubli la suite funeste des horreurs qui avoient souillé sa vie. En 1422, la mort vint frapper à la fois & Charles VI & Henri V; celui-ci périt le 31 août, laissant un fils âgé d'un an, & Charles termina sa misérable carriere le 21 octobre. Isabeau espéra goûter encore quelques douceurs du pouvoir absolu, sous la minorité du prince son petit-fils, & devint plus acharnée que jamais à la ruine de Charles VII. Mais à la honte de ses perfides projets, le duc de Bedford fut nommé régent du royaume; & dès ce moment les Anglois, qui avoient gardé quelques mesures avec la reine, du vivant de Charles VI, ne dissimulerent plus l'horreur qu'elle leur inspiroit. Ils lui payerent mal ses pensions, l'accablerent d'outrages, se complurent à répéter devant elle que Charles étoit un bâtard, & lui firent au moins connoître l'aiguillon du remords; " si » bien, dit Mézeray, qu'elle déchut jusqu'à ce » point de mépris qu'elle n'osoit sortir par les rues » qu'elle ne fût montrée au doigt. Dans cette mi- » sere extrême, & ses sanglans outrages, ses lar- » mes, son unique recours, ne servoient que de » risée, & son affliction que de jouet; car quelque » indignité qu'elle souffrît, elle excitoit bien plus » la colere des gens de bien que leur pitié ". Elle vécut dix ans dans cet état de privation & d'abaissement, supplice lent & douloureux, digne de celle qui avoit passé quarante années de sa vie à faire le malheur de l'humanité : châtiment juste & sévere qui venge la postérité du silence des loix méconnues alors par l'universalité du genre humain. Cette femme, où plutôt ce monstre formé de tous les vices des deux sexes, mourut en 1333, dévorée par le chagrin que lui causoient tous les jours les conquêtes de son fils sur le prince anglois. Toujours occupée des moyens de lui nuire & de le perdre, ses derniers succès lui causerent un saisissement qui l'emporta. Son corps, dont à peine on daigna prendre soin, fut conduit à Saint-Denis, dans un petit batelet, accompagné seulement de deux ou trois domestiques & d'un seul prêtre.

Le regne de Charles VII n'eſt pas pour nous fertile en événemens ; ce prince, dont les inclinations reſſembloient ſi fortement à celles de ſa mere, ne ſe porta durant ſon regne à moins d'actes de deſpotiſme & de cruauté qu'Iſabeau, que parce qu'il fut long-tems malheureux, long-tems opprimé par la force irréſiſtible des événemens. Long-tems il eut beſoin des hommes, & les rois même courbés ſous le poids de ce beſoin impérieux, ſavent flatter ceux qui daignent les ſervir ; mais Charles VII vainqueur abandonna Jeanne d'Arc à la vengeance des Anglois, & par ce trait d'ingratitude ſe montra indigne du nom d'homme, & même de cette réputation de guerrier, la ſeule que nos prétendus héros paroiſſoient ambitionner. Il avoit enlevé aux princes d'Angleterre le fatal honneur d'exercer ſur les François le coupable empire de la royauté. Les hiſtoriens l'ont appelé le *ſauveur de la France*. Eh! miſérables! avant de déifier l'aſſaſſin du duc de Bourgogne & de tant d'autres, jettez les yeux ſur le regne de Louis XI, ſur le fils de ce prétendu *ſauveur de votre pays*, & dites-nous, ſi vous l'oſez, quel eſt parmi les *ſouverains* anglois, celui que vous n'auriez peut-être préféré à ce tyran! Dites-nous enſuite ce qu'il nous importoit d'appartenir à un maître ou à un autre, & ne craignez pas alors de ravaler votre Charles VII à la claſſe des rois, la derniere de l'humanité.

Sa femme Marie d'Anjou eſt à peine connue dans l'hiſtoire ; cenſeurs ſéveres, mais non pas injuſtes, nous ne lui ferons pas un crime d'avoir donné le jour à Louis XI ; ce crime fut involontaire. Il ſemble que les maîtreſſes & les favoris régnerent ſeuls ſur le cœur & l'eſprit de

Charles VII. Quoique douze enfans nés de cette princesse semblent attester qu'elle eut toujours quelque part à l'attachement de son mari, on doute si le comte de Dunois ne doit pas avoir l'honneur de cette nombreuse filiation. Des auteurs malins, quoiqu'à demi discrets, nous ont transmis la passion du galant chevalier pour la belle reine, & quoiqu'ils aient, comme de raison, représenté Marie, comme ayant toujours marché sur le bord du précipice sans y tomber jamais, l'expérience nous apprend que sur le trône l'exercice d'une vertu si constante est presque impossible. Mais qu'elle ait été chaste ou foible, elle ne fut coupable d'aucun crime public, & ne mérita point de figurer avec Frédégonde, Isabeau & leurs pareilles. Agnès Sorel, plutôt reine que Marie d'Anjou, traînant à sa suite tous ces plaisirs, enfans du luxe, de la mollesse & de l'oisiveté; Agnès Sorel célébrée par les poëtes du tems, par les romanciers, les historiens, par toutes ces pestes publiques, vrai fléau des peuples, Agnès réussit à endormir son royal amant dans le sein de la volupté, à l'éloigner des affaires publiques, à livrer aux favoris l'or de l'état qu'elle partageoit avec eux. En vain a-t-on répandu cette fable, que lorsqu'il étoit à Loches où à Chinon, traînant son inutile existence au bal, dans les concerts, à la chasse, gravement occupé des plans & du dessin de ses parterres & de ses parcs, tandis que le duc de Bedfort marchoit de conquêtes en conquêtes, Agnès, irritée de son indolence, lui dit qu'un astrologue l'ayant instruite que sa destinée l'appelloit à faire le bonheur du plus grand roi

du

du monde, elle alloit se rendre à la cour de Henri VI, auquel il abandonnoit honteusement la plus *belle couronne de l'univers*; en vain, ajoute-t-on que Charles VII, réveillé par ce *noble* discours, *se mit à la tête de ses troupes, reprit le dessus sur ses ennemis, & vint à bout de les chasser de ses états.* Ces contes absurdes font rire de pitié : quels motifs les écrivains vont-ils chercher pour faire de l'histoire un insipide roman ! dénaturant tous les faits, avilissant d'un côté ce qu'ils exaltent de l'autre, ils ont loué Charles d'avoir *reconquis son royaume*, ils ont vanté sa bravoure, son habileté, sa constance ; & d'un autre côté ces vertus prétendues n'ont été que l'ouvrage d'une femme, & la seule crainte de la perdre fit tout le succès des armes de leur prince ; & les nations sont ainsi trompées ! & quelques êtres méprisables, intéressés à les faire languir sous le poids des chaînes & des erreurs, calculent froidement les moyens de leur dérober les crimes des rois, & de leur rendre supportables l'existence de la royauté, qui est le plus grand de tous les crimes, & dont il est impossible de saisir toutes les ramifications.

Les rois ne sauroient être aimables ; le crime les environne, tout porte autour d'eux son empreinte funeste ; le glaive est toujours suspendu même sur leurs complices ; celui qui les a le mieux servis leur paroît le plus à craindre, souvent il doit sa chûte à sa trop grande habileté. Qui pourroit donc les aimer ? Sont-ils faits pour sentir ou inspirer l'amour ? La maîtresse d'un roi ne peut être qu'une femme avide, l'or seul peut la dominer ; Agnès Sorel appartint à Charles VII, elle fut donc ambitieufe & intéreffée, comme une autre. Peut-être elle ne commit pas d'autres forfaits que celui de preffurer la nation ; d'épuifer le tréfor public; d'accroître la molle inertie du caractere de Charles VII : mais dès-lors, elle mériteroit d'être comptée parmi nos reines. Haïe du dauphin Louis XI, elle fut quelquefois en butte à la colere de ce monftre naiffant; quelques auteurs prétendent qu'elle en reçut même un foufflet, & que cette *impoliteffe* fut caufe de la feconde retraite de ce prince en 1445. D'autres ont nié ce fait, mais ce qu'il y a de fûr, c'eft qu'elle fut peut-être heureufe de ne pas furvivre à Charles VII, après lui avoir dévoilé une confpiration de fon abominable fils, dont il ne méritoit pas, comme pere, d'être outragé. Quand on dit qu'elle fut heureufe, c'eft en fuppofant qu'elle ne fut pas empoifonnée par Louis XI, ce qu'on a eu lieu de foupçonner violemment. Elle mourut à Jumieges, le 9 janvier 1449, âgée environ de quarante ans.

 Charles VII marqua de vifs regrets à fa mort, & conferva long-tems fon fouvenir ; mais la molleffe dans laquelle elle l'avoit fait vivre, & dont il ne pouvoit fortir, lui fit chercher de nouveaux fujets de diftraction. Ses amours avec la baronne de Villequier, niece d'Agnès, n'ont rien de remarquable, finon les biens immenfes dont il la combla. Il commença par retirer des mains du duc de Bourbon qui l'avoit achetée, la terre de Meignelais, dont madame de Villequier portoit le nom, & qu'il falloit bien, à quelque prix que ce fût, remettre dans la famille d'une maîtreffe de roi. Enfuite, il lui fit préfent des ifles d'Oleron, de Mayenne & d'Arvert, avec une penfion exorbitante pour le tems, & dont elle jouit même après sa mort. Elle eut autant de crédit qu'Agnès, & moins de prudence; elle pilla le tréfor, difpofa des emplois & des bénéfices avec plus d'impolitique, & après la mort de Charles VII, fuyant les foupçons de Louis XI, elle fe retira en Bretagne, où elle devint comme à la cour de France, fouveraine du *fouverain*.

Ni femme, ni maîtreffe, ni aucunes facultés humaines, fi monftrueufes qu'elles fuffent, ne pouvoient lutter contre le caractere profondément atroce de Louis XI. Frédégonde même auroit échoué; il n'eft donc pas étonnant que les femmes aient été nulles fous l'empire de ce defpote, le plus effrayant qui ait régné fur la France : mais le regne de fon fils ramene fur la fcene une régente que nous ne devons pas oublier. C'étoit la dame de Beaujeu, fille aînée de Louis, à laquelle, en 1483, il laiffa la puiffance royale pendant la minorité de fon fils. Charlotte de Savoye fa femme, malheureufe & méprifée tout le tems de fa vie, auroit pu réclamer les droits que l'ufage & la fervilité des corps adminiftratifs avoient, pour ainfi dire confacrés en faveur des meres de nos rois. Mais cette femme, que l'éclat du trône n'avoit point corrompue, parce qu'elle n'en avoit jamais joui, qui n'avoit trouvé que des privations dans ces poftes où fes pareilles s'étoient raffafiées d'or & de jouiffances, au fein du luxe & des vices, n'étoit fufceptible d'aucune ambition. Le malheur l'avoit atteinte, il l'avoit inftruite, & le repos de la vie privée lui étoit plus cher que cette puiffance criminelle que n'ambitionnent d'acquérir & de conferver que des méchans ou des imbécilles. Elle ne voulut point la disputer à sa fille, & sa retraite volontaire suivit la retraite forcée où Louis XI l'avoit tenue dans la pauvreté depuis son avénement à la couronne.

Anne de Beaujeu étoit d'un caractere différent. Si Louis XI avoit pu aimer, sans doute il lui auroit accordé quelque sentiment. Elle avoit presque toujours vécu à sa cour ; elle y avoit puisé l'ivresse du rang suprême, c'en fut assez pour ne pas rejetter l'occasion de l'exercer, au moins pour quelque tems. Imprégnée de tous les vices monarchiques, artificieuse, dissimulée, vindicative, plus instruite & plus éclairée que son pere, elle promettoit d'être digne de régner. Cependant les ducs d'Orléans & de Bourbon, le premier, frere, & l'autre, oncle de Charles VIII, entreprirent de l'emporter sur elle ; elle dissimula profondément avec eux, avec la foible portion de l'état qui prenoit part aux affaires, & même avec le peuple, réduit aux derniers excès de la misere & de l'avilissement. Au-lieu de repousser avec hauteur les prétentions de ses deux adversaires, elle les combla de bienfaits & leur donna les premieres charges de l'état. Si elle ne vint point à bout par-là de satisfaire leur ambition, elle s'entoura au moins de cette opinion si méprisée par les despotes de tout genre, lorsqu'ils se croient les plus forts, & caressée par eux jusqu'à la bassesse, quand ils éprouvent des revers. Les deux princes, ne pouvant vaincre leurs ennemis à force ouverte, imaginerent de demander à grands cris l'assemblée des états-généraux. Anne de Beaujeu frémit à cette proposition : » On n'envisageoit dès-
» lors ces grandes assemblées (dit l'historien *Gar-*

» *nier*, auſſi vil que ſes prédéceſſeurs *Villaret* &
» *Vély*) que comme le contre-poids de l'autorité
» royale, & l'on croyoit qu'il étoit dangereux
» d'accoutumer le peuple à diſputer avec *ſon maî-*
» *tre* ". L'exacte vérité eſt que la ſeule apparence
d'une aſſemblée d'hommes, élus par le peuple &
pour le peuple, a toujours fait trembler les deſpotes ; mais qu'alors ces aſſemblées ſans principes, ſans lumieres ſans force, & pour tout dire
en un mot, ſans intention, ne mettoient aucun
frein à la tyrannie, n'empêchoient point les mœurs
de ſe corrompre, la juſtice de ſe vendre, la raiſon de s'égarer, & la vertu de s'anéantir. Je dirai plus : tant que l'eſprit humain n'aura pas fait
un pas de plus vers la ſublimité de la raiſon naturelle, c'eſt en vain qu'on attend de grands biens
d'aucune aſſemblée pareille. Elle ſera du moins
plus utile que dans les ſiecles paſſés, me dira-
t-on; d'accord : mais tandis qu'elle ſera influen-
cée par tout autre que le ſouverain ; tant que l'or
pourra couler d'une main vénale, dans la main
d'une portion vénale de ſes individus, les loix
qu'elle vous préſentera ne ſeront que des illuſions
morales, des fantômes politiques, ſubſtitués à la
réalité des loix naturelles. Ces loix factices ne ſont
pas celles que demanderoit un peuple parfaitement inſtruit, une nation libre & majeure; elle
voudroit avoir un corps d'inſtitutions de morale
& de politique univerſelles, réfléchies & médi-
tées par un grand nombre d'HOMMES, & non
par cinq ou ſix *enfans* (1); elle verroit qu'on l'a

---

(1) Nos jeunes Lycurgues de 1789, 90 & 91, nos petits
légiſlateurs, Barnave, Duport, Charles & Alexandre La-

trompée par de fausses apparences, qu'on a violé ses droits, qu'on a désordonné ses idées, & que dès-lors des législateurs perfides se sont flattés d'avoir acquis un droit de propriété sur les person-

---

meth, Démeuniers, Chapelier, qui, réunis dans leurs *petits comités*, croient rassembler en eux seuls les lumieres de toute la nation, croient aussi que les hommes *font des loix*, & qu'ils sont, eux, appellés à *faire* des loix. Faire des loix ! quelle absurdité ! esprits ignorans & bornés ! apprenez donc à remonter aux causes premieres, avant de juger des effets, & sur-tout avant d'en diriger la marche. Le cultivateur qui ensemence le champ qui vous nourrit a-t-il *fait* le grain de bled ? Le vigneron qui plante le cep, *fera*-t-il le fruit qui doit fournir la boisson qu'il vous prépare. Ils reçoivent de la nature ces matieres premieres que ne façonne point la main insuffisante des mortels; ils ont par degrés appris à leur donner la culture; d'abord leur intelligence bornée ne put tirer qu'un parti grossier des doux fruits de la terre ; elle ne se perfectionna que par degrés : eh ! qui sait si l'on ne peut atteindre à un plus haut degré ? N'en est-il pas ainsi des facultés métaphysiques de l'homme ? Les loix des sociétés ne sont-elles pas fondées sur ces mêmes principes éternels qui régissent l'univers matériel, & dont l'immutabilité empêche la dissolution de tous les élémens qui composent cet univers ? Ceux qui ont dévoilé ce que nous connoissons du système du monde, ont-ils *fait* le monde ? Ceux qui ont dévoilé ce que nous connoissons des loix naturelles qui régissent l'homme, ont-ils *fait* l'homme ? Toutes les loix dans l'acception la plus indéfinie du mot, ne sont-elles pas, pour nous, préexistantes dans la nature de toutes les choses animées ou inanimées, comme l'étoient dans le sein de la terre les métaux que le hasard nous a fait découvrir. Les hommes peuvent-ils jamais faire autre chose que l'application des loix éternelles dont leurs besoins sociaux leur ont fait sentir la nécessité ? Si l'on avoit dit aux législateurs de Rome, de Sparte & d'Athenes qu'ils faisoient des loix, ils auroient demandé si l'on croyoit qu'ils eussent *fait* la nature, pour avoir découvert & appliqué les principes de la nature. Ce n'est pas ici le lieu de développer ces idées ; mais dans le grand nombre d'absurdités qu'a fait naître l'idée absurde de *faire* les loix, une des plus fortes sans doute est celle de nos sublimes écoliers. *Les assemblées à venir*, disent-

nes & les opinions. Elle le verroit, elle ne le souffriroit pas; elle sauroit couper le mal dans sa racine & détruire, jusques dans leur source fangeuse, ces institutions d'une politique arbitraire, inventées par l'égoïsme d'un législateur despote, & respectées par l'égoïsme de plusieurs tyrans coalisés, & vendus au premier.

De semblables raisonnemens étoient fort au-dessus du peuple françois en 1483; mais peut-être Anne de Beaujeu pouvoit-elle comprendre de quelle conséquence étoient les états-généraux, & si ce fut un crime en elle d'en empêcher d'abord le rassemblement, c'en fut un de plus de contribuer à les rendre inutiles. Ce qui peut faire croire qu'elle en sentoit parfaitement le danger pour une autorité qu'elle ne regardoit pas comme légitime, ce fut les moyens qu'elle employa pour se soustraire à leur influence? Elle fit, d'elle-même, en faveur du peuple, tout ce que le peuple auroit pu exiger d'eux; elle le soulagea de la foule d'impôts désastreux dont Louis XI l'avoit écrasé; elle rendit la liberté à tous les accusés qui languissoient dans les fers, victimes

---

ils, *ne peuvent être constituantes; elles ne peuvent ni changer, ni ajouter à la constitution.* C'est-à-dire, de par la puissance surnaturelle de l'assemblée nationale des François en 1791, il est défendu à l'esprit humain de passer les bornes posées par elle : & se trouvât-il dans la législature prochaine des Solon, des Lycurgue, des Platon, des Locke, des Rousseau, ils ne pourront, dans la recherche de la vérité, aller au-delà du point où se sont arrêtés le gentil Barnave & le gentil Duport. Tel est cependant à la lettre le sens ridicule du raisonnement de ces perroquets qui ont un peu lu, & jamais réfléchi; qui *font des loix*, & sont encore à savoir que les loix existent avant les hommes, & que sans leur existence éternelle les hommes n'existeroient pas.

des soupçons du tyran. Un mot, un geste, un regard, la communication d'une pensée, avoient été punis par les arrestations arbitraires. Si l'art de l'imprimerie avoit été découvert alors, ah ! comme Louis XI se seroit complu à en étouffer les progrès ! heureux s'il avoit pû même en écraser le perfide inventeur ! Qu'il auroit épargné de soins à tous les despotes qui devoient lui succéder ! Anne de Beaujeu ne se contenta pas d'ouvrir les portes des cachots ; elle mit à la place des innocens qu'elle rendit à la lumiere les vils suppots de la tyrannie de son pere, & les livrant à la rigueur des juges, elle prévint habilement les demandes que les états n'auroient pas manqué de lui faire ; elle alla même jusqu'à restituer les biens confisqués aux factieux (de tous tems les ennemis du despotisme ont été des factieux) ; elle s'environna donc de l'opinion dont elle avoit besoin, pour faire présumer qu'aucune autorité politique ne feroit plus de bien que la sienne ; & lorsque les états-généraux s'assemblerent en 1484, le peuple ne les croyoit déja plus nécessaires. La puissance des parlemens, s'élevant par degrés au-dessus des assemblées d'états, parce que celles-ci ne s'étoient jamais rendues permanentes, ne tendoit jamais qu'à favoriser la puissance royale contre celle de la nation, afin de se rendre nécessaire aux rois, & ensuite à lutter contre l'autorité royale, pour éblouir le peuple, se faire regarder comme un boulevard entre lui & le trône, & se vendre plus cher à la cour. Ainsi Anne de Beaujeu, assez instruite pour juger parfaitement de la situation du royaume, commit un véritable crime national, que l'insouciance des députés aux états-généraux, ne seconda que trop bien. Les orateurs firent de longs discours; citerent emphatiquement les Grecs & les Romains, qu'ils ne connoissoient que de nom; comparerent à Salomon le jeune Charles, âgé de quatorze ans, & presque réduit à l'imbécillité par la tyrannie de son pere; annoncerent les plus grands biens, les plus grandes prospérités; firent quelques réglemens qu'on n'observa pas; accorderent des subsides, c'étoit là l'important; stipulerent que le roi n'auroit pas le droit de les accroître sans le consentement des peuples; (on le promit & on ne le tint pas) déclamerent beaucoup contre les désordres passés, & ne prirent aucune mesure pour empêcher qu'il n'en fût commis à l'avenir; indiquerent dans tous les ordres de l'état des réformes auxquelles la régente ne fit d'attention qu'autant qu'elles ne pouvoient nuire à ses intérêts, disputerent fortement sur leur propre salaire, & se séparerent le 14 mars, laissant toute l'autorité entre les mains d'Anne de Beaujeu, & comblant publiquement le roi de louanges & de bénédictions, parce que le royal marmot avoit *étendu la main*, & répondu à l'orateur des états *qu'il avouoit ce qu'ils venoient de faire*.

» Ainsi se termina, dit l'historien Garnier, » cette *célebre* assemblée qui avoit paru si *formi-* » *dable* à l'autorité royale ". Imbécille écrivain, en quoi donc as-tu vu qu'elle songeât seulement à mettre un frein aux usurpations des tyrans? Où étoient alors les principes d'après lesquels on pouvoit briser cette monstrueuse idole? Où étoient les idées du juste & de l'injuste, les notions des droits de l'homme, celles de ses devoirs, le sentiment de fa force ? Cette affemblée de 1484, fut, comme toutes celles qui l'ont précédée & *fuivie*, un vain fimulacre, une repréfentation théâtrale, où les députés ignorans d'une nation fans force & fans vigueur, vinrent au fein de la capitale, jouer devant des hommes nuls, un rôle d'hiftrions falariés pour le divertiffement d'un carnaval, & où *le roi* & la *famille royale*, placés *gratis* dans les loges d'honneur, daignerent applaudir, par fois, à la farce indécente, du facrifice de vingt millions d'hommes. Nation infouciante & irréfléchie, c'eft ainfi qu'on vous a toujours trompée ! c'eft ainfi qu'avec du pain & des *fpectacles* on vous a toujours enchaînée, avilie, dégradée ! c'étoit ainfi qu'avec des pantomimes, des couleurs variées, des aigrettes, des cordons, des fouris flatteurs, on vous a courbée devant un homme ! c'eft alors que les fatellites de cet homme ont marché infolemment fur votre tête ! Ah ! lorfque le fénat, vengeant la dignité romaine humiliée par un inftant d'erreur, délivra fa patrie des violateurs impies de toutes les loix, il ne compofa point avec eux ; il les bannit de fes murs, il les envoya porter au loin la vapeur empoifonnée de leurs préfens & de leurs careffes; affez grand pour s'en garantir lui-même, loin d'ufer les forces de Rome par une lutte pénible de trois années, il la rendit libre tout-à-coup, & ne lui enfeigna qu'enfuite les loix par lefquelles elle devoit demeurer libre. Mais le fénat romain étoit compofé d'hommes : Rome étoit peuplée par des hommes, & nous ne fûmes jamais que de foibles enfans.

Anne de Beaujeu de l'ignoroit pas ; elle favoit

qu'en laiffant paffer le premier feu, & cédant à l'impétuofité naturelle aux hommes de peu de fens, on ne tardoit pas à les voir, fatigués d'eux-mêmes, s'endormir dans le fein d'un calme apparent. Sans cette connoiffance du caractere françois, elle, qui n'avoit aucun titre à la régence que le caprice d'un pere haï & méprifé, fe seroit-elle flattée de le conferver? fe feroit-elle flattée que des hommes réfléchis cruffent la main d'une femme, capable de foutenir l'empire menacé d'une diffolution prochaine? auroit-elle cru l'emporter fur les princes proches parens du jeune roi? auroit-elle enfin cru pouvoir demeurer maîtreffe du gouvernement, lorfque Charles VIII, majeur par les loix établies & reçues, n'avoit befoin que d'un confeil de régence dans lequel une femme n'auroit point été admife? Ce fut donc en elle un crime politique de profiter de la connoiffance qu'elle avoit acquife du caractere françois; elle auroit dû au contraire le diriger vers un meilleur état de chofes; mais careffer un peuple pour l'afservir! améliorer fon fort pour acquérir feul le droit de le rendre pire! s'en faire applaudir, aduler, pour augmenter enfuite le poids de fes chaînes, c'eft une œuvre de ténèbres qui n'appartient qu'à des tyrans, & qui voue à l'exécration des fiecles préfens & futurs, tout individu ou toute collection d'individus qui s'en rend coupable!

On ne tarda pas à s'appercevoir qu'Anne de Beaujeu n'avoit contenu fon reffentiment contre les princes & fur-tout contre le duc d'Orléans, que pour fe procurer les moyens de lui donner un libre effor. On dit que plus d'une caufe avoit allumé en elle contre ce prince un courroux qui, dans les femmes, se calme rarement. On dit que, sensible à sa jeunesse & à sa bonne mine, elle lui avoit montré des dispositions très-favorables, & que le duc d'Orléans avoit dédaigné l'offre de ces faveurs vénales. Madame de Beaujeu, à qui les passe-tems des courtisannes n'étoient pas étrangers, avoit eu, pour le poëte Martial d'Auvergne, des bontés fort particulieres. Il passoit pour l'auteur d'un *Manifeste* ou *Proclamation*, qu'elle avoit fait publier avant les états, & où elle avoit, ainsi que de coutume, développé les plus sublimes comme les plus fausses intentions, relativement au bonheur du peuple. Ce pauvre homme avoit à peine consommé ce chef-d'œuvre de la politique usée des tyrans, que le changement de sa patrone frappa ses regards surpris; & non content de s'être fié à un goût passager, il fut assez fou pour se désespérer d'en avoir été dupe, & pour se jetter par la fenêtre: sans doute le duc d'Orléans ne voulut point courir les mêmes risques, & ce fut un crime irrémissible. La vindicative fille de Louis XI fit bientôt succéder à sa faveur premiere les dédains & les affronts personnels. Le duc ne lui épargna pas les marques de mépris; & un jour qu'il jouoit à la paume avec le roi, la princesse ayant pris le parti de Charles VIII, le duc d'Orléans, piqué d'une préférence injuste, se servit d'une expression grossiere & dont le sens n'étoit nullement équivoque. Après une semblable violence, il sentit qu'il n'avoit qu'un seul parti à prendre, quitta la cour & se retira auprès du duc d'Alençon. La guerre s'alluma, & l'on vit encore périr des hommes, parce que madame de Beaujeu étoit galante, & le duc d'Orléans indifférent.

Mais ce prince éprouva qu'elle étoit, dans ces premiers momens, plus puissante & plus habile que lui. D'abord elle lui fit faire des propositions. Le duc savoit trop bien qu'il ne devoit pas se fier à sa parole; il refusa, prit les armes, & se vit enfin obligé de se rendre & de demander lui-même, comme une grace, son pardon & son rappel à la cour. Anne lui dicta impérieusement des conditions auxquelles il fallut se soumettre; elle agissoit comme son pere en maître absolu, & nul n'osoit lui résister, parce qu'elle s'étoit rendue toute-puissante sur l'esprit du jeune roi, dont elle ne partageoit encore l'amitié avec personne. Le duc, obligé de se conformer aux circonstances, ne tarda pas à se rendre redoutable à cette femme hardie. Les intrigues qui régnoient dans le duché de Bretagne, soumis au joug d'un prince imbécille & d'un ministre prévaricateur, réveillerent l'ambition du duc d'Orléans; il sollicita Landais de venir à son secours; il imagina que cet audacieux favori payeroit, de la main de l'héritiere de Bretagne, l'appui qu'il lui prêteroit; & quoique marié à la sœur d'Anne de Beaujeu, cette femme étoit si disgraciée de la nature, qu'il espéroit faire dissoudre facilement un mariage mal assorti. Ce n'étoient pas là les vues de la régente. Procurer un établissement semblable à un des princes, n'étoit pas une politique digne de la fille de Louis XI; d'ailleurs, elle vouloit ménager cette alliance à son frere, & l'on peut dire qu'elle entendit parfaitement le secret abominable de la science diplomatique;

qu'elle fut mieux que personne sur le trône mettre en feu deux ou trois empires, pour faire réussir une intrigue de cabinet. Les prétendans à la succession du duc de Bretagne, Anglois, Allemands, François, furent tous déconcertés dans leurs projets; elle trouva le secret de régner jusques à la cour du vieux duc; & quoique Charles VIII même, parvenu à l'âge de dix-sept ans, se lassât de son joug & parût souvent importuné de son despotisme, elle sut conserver, malgré lui-même, cette autorité qu'il ne pouvoit ni supporter, ni réprimer. Elle se vengea cruellement de Philippe de Commines, qui s'étoit opposé à ses volontés. Cet historien de Louis XI, le seul homme de sa cour qui eût osé être, à ses yeux, honnête & vrai, le seul qui eût échappé aux atroces persécutions des plus odieux tyrans de la France, fut enfermé, par ordre de sa fille, au château de Loches, & resta huit mois dans une des cages de fer, que le cardinal de la Balue y avoit inventées, pour *le bon plaisir* de Louis XI, *son maître*. Le duc d'Orléans fut long-tems aussi son prisonnier; & pendant qu'elle exerçoit à son gré cette ardente passion pour la vengeance, qu'elle attisoit le feu de la guerre étrangere, elle imposoit les peuples, & n'épargnoit pas le trésor public; enfin elle réussit à tous ses projets, par tous les moyens criminels connus aux tyrans. Elle vint à bout de marier son frere avec Anne de Bretagne, & de rompre indignement ses engagemens avec Marguerite d'Autriche : ce mariage ne fut pas même tout-à-fait l'époque de sa chûte. Malgré la hauteur & la fierté de cette princesse, lorsque Charles VIII s'engagea dans les guerres d'Italie, elle trouva quelque tems encore le moyen de lutter avec elle & d'être de nouveau régente sous le nom de son mari, à qui le roi avoit confié l'administration. Elle mourut en 1522, ayant amassé de très-riches trésors, fait beaucoup de mal public & particulier, recueilli beaucoup d'éloges de la part des sangsues publiques qui l'aidoient à dévorer l'état, des poëtes à qui elle payoit bien d'assez méchans vers, & des plats historiens de son tems qui ne vivoient, comme du nôtre, que du produit de leurs bassesses.

La célebre Anne de Bretagne, tant vantée par les mêmes écrivains, porta sur le trône de France une humeur hautaine, un caractere impérieux & vindicatif. Elevée en princesse, en fille de *souverain*, elle en eut tous les vices, hors un seul; elle ne fut point débauchée : elle n'avoit eu que le tems d'annoncer ce qu'elle devoit être avant la mort de Charles VIII. Dominée, en quelque chose, par le génie de madame de Beaujeu, elle lui avoit fait sentir seulement qu'elle ne plioit qu'avec difficulté; mais l'âge de la sœur du roi, & l'habitude de se faire obéir, avoient intimidé la jeune personne, qui n'avoit point encore de créature à la cour, & qui fut presque toujours éloignée de son mari, emporté par la folle ambition de conquérir des pays qu'il ne pouvoit garder, de commander à des hommes dont il ne connoissoit pas le génie, & par cette gloire exécrable si long-tems attachée à l'effusion du sang humain. Anne de Bretagne ne put développer entiérement son caractere, qu'après la mort de ce prince. Le seul acte de despotisme qu'elle se permit, fut d'éloigner de la cour ce même duc d'Orléans, qui fut depuis Louis XII, son second mari. Elle avoit eu un fils de Charles VIII; ce fils mourut âgé de trois ans, & sa mere en conçut un excessif chagrin. Charles, au contraire, dont l'esprit étoit foible & petit, avoit déja conçu de la jalousie contre cet enfant; il le vit mourir avec joie; & sous prétexte de distraire la reine, non content de se livrer sans réserve à tous les plaisirs de la cour, il en fit naître de nouveaux, au milieu desquels le duc d'Orléans montra tant de gaieté, qu'Anne en fut choquée : ce sentiment n'auroit pas été blâmable dans une mere; elle étoit en droit de soupçonner le duc d'Orléans de sentir trop vivement que cette mort l'approchoit du trône d'un degré; mais ce qui devint vraiment coupable dans une reine, fut la volonté impérative de l'éloigner de la cour dans un tems où les mécontentemens des princes devenoient toujours l'origine des guerres civiles, de le calomnier aux yeux du roi, & de lui faire croire que le duc agissoit contre ses intérêts dans le gouvernement de Normandie. Le duc fut obligé de se retirer à Blois, subjugué pour la seconde fois par le caractere d'une femme. Mais alors il avoit acquis de l'âge & de l'expérience; il se voyoit en effet héritier présomptif de la couronne. Charles étoit valétudinaire; il eut la prudence de demeurer paisible & de ne rien entreprendre de contraire à ses intérêts. La mort de Charles le mit en sa place en 1497, & le sort d'Anne de Bretagne changea en même-tems que le sien. Les clauses du contrat de réunion l'obligeoient à épouser le successeur

cesseur de Charles; mais ce successeur étoit marié; ce successeur étoit offensé; & si Louis XII eût été assez raisonnable pour croire que sans l'addition de la Bretagne il avoit assez d'hommes & de pays à gouverner, ou bien si, d'après la noble coutume des rois, il avoit cru par la force des armes pouvoir annuller un contrat & violer ses sermens, de reine de France, Anne devenoit simplement duchesse de Bretagne, ou bien peut-être elle devenoit souveraine fugitive & déchue de ses titres & de ses possessions; mais Louis XII, frappé de la manie des conquêtes du Milanès, ne pouvoit concevoir le dessein d'aller chercher des états au-delà des monts, & celui d'abandonner une portion de terres annexées à la France. Il fit rompre son mariage avec Jeanne de France, qui ne lui avoit donné jamais aucun sujet de mécontentement, qui même avoit empêché de tout son pouvoir les suites cruelles de la vengeance d'Anne de Beaujeu, non sans être elle-même exposée à des disgraces personnelles: il allégua le frivole prétexte de la non consommation du mariage; il en fit prononcer la nullité par le pape Alexandre Borgia, le plus infâme de ceux qui ont porté la thiare, & offrit sa main à la duchesse Anne, qui avoit été fort tranquille spectatrice de l'outrage préparé à Jeanne, sa belle-sœur, après vingt-quatre ans de mariage; qui profita de sa dépouille, sans honte & sans scrupule, & donna sa main au roi le 8 janvier 1499, à Nantes, où elle s'étoit retirée depuis la mort de Charles VIII. Pour un prince qui a prétendu donner l'exemple d'une fidélité sans tache à sa parole & à ses sermens, c'étoit mal débuter. Passons sur les extravagances

L

qui remplissent les pages de l'histoire de ce roi si sage, sur les crimes ordinaires aux meilleurs d'entre ces ennemis nés de notre existence : ne parlons que de sa femme. Avide autant qu'ambitieuse, elle n'oublia jamais ses intérêts. On a exalté ses vertus conjugales, on a loué les soins qu'elle prit de Louis XII dans sa maladie de Blois, en 1505. Quelle pitié ! ces soins étoient-ils personnels ? ne se bornoient-ils pas à considérer dans une molle inactivité les peines que se donnoient les autres ; à passer quelques heures du jour auprès du malade, & à questionner sur son état des médecins attentifs à cacher les vérités qui peuvent déplaire à ces demi-dieux, auxquels à peine on ose faire entrevoir qu'ils sont assujettis à la loi commune (1) ? Ce n'est pas dans ces conditions hors de la nature, qu'on trouve ces soins assidus & touchans, ces peines continues & personnelles, dont la constance atteste l'inquiétude & l'anxiété d'un cœur vraiment pénétré. Aussi lorsqu'Anne de Bretagne s'attiroit les louanges des courtisans, peut-être parce que dans cette circonstance il n'y avoit ni bal, ni jeu chez elle, elle faisoit charger sur la Loire quatre grands bateaux de tout ce que le trésor de la couronne avoit de plus précieux, de tous les meubles & les bijoux du plus grand prix, tous effets qui ne lui appartenoient à aucun titre. Que cette femme étoit attachée à son époux !

---

(1) Henri VIII, roi d'Angleterre, avoit fait un statut par lequel il étoit défendu, sous peine de la vie, de *prévoir* la *mort du roi*. Lorsqu'il fut proche de sa fin, personne n'osoit lui annoncer qu'il étoit tems de s'y préparer, & ce fut un acte de courage de la part d'Anthony, son medecin, de lui dire cette vérité.

combien elle étoit abforbée par de tendres inquiétudes fur fa maladie ! Le maréchal de Gié, qui déja n'avoit pas eu le don de lui plaire, à titre d'ancien ferviteur de Charles VIII & de Louis XII, crut devoir empêcher cette fpoliation ; il fit arrêter les bateaux entre Saumur & Nantes ; & certainement fi le roi étoit mort, il auroit rendu à l'état un grand fervice, en confervant des richeffes nationales, qui ont été regardées comme telles, même par les plus defpotes & les plus prodigues de nos rois : mais ce fut un crime irrémiffible aux yeux de celle qui avoit commis le vol. Sa haine & fa vengeance ne connurent point de bornes : elle perfécuta Louis XII avec opiniâtreté, jufqu'à ce qu'elle en eût obtenu d'abord l'exil de fon favori, jufqu'à le menacer de retourner en Bretagne, s'il ne la délivroit de lui. Louis XII, *le pere du peuple*, étoit l'enfant foumis de fa femme ; il y confentit, & Gié fe crut encore heureux de n'éprouver qu'un exil. Il fe retira dans une terre près d'Angers ; mais en l'éloignant du roi, Anne avoit cru fe mieux ménager les moyens de le perdre ; elle qui étoit coupable de vol, & dans un moment qui en agravoit encore la baffeffe, ofa bien accufer le maréchal du crime de péculat & de lezemajefté : il fut arrêté, conduit en criminel d'état, d'Orléans à Chartres, de Chartres à Dreux, de Dreux à Paris, où le procureur-général du parlement conclut à la mort, fur une procédure dictée par la reine, & bâtie fur d'abfurdes dépofitions. Louis XII gémiffoit de la dureté de fa femme, & *n'ofoit* lui réfifter ; car nos rois, *defpotes* envers leurs *fujets*, ont toujours été les plus imbécilles des maris. La reine voyant que le parlement de Paris

L ij

n'osoit suivre les odieuses conclusions du procureur-général, fit renvoyer l'accusé par-devant celui de Toulouse, qu'elle regardoit comme plus sévere; cependant elle ne put obtenir, même à cette cour adulatrice & fanatique, un arrêt de mort contre le malheureux Gié; mais il y fut dépouillé de tous ses emplois, suspendu du grade de maréchal de France pour cinq ans, & banni de la cour pendant ces cinq années. Elle avoit été chercher des consultations contre lui jusqu'en Italie; elle avoit porté la haine jusqu'à faire tous les frais de la procédure, montant, en 1506, à la somme de trente & un mille livres. Non contente de cet arrêt arbitraire, un autre ordre aussi arbitraire condamna l'accusé à la prison. Il fut transféré encore à Dreux, où, par un raffinement de vengeance digne du caractere particulier des femmes méchantes, elle le fit garder par les témoins vendus qui avoient déposé contre lui, & qui l'accabloient d'outrages. On rapporte que cet infortuné, dont la barbe blanche avoit cru dans les cachots, s'en couvroit le visage, lorsque ces monstres poussoient à l'extrêmité leurs insultantes railleries (1).

---

(1) Le vil d'Argentré, panégyriste impie de cette femme cruelle, prétend que le peuple applaudissoit à cet acte barbare; un autre chroniqueur, son écho, ajoute cette plate réflexion. " *Que ne dit point le peuple contre les malheureux,* " *pour peu qu'il soit applaudi* " ? Non, messieurs les valets de cour, non, ce n'est point ce que vous appellez *le peuple* qui se réjouit du malheur, qui insulte aux malheureux. *Le peuple* est bon, sensible, humain, généreux: si quelquefois il souffre son propre malheur & celui des autres, c'est parce qu'il ne connoit pas toujours les moyens qu'il a d'en punir es auteurs. Il a toujours le sens droit assez pour juger vos

» Ce n'étoit là, disent les auteurs, qu'un par-
» ticulier sacrifié à la vengeance d'une grande
» reine ". Comme si ce n'en étoit pas assez! Un seul crime de cette nature, commis par une citoyenne, la rendroit l'objet de l'horreur de sa famille & de tous ceux qui la connoîtroient. Mais les historiens veulent que les têtes couronnées nagent au milieu des forfaits, & immolent des milliers de victimes! Il ne faut pas s'étonner s'ils ont écrit l'histoire avec tant de satisfaction, & s'ils ne sont embarrassés que de l'abondance des crimes qu'ils ont eu à recueillir. Anne en a fourni d'autres à ses flatteurs. Après la bataille de Ravennes, Louis étoit, en 1512, maître de Rome & du pape Jules II. Anne, la dévote Anne trahissant à la fois & la France & son mari, arracha à ce foible prince un traité scandaleux avec le pontife romain, & lui fit honteusement

---

maîtres & vous ; s'il se trompe un moment dans quelques circonstances, c'est lorsqu'il est égaré par *vous* ; mais alors ne prenez pas son silence ni pour adhésion, ni pour approbation : il est plus prudent que vous ne le croyez ; il attend de vous avoir démêlés pour prononcer votre arrêt en pleine connoissance de cause.

Quant à ceux que vous prétendez qui outragent au malheur, c'est vous-même, vous qui en justifiez les auteurs; vous qui encensez leur puissance, vous tous qui cherchez à l'affermir lorsqu'elle chancelle, à la relever lorsque sa chûte est presque consommée ; vous qui méritez d'en devenir la victime, & de trouver des plumes plus vraies que la vôtre, qui fassent aussi placarder les murailles de papier bleu, & annoncer, non pas comme vous & vos pareils, des calomnies contre le peuple & contre ses défenseurs, mais les dures vérités qui caractérisent, par exemple, un Dandré, & consors. C'étoit ainsi que la fameuse colonne d'Athenes apprenoient aux peuples le nom des traitres, & les vouoit au mépris public.

L iij

abandonner & ſes alliés d'Italie qui l'avoient ſecouru d'hommes & d'argent, & l'objet pour lequel on avoit ſacrifié la vie & les biens d'une foule de François, & levé ſur tous des taxes onéreuſes. Elle étoit tellement d'intelligence avec le pape, que la Bretagne avoit été exceptée ſeule de l'interdit lancé, en 1510, contre le royaume.

La couronne de France n'étoit pas aſſez brillante pour elle; elle regrettoit depuis long-tems ſon premier mariage projetté avec Maximilien, archiduc d'Autriche, & depuis empereur; auſſi fit-elle les plus grands efforts pour empêcher le mariage de Claude, ſa fille aînée, avec François, comte d'Angoulême, depuis François Ier. Elle avoit juré en elle-même de la donner à Charles d'Autriche, petit-fils de Maximilien, afin de lui donner auſſi la Bretagne qu'elle regrettoit d'avoir alliée à la France; ſi Louis XII l'emporta ſur ce ſeul point, elle fut au moins inexorable ſur la célébration du mariage qui ne ſe fit point tant qu'elle vécut; & dans le contrat, elle fit inſérer la clauſe ridicule que, ſi elle avoit un fils, elle pourroit lui donner le duché de Bretagne, *ſi bon lui ſembloit.*

Le déſir du faſte ſur ſa perſonne & dans ſa maiſon fut porté en elle juſqu'à la folie. On auroit dit à la cour qu'il y avoit deux ſouverains. Elle fut la premiere de nos reines qui s'entoura de gardes attachés à elle ſeule; elle établit en outre, pour elle ſeule, une bande de cent gentilshommes bretons, qui la ſuivoient par-tout plus ſervilement que des valets. C'étoit, vraiment, pour l'*antique nobleſſe bretonne*, une fonction bien auguſte que de garder l'anti-chambre d'une femme ; & en général nos *chevaliers* françois ont joué jusqu'ici un rôle bien flatteur lorsque, confondus avec les valets-de-pied & les coureurs de nos augustes monarques, ils ont, comme ceux-ci, exercé auprès d'eux les fonctions les plus serviles & les plus dégoûtantes.

Anne, avare, ambitieuse, vindicative, cruelle, avoit encore le défaut social d'être pédante. Aussi mal élevée que le sont ordinairement les princesses, elle se piquoit d'aimer les lettres, & de savoir les langues. Comme elle donnoit des audiences, car elle auroit été bien fâchée de ne pas jouer le rôle de roi, elle avoit la manie de mêler, dans ses entretiens avec les étrangers, quelques mots de leurs langues, afin de leur faire soupçonner qu'elle en étoit instruite. Un jour, Grignaux, un homme de la cour, auquel elle s'adressoit souvent lorsqu'elle avoit une pareille scene de pédanterie à donner au public, lui apprit quelques mots espagnols d'une signification obscene. Elle devoit gravement les débiter le lendemain à un ambassadeur d'Espagne. Grignaux cependant en avertit le roi qui, après en avoir ri, en prévint sa femme, & peu s'en fallut que cette plaisanterie ne valût à Grignaux un châtiment semblable à celui du malheureux Gié.

Elle mourut âgée de trente-sept ans, à Blois, le 2 janvier 1514. Louis XII la regretta beaucoup; & certes, on ne peut attribuer ces regrets qu'à l'imbécillité maritale dont j'ai parlé plus haut : car je ne vois pas de plus détestable caractere de *femme mariée*, que celui d'Anne de Bretagne. Je ne parle pas des crimes publics & particuliers que sa fatale puissance lui fit commettre ; je m'occupe seulement du sort d'un homme de quelque sens, attaché à un être doué de tous les défauts capables de rendre à charge la vie sociale, & j'en conclus que, s'il est impossible de réformer l'éducation de cette classe royale dont on souffre encore l'existence, & qui sera toujours hors de la nature, il faut au moins se hâter de réformer l'éducation nationale, & de former, s'il est possible, des citoyennes qui, à leur tour, pourront nous donner des citoyens.

Marie d'Angleterre, sœur de Henri VIII, monta sur le trône de France dans la même année; exemple frappant de la différence qu'établit dans le cœur des hommes une éducation plus ou moins mauvaise. Marie, quoique fille de roi, dans un état où les femmes ne sont pas exclues du trône, n'avoit pas été adulée; parce qu'elle avoit des freres destinés à porter la couronne. Henri VII, son pere, prince avare & même parcimonieux, avoit dédaigné le sexe de sa fille, & ne l'avoit point entourée de la pompe de la cour. La jeune personne s'étoit formée presque seule, & les dédommagemens qu'elle avoit cherchés dans la solitude, lui avoient appris à penser, ce que ne peuvent savoir les rois. Elle avoit de bonne heure fait choix d'un jeune instituteur, ami de son frere, & qui devint son favori, du moment qu'il monta sur le trône. Charles de Suffolck avoit plus fait que d'apprendre à penser à la princesse, il étoit devenu l'objet des premiers sentimens de son cœur, & Marie, vraiment éclairée, vraiment tendre, se vit sacrifiée à l'ambition de son frere avec de véritables regrets. Elle obéit cependant, & vint régner en

France, mais elle n'y oublia point son amant : elle n'eut le temps de faire ni bien ni mal à la cour de Louis XII, qui mourut en janvier 1515, & la laissa jouir de sa liberté. En cédant le trône à la femme de François Ier., elle ne voulut point courir le risque de remonter sur quelque autre, & ne quitta point la France que le nouveau roi n'eût obtenu, pour elle, de Henri VIII, son frere, la permission d'épouser Suffolck. Elle partit avec ce nom qu'elle préféroit à une couronne, vécut en citoyenne, maîtresse de faire du bien, & sur-tout de ne point faire de mal. Sa postérité fut malheureuse, pour s'être approchée de ce trône qu'elle avoit su dédaigner.

François Ier., qui n'eut d'autre qualité que la bravoure, mais qui eut tous les vices des rois les plus détestables, nous ramene à une régente non moins détestable que lui, Louise de Savoye, sa mere, duchesse d'Angoulême, misérable prostituée, avare, ambitieuse, vindicative, fausse, cruelle emportée, telle fut la mere de ce prince, qu'on appella *le restaurateur des lettres*. (Ce titre de restaurateur a toujours été donné fort à propos.) Anne de Bretagne avoit détesté cette femme trop semblable à elle à de certains égards ; & sur la fin de la vie de la reine, cette haine avoit augmenté en proportion des espérances de Louise de Savoye, dont le fils devoit être l'héritier de la couronne, lorsqu'Anne avoit perdu tous ses enfans mâles. La résistance que cette derniere apporta au mariage de sa fille avec François Ier., avoit pour cause sa haine pour Louise, autant que le desir de placer sa fille sur le trône impérial. Elle avoit même inspiré à Louis XII une sorte d'éloignement pour

François Ier., dont l'humeur galante & prodigue l'allarmoit. Ce fut même ce mécontentement qu'elle avoit fomenté avec soin qui détermina Louis à se remarier, dans l'espoir d'avoir un fils. François Ier., encore plus étourdi qu'ambitieux, auroit risqué de se donner à lui-même un roi dont il auroit été pere, si Marie n'avoit pas eu dans le cœur une passion qui la préservoit des empressemens de ce prince ; & la duchesse d'Angoulême, qui ne connoissoit ni la situation du cœur de la princesse, ni la puissance d'un amour innocent, observa son fils avec un soin extrême. Enfin le jeune & imprudent François devint roi, & partant pour l'Italie dès la même année, laissa la régence dans les mains de sa mere. Cette qualité sans doute auroit dû regarder Claude sa femme ; mais ce qu'avoit prédit Anne de Bretagne sur le sort de sa fille ne se confirmoit que trop, & Claude, toujours asservie aux caprices & à la hauteur de sa bellemere, ne fut pas même heureuse avec son mari, aussi soumis à Louise de Savoye, que l'avoit autrefois été le pieux Louis IX à l'impérieuse Blanche. Au reste, cette nullité à laquelle ont été réduites quelques-unes de nos reines, & que des citoyennes auroient droit de trouver injuste & insupportable, a sauvé aux premieres la funeste puissance de faire du mal, & les a dérobées à la haine de leur siecle & du nôtre. Claude fut asservie, elle auroit voulu dominer. Elle est morte regrettée au moins de ceux qui la servoient : Louise de Savoye est encore haïe & méprisée.

Les premiers choix qu'elle fit faire à l'imprudent François Ier., furent désastreux pour l'état. Le duc de Bourbon, qui depuis long-tems lui avoit inspiré une passion fort vive, à laquelle cependant il ne répondoit pas, obtint la charge de connétable, & l'infâme Duprat, premier préfident du parlement de Paris, l'office de chancelier *ou ministre de la justice*, poste dangereux, dans lequel on n'a point encore vu d'hommes integres. Duprat ne balança point entre la gloire de remplir son devoir, & l'infamie de violer ce qu'il y avoit dans le royaume de loix établies pour remplir les coffres d'un jeune étourdi & d'une vieille avare. L'un en vouloit pour le dépenfer sans mesure, tantôt à faire la guerre, tantôt à faire l'amour. L'autre vouloit théfaurifer pour elle, & accroître ses poffeffions particulieres. Duprat, qui voyoit bien qu'elle régneroit au moins conjointement avec son fils, fongea, pour fe maintenir, à les fatisfaire tous deux. C'eft à lui & aux deux tyrans ses maîtres qu'on a dû la fublime invention de la vénalité des charges de judicature; idée qui nous a valu pendant deux cents foixante-quinze années l'avantage de remettre nos vies, notre honneur, notre liberté, nos biens à la merci d'une troupe de juges ignorans, bornés, avides, joueurs, débauchés, en un mot, à des hommes qui, ayant acheté leur exiftence, étoient toujours occupés des moyens de la vendre. O fublime inftitution royale! comment ont-ils confenti à te détruire, ou comment, revenu de leur *délire de raifon*, ne t'ont-ils pas recréée (1)?

---

(1) Ce n'eft pas qu'avant cette époque, les parlemens ne fe fuffent montrés fouvent les efclaves des rois; ce n'eft pas que la non-vénalité des charges eût donné jufqu'alors des juges parfaitement integres & juftes, ils étoient au choix

Il n'y avoit pas, dans la nouvelle création des charges que propofa le chancelier Duprat, & qui cependant augmenta confidérablement le corps parlementaire, de quoi fuffire aux befoins ou plutôt aux defirs de François Ier. & de fa mere. Louife de Savoye exigea une augmentation de tailles, François n'y vit rien d'impoffible; le peuple étoit fait pour payer, & lui pour recevoir: le complaifant Duprat leur dit qu'on pouvoit fe paffer de l'octroi des états-généraux; & en effet on impofa la nation, & la nation paya. Le parlement fit des remontrances; on crut qu'il vouloit remplir fa miffion de défenfeur du peuple: il fe fit applaudir; & quel étoit l'unique fentiment dont il étoit animé ? Le regret de voir introduire dans fon fein une foule d'hommes qui alloient divifer en plus petites portions les tréfors, dont la vénalité des charges ouvroit une fource intariffable. François Ier. rejetta les remontrances fur cet objet, fur celui de l'accroiffement de la taille, & fur l'immenfe autorité qu'il abandonnoit à fa mere, en lui confiant la régence.

Ce n'étoit point encore affez pour une feule année; Louife de Savoye & fon fidele Duprat

---

du roi, leurs places étoient à vie, deux points capitaux qui ne pouvoient que fervir perpétuellement d'entraves à la probité & à la vertu. Mais lorfqu'on y eut joint encore la vénalité d'une charge dont il falloit remplacer le capital & groffir les intérêts, ce fut alors qu'on vit régner toute la perverfité humaine dans cette claffe de fonctionnaires publics, la plus importante de l'organifation civile. L'or feul dicta tous les jugemens particuliers; l'or devint la balance du bonheur public; & le falut de l'état eut fon taux fixe comme les actions à la bourfe, felon la hauffe ou la baiffe des defirs d'un roi ou d'une femme.

engagerent François à l'abolition de la pragmatique & à l'établiſſement du concordat. Que de richeſſes la cour de Rome n'a-t-elle pas acquiſes par l'imbécillité de ce honteux traité! Apparemment que Louiſe fut magnifiquement récompenſée de l'avoir fait conclure; & que lui importoient en ce cas les dilapidations qui devoient s'enſuivre?

Après ces opérations, dont la moins onéreuſe auroit dû couter la tête à Duprat, & valoir la dépoſition à un roi, ſi les François avoient été des hommes, François 1er. quitta ſes états, & courut en Italie, jaloux d'acquérir, comme ſes deux auguſtes prédéceſſeurs, le titre de *héros*, en faiſant maſſacrer des hommes. Au moins Louis XII en faiſant des conquêtes inutiles, faſtueuſes, en les faiſant au prix du ſang précieux des peuples, avoit bien traité les vaincus; ſoit juſtice ou politique, il avoit été fidele à ſes engagemens: les places fortes, remplies de garniſons françoiſes, étoient bien entretenues, les troupes bien payées, la diſcipline y étoit conſervée, les Italiens n'avoient point à ſe plaindre. Mais tandis que François combattoit à Marignan, tandis qu'on y admiroit en lui le courage d'un brigand, une autre ſorte de brigandage s'exerçoit par les mains de ſa mere. Cette miſérable femme s'entendoit avec les tréſoriers, ceux-ci avec les officiers-généraux; non-ſeulement il n'y eut plus d'exactitude dans les paiemens, mais on retrancha ſouvent même ſur les ſommes qui devoient être payées ſans retard. Les troupes ſe mutinerent, commirent des déſordres: les Italiens opprimés par cette force armée, s'en vengerent d'abord par des aſſaſſinats, enſuite se révoltèrent. Le général Lautrec devoit recevoir trois cents mille écus pour le paiement & l'entretien des places & des troupes : quoique Samblançai, sur-intendant des finances, se fût engagé à les fournir, ce fut en vain que Lautrec les demanda ; ce fut en vain qu'il peignit d'une maniere énergique & touchante non-seulement les besoins pressans où se trouvoit son armée, mais encore l'affreuse détresse où elle se trouva réduite. La désertion, la misere, les assassinats lui en firent perdre l'élite ; avec elle, il perdit le Milanès. Ce n'est pas cette conquête que regrettent les philosophes amis de la paix & de l'humanité ; ce n'est pas de voir passer sous la domination d'un homme plutôt que d'un autre des peuples destinés à languir sous le joug despotique de l'un ou de l'autre, mais le sang qui coula, les crimes qui se commirent, deux vastes & riches portions du monde qui furent ravagées, & toujours pour satisfaire l'ambition, la vanité, la rapace avarice d'un seul individu. Et des peuples éclairés veulent encore conserver dans leur sein le germe de tant d'iniquités ! ils veulent classer dans la société des êtres raisonnables & civilisés, les brutes ou les antropophages ! au-lieu de purger leur sol des brigands qui l'infestent, ils veulent composer avec eux, & leur faire leur part. Insensés ! la part du voleur est la dépouille entiere des voyageurs, & sa sûreté consiste à leur ôter la vie ; voilà l'unique traité entre eux.

Depuis 1515 jusqu'en 1522 l'administration des finances les conduisoit à un épuisement total : non contente de l'augmentation des tailles, la duchesse d'Angoulême, qui sembloit s'être établie régente perpétuelle, avoit cédé, vendu ou aliéné une partie des domaines : la quotité des impôts étoit portée à trois millions six cents mille livres, le double de ce qui s'étoit perçu sous Louis XII & Charles VIII ; & cependant les places fortes françoises n'avoient point été réparées, les garnisons manquant de tout s'étoient dissipées, il étoit dû même aux troupes des sommes considérables ; tous les revenus de l'état se dissipoient dans des traités ruineux, & dans les dons énormes accordés aux favoris, aux courtisannes, à leurs valets, & au faste d'une cour voluptueuse. Anne de Bretagne avoit la premiere imaginé d'attirer auprès d'elle ce que jusqu'à la mort de Louis XIV, on avoit fort improprement nommé les *filles d'honneur* de la reine & des princesses. C'étoient dans l'origine de jeunes demoiselles pauvres, qui, sous le prétexte d'embellir la cour & de chercher des établissemens, ne cherchoient, le plus souvent, que des amans & des intrigues. François Ier. n'étant pas encore satisfait de ce coup-d'œil dont sa mere avoit soin d'étaler les charmes pour distraire davantage son esprit léger & inattentif, attira les femmes de la ville & même de la province, dont la jeunesse & la beauté pouvoient lui fournir d'agréables divertissemens. De ce moment, les femmes les moins riches voulurent toutes paroître à la cour ; les maris prudens voulurent en vain les retenir ou dans leurs terres ou dans leurs maisons ; lorsqu'elles ne pouvoient obtenir d'y être conduites, elles faisoient parvenir au roi même des plaintes ou de la jalousie ou de la parcimonie de leurs époux. Le galant monarque manifestoit ses desirs ; c'étoient des ordres, & le pere de famille étoit obligé de sacrifier sa fortune pour vendre ensuite son repos & son bonheur ; car l'épouse adroite savoit bien trouver des moyens de soutenir sa dépense & de briller dans le faste & l'éclat. Le trésor public avoit trois maisons à soutenir, celle de la reine, la moins brillante, & celle où François Ier. daignoit le moins se faire voir ; celle de Louise de Savoye, qui étoit véritablement la cour, & celle de Marguerite, duchesse d'Alençon, sœur de François Ier. Samblançay, sur-intendant des finances, & le moins corrompu des ministres, avoit souvent fait à la mere du roi des représentations inutiles sur le faste, les dépenses superflues, les voyages perpétuels, les dons insensés, les pensions énormes, les graces irréfléchies, les emprunts à la ville, la création des rentes perpétuelles ; tout cela ne faisoit qu'alimenter un moment l'avidité des pillards, sans apporter aucun remede aux maux réels. La classe stérile des rentiers s'accroissoit, l'entretien des armées, quoique mal payées, épuisoit toutes les ressources ; Duprat s'avisa d'ordonner à toutes les classes de l'état de porter leur argenterie à la monnoie : chacun fut taxé à tant de marcs, & cet acte despotique dont on voyoit le premier exemple, ce *vol public* de la bourse de chaque particulier, n'éprouva aucune contradiction. On recourut encore à la vénalité des offices de judicature, & l'on augmenta le parlement de Paris d'une quatrieme chambre, afin d'avoir de l'argent, sans que *le ministre de la justice* s'avisât de réfléchir que c'étoit augmenter la foule des juges oisifs & ignorans, que d'attacher à l'exercice des mêmes fonctions une trop grande quantité de fonctionnaires. Le parlement

parlement fit des remontrances; elles furent repoussées avec hauteur : Duprat prétendit que le parlement devoit à la nation l'exemple de l'obéissance. Le parlement savoit bien le contraire; cependant après de grands efforts, le parlement obéit. On ne sait pas au milieu de ces désordres quel est le sentiment qui domine ceux qui se chargent du soin de les retracer, ou la pitié ou l'indignation pour un peuple sorti des bornes de son ancienne stupidité, & qui se livre lâchement au joug que lui imposent trois individus. On ne sait si l'on doit blâmer bien sévérement les corps parlementaires, de n'avoir pas porté la résistance jusqu'au point de s'immoler seuls pour une nation endormie dans les fers, & pour ainsi dire, orgueilleuse de sa nullité. Mais, comme le mal n'en est pas moins un mal, parce que celui qui l'endure veut bien le souffrir, Louise de Savoye, François Ier., Duprat n'en ont pas moins mérité la rigueur de la loi, comme perturbateurs & violateurs de la foi & du repos public, comme assassins de plusieurs nations, & destructeurs de celle qui les avoit vus naître.

Le misérable Samblançay paya cher l'imprudence d'avoir conservé un poste où il ne pouvoit faire aucun bien; Lautrec revint d'Italie, après la ruine de notre armée & la perte du Milanès. L'imbécille monarque ignoroit la cause des maux que nous avions soufferts; il demanda fièrement au général compte de sa conduite : Lautrec ne lui dissimula pas la vérité. François Ier. accusa Samblançay de négligence dans l'expédition des sommes nécessaires; le sur-intendant les avoit remises à la duchesse d'Angoulême : François Ier. fit des

M

reproches à fa mere ; Louife de Savoie avoua d'abord qu'en effet il lui avoit été compté quatre cents mille écus, mais qu'ils provenoient de fes biens propres, & n'avoient rien de commun avec les affaires de l'état : le fur-intendant affura le contraire. On nomma des commiffaires pour examiner les faits ; Samblançay produit une quittance motivée de la duchelle : on l'accufe de faux & de péculat. Duprat fait d'abord fufpendre la procédure, pour avoir le tems de nommer une commiffion à fon choix, & Samblançay eft condamné au gibet à la place de la duchelle d'Angoulême.

Le véritable crime de ce miniftre fut d'avoir livré une fomme auffi confidérable à la duchelle, qu'il devoit bien connoître ; d'avoir caché au roi la remife de cette fomme ; d'avoir facrifié l'armée d'Italie à la crainte d'offenfer une femme & de perdre fa place : mais ce ne fut point là le motif de fa condamnation. Louife fut un monftre d'avarice & de cruauté ; François Ier. en fut un autre de fouffrir la mort infâme d'un vieillard qui, dans un pofte exercé fous trois rois, n'avoit pas fait plus de mal qu'un autre, & qu'il avoit depuis fon enfance appellé fon pere. Accordez à vos rois le droit monftrueux de faire grace, c'eft-à-dire, de fe placer au-deffus des loix, ils n'en uferont jamais qu'en faveur des plus grands fcélérats ; ce font leurs pairs.

Il étoit dit que ce feroit en Italie que Louife cauferoit toujours la ruine de l'état. Le connétable de Bourbon venoit de perdre fa femme en 1621 : elle étoit héritiere de biens immenfes. A quarante-cinq ans, madame d'Angoulême, qui depuis long-tems voyoit le connétable avec des yeux très-favorables, & à laquelle en outre sa fortune n'étoit pas indifférente, lui proposa sa main. Bourbon n'avoit pas trente ans. Qu'on juge si une femme usée par les plaisirs de toute espece pouvoit être un objet fort intéressant ! Il la refusa : quel affront pour une femme dévorée de toutes les passions de son sexe ! Elle jura de s'en venger. Si ce n'avoit pas été la mere d'un roi, cette vengeance auroit été obscure : elle se seroit bornée, sans doute, à un courroux de société. Si elle avoit été jusqu'au crime, la loi en auroit fait justice ; mais il fallut sacrifier la France entiere, parce qu'un jeune homme avoit refusé la main d'une vieille & dégoûtante coquette.

Duprat & Poyet, qui fut depuis chancelier, ne manquerent pas de se réunir pour sacrifier encore le connétable au ressentiment de leur maîtresse. D'abord elle essaya si les affronts pourroient lui ramener un homme dont la fierté se blessoit facilement. Au camp de Méziere & à Valenciennes, elle le fit priver arbitrairement des honneurs dus à la place de connétable, & les fit accorder au duc d'Alençon, en qualité de premier prince du sang. Ce n'étoit pas une chose d'usage. Ce grand titre de *prince* disparoissoit dans les camps devant la premiere des dignités militaires. Quelqu'un que la duchesse avoit mis dans le secret, remarquant combien Bourbon étoit sensible à cette innovation, lui indiqua le moyen de recouvrer ses prérogatives & de plus grandes encore. Le connétable répondit que le roi, suivant en cela l'impulsion d'une femme qui n'avoit pas plus *d'équité que de pudeur*, il ne pouvoit lui

en favoir mauvais gré. Ce propos, que les hiſtoriens traitent d'*inſolent*, & qui eſt ſimplement
celui d'un homme d'honneur, tenu devant témoins par un homme d'un caractere froid & ré-
ſervé, fit comprendre à Louiſe de Savoye qu'elle
n'avoit plus qu'à ſe venger; c'étoit un trait digne
d'elle que d'enlever au connétable les grands biens
dont il étoit poſſeſſeur, & que ſon avidité lui
rendoit auſſi chers que la perſonne de Bourbon.
Elle ſe prétendit héritiere de Suſanne de Bourbon, & ſa demande, mal fondée, portoit cependant avec elle un caractere de probabilité ſuffi-
ſant pour un avocat tel que Poyet, un miniſtre
tel que Duprat, & pour des juges qui venoient
d'acheter leurs charges. Comme le haſard pouvoit cependant la faire ſuccomber, & qu'il falloit au moins que ſa jalouſe rage fût ſatisfaite,
Duprat imagina de faire encore réclamer la ſuc-
ceſſion de Suſanne, par le domaine du roi, &
deux avocats célebres par leurs talens & leur im-
probité, parurent dans l'arene; Poyet, avocat de
la ducheſſe, & Lizet, avocat du roi; Montholon,
avocat du connétable, avoit également du mérite
pour le tems, & il y joignit dans cette occaſion
un grand courage, en luttant à la fois ſur une
cauſe juſte, contre un roi & contre Louiſe de
Savoye. Malgré les efforts de Poyet, l'autorité
de Duprat, les ordres impératifs de madame d'Angoulême, l'inertie apparente de François Ier.,
malgré le bon droit du connétable, le parlement
de Paris n'oſa publiquement adjuger les biens en
litige à la mere du roi, mais il en ordonna le
ſequeſtre, par proviſion, au profit du domaine.
Louiſe fut contente. Le connétable, obligé à la

restitution, demeura réduit à la plus simple fortune ; privation insupportable sans doute à un homme élevé dans toutes les chimeres du rang & des richesses. S'il avoit eu assez de lumieres, assez de philosophie & de probité pour se guérir du délire de la grandeur, abandonner la cour, aller vivre paisiblement dans une campagne avec des hommes, il auroit réellement puni la duchesse d'Angoulême & François Ier. ; mais la maniere dont il se vengea prouve qu'il tenoit de près à la race réprouvée dont il étoit en ce moment la victime. Sa désertion fut un crime, non pas tel que l'ont jugé des esprits vulgaires, parce qu'il trahit *son maître*, mais parce qu'il trahit sa nation, parce qu'il conduisit contre elle des troupes ennemies, parce qu'il versa de sa main le sang de ses concitoyens, parce qu'enfin il se montra l'ennemi des François autant que s'il eût été leur roi.

La reine Claude n'existoit plus en 1524 ; elle avoit terminé son ennuyeuse carriere, victime de l'indifférence de son mari, des hauteurs de sa belle-mere & du mépris des frivoles courtisans, dont l'imbécille servage suit toujours l'impulsion du *maître*, & ne caresse ou ne dédaigne que d'après lui. François Ier. laissa la régence à sa coupable mere, en 1525, & passa dans le Milanès, où la bataille de Pavie fut l'ouvrage du connétable de Bourbon, du sort de l'armée, de l'imprudence du roi & de l'avantage qu'auront toujours des peuples qui combattent chez eux. Louise de Savoye ne se trouva pas médiocrement embarrassée, lorsqu'elle apprit que son fils étoit prisonnier de Charles-Quint. La consternation répandue dans Paris ajouta encore à la sienne ; la

M iij

douleur y étoit peinte sur tous les visages. Les vils historiens prétendent que la captivité d'un *roi chéri, admiré de toute l'Europe*, étoit la cause de cette *tristesse accablante*. Accoutumés à considérer toute la nation dans le seul être qui la dévaste, ils ne voient pas que chaque famille qui avoit à déplorer la mort d'un pere, d'un frere, d'un fils, d'un ami, ne pouvoit qu'offrir l'image du désespoir ; & si la captivité du soi-disant héros pouvoit y ajouter un degré, c'est qu'on devoit présumer quels trésors on alloit demander pour sa délivrance. On accusoit la duchesse d'Angoulême de ce nouveau désastre; on se rappelloit la violence de ses passions, son avarice, son amour de la vengeance, mais on n'avoit ni le sens, ni la fermeté d'abandonner dans les fers un insensé qui, en s'y précipitant lui-même, avoit en outre fait périr des milliers de citoyens plus utiles que lui. Que les François auroient paru grands, s'ils avoient dit à l'empereur : Vous avez ambitionné la fausse gloire de tenir un roi dans vos chaînes, eh bien ! gardez-le ; la nation n'a nul besoin de lui, sa mere peut le délivrer en qualité de citoyen; mais il n'a pas mérité de nous que nos veuves & nos orphelins augmentent leur misere pour ramener dans leur sein la cause de tant de maux. Mais comment se seroit-on élevé alors à ce degré de morale ? nous sommes encore si fort au-dessous !

Aussi le délire de la délivrance du roi s'empara de tous les esprits ; & quoique la duchesse d'Angoulême fût en horreur, on respecta ce roi jusques dans la personne & dans l'autorité de sa mere: on convoqua à Lyon une assemblée, non pas d'états-généraux, mais une sorte d'assemblée de notables des trois ordres. On ne peut nier que le duc de Vendôme ne se comportât alors avec beaucoup d'habileté. Puisque l'objet unique étoit la délivrance du roi, il falloit de l'union pour l'opérer, & ce n'étoit pas le moment d'ôter la régence à madame d'Angoulême; aussi se garda-t-il bien de la prendre, quoiqu'elle lui eût été offerte, & quoiqu'il eût personnellement à se plaindre d'elle. Ce fut donc elle qui commença les négociations; & comme elle n'avoit ni réflexion, ni générosité, elle ne consulta le duc de Vendôme que pour la forme, agit comme à l'ordinaire selon son caprice, maltraita le parlement, qui ne se croyoit pas obligé de souscrire en aveugle à toutes ses volontés, & dépensa beaucoup en fraix & en démarches, dont on auroit évité la plus grande partie, si on avoit su les combiner. Enfin le roi fut racheté, & ce fut plutôt parce que les puissances de l'Europe craignoient l'agrandissement de la maison d'Autriche, que par les égards prétendus que la duchesse d'Angoulême n'étoit pas capable de s'attirer. Mais un spectacle vraiment révoltant dans la situation terrible où étoient les affaires de France, ce fut la pompe ridicule qu'elle mit au voyage de Bayonne, lorsqu'elle alla au-devant du captif: elle conduisoit avec elle les deux enfans qu'on donnoit en otage de leur pere; un sentiment de crainte & de douleur auroit empoisonné dans l'ame d'une citoyenne le plaisir de revoir son fils; mais Louise de Savoye craignant que le malheur n'eût engagé ce prince à réfléchir sur ses causes & ses effets, voulut, dès son arrivée, le distraire par la jouissance des plaisirs auxquels il étoit enclin, & dont il avoit été privé quelque tems. Elle conduifit à fa fuite les plus belles femmes de la cour, entre autres, cette mademoifelle d'Heilly, depuis duchefſe d'Etampes, qui s'empara de fon cœur, & fut fixer fon humeur légere.

Par ce moyen odieux, Louife de Savoye conferva l'autorité, quoique le terme de la régence fût expiré; elle employa tout ce que la nature lui avoit donné de talens en intrigues, pour retirer les jeunes princes des mains de l'empereur. François Ier. n'étoit-il pas bien méprifable d'abandonner de pareils intérêts à la conduite d'une femme? Le fort des provinces du royaume & celui de fes fils le touchoit-il fi peu qu'il ne pût abandonner un moment fon férail & fa chaffe? Ne devoit-il pas au moins confier de fi importantes négociations à des hommes habiles dans les fecrets de la diplomatie? Cette fcience infernale, véritable fcience des defpotes, qu'on ofe encore citer & reconnoître dans un pays prétendu libre, gouvernoit alors toutes les nations de l'Europe. Appartenoit-il à des femmes de s'en mêler? Auffi le traité de Cambray, qu'on appella la paix des dames, fut-il très-onéreux à la France & déshorant pour le roi : on le vit lâchement abandonner fes alliés d'Italie, les facrifier à la haine de l'empereur; on le vit diffimuler avec baffeffe des projets fur lefquels les envoyés de ces mêmes princes lui demandoient des éclairciffemens; enfin, fuir leur abord, lorfqu'il fut rendu public, & laiffer à Charles-Quint le triomphe d'avoir rendu fon alliance fi méprifable qu'aucun prince de l'Europe n'auroit plus daigné la demander ni l'accepter. On le vit plus lâchement encore protefter contre ce même traité dans toutes les cours du royaume où il fut enregiftré, comme fi ces actes furtifs avoient pu annuller la honte de violer publiquement fes promeffes. Eléonor d'Autriche, fœur de Charles-Quint, fut le lien de cette paix: elle paffa en France, & y donna la main à François Ier. Les deux fils furent rendus à leur pere; mais combien en coûta-t-il! & à quelle mifere le peuple fut-il réduit (1)! Les fommes que nous coûtent les folies & les crimes des rois, font le fecret des cabinets, & ce fecret eft la honte des nations.

Le traité de Cambray fut conclu le 25 août 1529, & la ducheffe mourut en 1352, âgée de cinquante-quatre ans. Cette claffe d'êtres dégénérés qui occupent les trônes, font plongés dans un tel délire, qu'ils croient que la nature entiere s'occupe à régler ou à prédire leurs deftins. Pendant fa maladie, elle vit une nuit fa chambre extrêmement éclairée; croyant d'abord que les femmes qui la fervoient faifoient un trop grand feu, elle les en reprit; mais ayant appris que c'étoit une comete, & l'ayant apperçue elle-même, » ce » figne, dit-elle, ne paroît pas ordinairement pour » des perfonnes ordinaires; il m'annonce la mort, » il faut s'y préparer ". Quelle extravagance! & doit-on s'étonner, après cela, qu'ils fe croient tout permis? Elle avoit fait quelque bien aux poëtes & aux gens de lettres, pour en être louée avant

___

(1) On fait bien qu'il en coûta deux millions d'écus d'or pour la rançon des princes; mais fait-on ce que Louife de Savoye, & fon cher Duprat fe partagerent pendant le cours des négociations? & fait-on la part qu'ils eurent même à la fomme capitale, lorfque le traité eft tout à l'avantage de l'empereur?

& après sa mort; aussi le fut-elle, malgré tous les vices dont elle étoit douée, malgré tous les crimes publics dont elle étoit coupable. Concussions, péculat, injustices, vengeances criminelles, attentats à la liberté & à la propriété des citoyens, intolérance, fausseté, libertinage, avarice sordide, ambition démesurée, tel est le tableau de son caractere & de sa vie, & elle gouverna la France pendant dix-sept ans.

A mesure que la cour de France devenoit plus galante, les maîtresses commençoient à y jouer le rôle de reines & de régentes; les mœurs se corrompoient davantage, le luxe prenoit un accroissement prodigieux. Tout n'est qu'apparence & frivolité par-tout où les femmes donnent ce qu'on appelle le ton. On observe que la duchesse d'Etampes fut la premiere qui entreprit de gouverner l'état. Les autres s'étoient bornées à leur rôle de courtisannes; & en cela on peut dire qu'elles donnoient aux reines un exemple dont celles-ci auroient dû profiter. Avant madame d'Etampes, François Ier. avoit eu successivement plusieurs femmes, entre autres, la célebre comtesse de Château-Briant, qui paya cher l'erreur fatale où l'avoit entraînée l'hommage du prince adultere. Elle fut cruellement assassinée par son mari, & ce crime ne fut point puni par l'indigne roi, dont elle fut oubliée aussi-tôt qu'il ne la vit plus. Une autre femme, nommée la *belle Feronniére*, enlevée par force à son époux qui l'aimoit, & dont il étoit aimé, fut encore la victime de l'emportement d'un homme jaloux & offensé. Ne pouvant lutter contre la force, il parut souffrir son malheur avec patience; mais il alla chercher dans des lieux horribles un mal qu'il communiqua à sa femme, qui, à son tour, en fit sentir les atteintes au ravisseur, & si fortement que jamais il ne put en guérir. Le poëte *Dollet* passoit pour fils de François Ier., & d'une fille appellée *Curcare*: François le regardoit comme tel, quoiqu'il ne l'avouât pas. Dollet eut le malheur d'adopter quelqu'une des hérésies qui occupoient en ce moment toute l'Europe, & François Ier. le laissa brûler en 1547. Nous laissons à penser quel étoit en effet cet homme qu'on a loué, & qui peut-être a été un de nos rois les plus cruels & les plus absolus.

Mademoiselle d'Heilly, *fille d'honneur* de Louise de Savoye, s'étant livrée à lui, fut bientôt mariée, & gratifiée du titre de duchesse d'Etampes: elle parvint au plus haut degré de faveur & de crédit; elle devint le canal de toutes les graces, &, comme on peut le croire, elle n'oublia pas sa famille dans la distribution qu'elle en fit. Cette famille étoit nombreuse; son pere avoit eu trente enfans de trois différentes femmes; il y en avoit à-peu-près la moitié de vivans, qu'il fallut placer & doter aux dépens de l'état: il fallut lui bâtir des hôtels, lui acheter des terres, lui meubler des châteaux, lui entretenir une maison brillante, enrichir en outre ses créatures & ses favoris; car la maîtresse d'un homme usé comme François Ier. se dédommage en secret des sacrifices honteux & pénibles qu'elle fait à son avarice. Bientôt ce ne fut point assez; il fallut qu'à son tour elle bouleversât le royaume, comme auroient pu faire une reine ou une régente: sa jalousie éclata contre Diane de Poitiers, duchesse de Valentinois, maîtresse du dauphin; & pour éviter que son parti ne l'emportât à la cour, elle se hâta de s'en former un autre, & se tourna du côté du duc d'Orléans, frere du dauphin. Elle fit donner à son favori les plus brillans emplois; elle s'opposa de tout son pouvoir au progrès des armes françoises contre l'empereur. Son avidité la rangea même du parti de Charles-Quint; d'abord elle conseilla au roi de le faire arrêter à Paris, de lui faire annuller le traité de Madrid, & de le contraindre à consommer l'investiture du duché de Milan. François Ier., qui n'avoit qu'une générosité de parade, l'employa en cette occasion où elle n'étoit nullement nécessaire. Quel mal moral y avoit-il à se rendre maître d'un brigand accoutumé lui-même à violer la foi des sermens à user de représailles envers lui, à en exiger l'accomplissement d'un traité solemnel & l'annihilation d'un acte que François avoit accepté dans les fers & que la nation n'avoit pas consenti? Si ce prince avoit eu véritablement de la vertu, il auroit distingué ce qui blessoit la vertu ou ce qui s'accordoit avec elle; mais lorsqu'on se fait un exercice de convention, ou plutôt de décoration, d'une pratique vertueuse, il est bien rare qu'on ne l'applique pas mal à propos; car l'esprit ne conduit pas le cœur. Il se piqua donc d'une fausse générosité, sacrifia l'intérêt national à son fantôme de gloire personnelle, & se fit un mérite d'avertir l'empereur des conseils que lui donnoit la duchesse d'Etampes. Eh! qui sait si François, en faisant cette confidence à Charles-Quint, n'avoit pas dessein d'attirer sur sa maîtresse ou les égards ou les bienfaits de son rival? Ce manege n'est que trop digne de la bassesse du *rang suprême*; ma ne prononçons point sur un sentiment intérieur que nous ne pouvons garantir. Les rois nous dispensent de scruter leurs cœurs; la corruption nous en est assez démontrée par leurs actions.

Quoi qu'il en soit, Charles, bien averti, sut ménager la duchesse, lui faire des présens si considérables & avec tant de délicatesse apparente, que cette femme ne balança pas à former avec lui des liaisons contre la France. N'étoit-ce pas faire un crime de diviser les deux princes, lorsque de l'ensemble de leurs opérations devoit résulter le sort de la France, le salut des troupes & la fortune des peuples? Elle qui avoit conseillé l'arrestation de l'empereur, ne permit plus qu'on profitât des occasions favorables d'humilier ce prince. Les propositions des Gantois, en 1539, ne furent point acceptées; l'occasion du voyage d'Afrique, si favorable à des desseins vraiment politiques, fut négligée; enfin la guerre fut déclarée le 4 juillet 1541. Il paroît prouvé par les mémoires du tems que la duchesse, fidelle à ses engagemens avec l'empereur, trahissoit tous les projets de la cour de France, que même elle avoit communiqué à ce prince les chiffres des généraux & des ministres, & qu'en un mot elle fut une des principales causes des désastres de la guerre. Elle avoit un agent qui la servoit à la cour de Charles-Quint, c'étoit le comte de Bossie; & il est prouvé que cet homme, qu'on croit avoir même obtenu d'elle des faveurs très-particulieres, vendit plus d'une fois la France à *sa majesté* impériale, entre autres, lors de la prise d'Epernay. Il est certain que Charles fut parfaitement instruit du moment où il falloit attaquer cette ville remplie de provisions pour les subsistances de l'armée. Cette perte, funeste pour l'état, fut suivie de la perte de Château-Thierry, également pourvue de farines & de bleds, & livrée par la même trahison. Les troupes impériales vinrent faire des courses jusqu'à Meaux. Paris en fut si épouvanté, que les habitans ne penserent qu'à se sauver, comme s'ils n'eussent eu *ni emplois, ni dignités, ni biens, ni maisons, ni roi, ni patrie* (1).

On admira beaucoup la générosité du souverain, qui, *tout malade qu'il étoit*, se fit transporter à Paris pour y *remettre la paix*. Cet acte de vertu étoit vraiment héroïque; mais il auroit fallu commencer par ne pas laisser continuellement à des femmes le maniement des affaires; ne pas donner sa confiance à d'indignes ministres vendus à ces mêmes femmes, & en admettant même l'absurde supposition que Dieu, dans sa sagesse, avoit fait une classe d'hommes appellés *princes* & *rois*, ne pas se persuader qu'il les eût faits pour manger impunément les autres hommes. Cette philosophie, bien qu'excessivement bornée, eût cependant mieux valu que le prétendu héroïsme de venir se montrer lorsque tout étoit perdu, & de croire que la présence d'un seul être alloit réparer le mal qu'il avoit fait. Les hasards qui sauverent la France sont

---

(1) On reconnoît à ce langage les lâches adorateurs du gouvernement despotique ou monarchique, ce qui est la même chose. Les *emplois* & les *dignités*, qu'étoient-ils au prix de la vie que ces malheureuses victimes vouloient conserver? Les maisons ne devoient-elles pas, dans cet excès de danger, être abandonnées au pillage. Le *roi* n'étoit-il pas le premier ennemi de la chose publique? Et quant à la *patrie*, que signifie ce mot dans les états despotiques?

connus. De nouveaux traités onéreux, & même déshonorant dans le régime d'alors, éloignerent Charles-Quint. La mort du duc d'Orléans, empoisonné, dit-on, par Diane de Poitiers, annulla quelques-unes des clauses qui avoient lié l'empereur; & le roi, qui approchoit de sa fin, qui avoit à regretter son fils qu'il avoit beaucoup aimé, & à réfléchir sur tous les crimes de sa vie, s'amusoit follement à faire soutenir en champ clos l'honneur de sa maîtresse, qu'on accusoit de ne lui être pas fidelle. Cet insensé *chevalier François* mourut enfin, & avec lui cessa le regne de la duchesse d'Etampes, non moins débordée, non moins criminelle que toutes les reines & courtisannes que nous avons vues passer sous nos yeux.

François! vous avez pu frémir plus d'une fois, en voyant retracer les horreurs dont vos reines se sont souillées! vous avez dû verser des pleurs sur le sort de vos peres; leur sang répandu par ces furies a dû crier vengeance au fond de vos cœurs: eh bien! vous n'avez pas encore vu les plus détestables. Catherine de Médicis va paroître, & après elle... Lisez & jugez. Mais qui croyez-vous avoir à juger? ces femmes perfides, corrompues, abruties? Non; vous-mêmes. Lisez encore une fois; & en fermant le livre, dites si vous êtes libres, si vous êtes dignes de l'être.

N'oublions pas de rappeller que la fin du regne désastreux que nous venons de parcourir, fut souillée par l'horrible massacre des Vaudois, que du lit des courtisannes, François Ier. signa l'ordre de faire passer au fil de l'épée, pour *cause de religion*, des hommes, des femmes, des enfans; que les parlementaires de Toulouse, les prêtres & les soldats se disputerent l'affreux honneur d'exécuter cet ordre sanguinaire avec une barbarie atroce, & de tremper leurs mains dans le sang de ces hommes simples, de ces paisibles cultivateurs qui adoroient Dieu en ne faisant point de mal, en chérissant leurs semblables, en observant les loix de l'humanité & celles de la nature. Le crime fut si grand, il fut accompagné de circonstances si épouvantables, que François Ier., tout roi qu'il étoit, en eut des remords, & qu'en mourant il ordonna à son fils d'en poursuivre & d'en punir les exécrables auteurs. Eh bien! c'étoit par lui qu'il falloit commencer; au-lieu d'une pompe funebre, monument de flatterie & d'esclavage, il falloit porter ses restes dans les déserts autrefois si fertiles des malheureux Vaudois, & sur un rocher aride, graver ces mots terribles: *François Ier., assassin de plusieurs milliers d'hommes.*

Henri II, son fils, capable d'imiter en tout point un si odieux modele, monta sur le trône en 1547; avec lui, l'on vit régner à la cour tous les vices & tous les crimes. Une femme sans pudeur en fut bannie, la duchesse d'Etampes disparut: elle fut remplacée par deux autres, la reine & Diane de Poitiers, duchesse de Valentinois. Cette reine étoit Catherine de Médicis: elle est nommée, elle est dépeinte. Diane cependant maîtrisoit son génie, & ne lui laissoit à exercer que son penchant à la débauche. Diane, à quarante ans, flétrie & usée par ce même penchant, s'y livroit encore avec fureur. L'empire avec lequel elle gouvernoit le féroce Henri II, âgé de vingt-neuf ans, paroît encore incompréhensible. Elle étoit maîtresse des affaires du royaume; & le prince idolâtre craignoit

gnoit si fort qu'on ignorât l'excès de sa stupidité, que dans les tournois, dans les ameublemens, sur les frontispices des bâtimens, il faisoit placer le croissant, l'arc & les fleches que cette *chaste déesse* avoit choisis pour attributs. » L'âge, dit
» Mézeray, qui avoit les brillans de la jeunesse
» dans ses yeux, allumoit plus fort les flammes
» de la lubricité dans son cœur; elle étoit injuste,
» violente & altiere envers ceux qui lui déplai-
» soient. Le roi l'aimoit, parce qu'elle étoit ar-
» dente en amour, & ce tempérament la portoit
» à chercher, avec beaucoup d'autres, le comble
» du plaisir ".

Elle avoit débuté, dans la carriere du crime, par empoisonner le duc d'Orléans. Dès que son amant fut roi, elle s'empara de tout, nomma les ministres, les ambassadeurs, vendit les graces, les charges, disposa des finances & de la justice; elle régna enfin. Le chancelier Olivier fut disgracié; il n'étoit point assez esclave : ne pouvant le déposséder, elle donna les sceaux à Bertrandi, duquel elle avoit acheté la complaisance; elle obtint dans l'administration des finances des droits particuliers, chose que n'ont encore osé faire nos reines les plus hardies. Henri lui fit bâtir le château d'Anet (1). Ses richesses devinrent im-

---

(1) Que des poëtes à gages aient du vivant de Diane & de Henri II, flatté, adulé jusqu'à la plus excessive lâcheté cette femme impure, on est accoutumé à cet avilissement de la part des gens de lettres : mais que Voltaire, dont le génie brillant & hardi a fait luire le flambeau de la vérité au milieu des erreurs du fanatisme, & terrassé ce monstre jusqu'alors invincible; que ce même homme qui, en ce sens, a préparé la révolution françoise, qui, manquée chez

menses, & son crédit s'en accrut avec la facilité de prodiguer les biens de l'état & de s'environner de créatures.

Une grande vérité que j'ai déja rappellée plus haut se prouve dans toutes les circonstances où nous, n'en servira pas moins d'exemple aux autres nations; que cet homme, supérieur aux préjugés, que des prêtres menteurs avoient mis à la place des plus sublimes vérités, n'ait pu s'élever au-dessus des rois, & ait avili à leurs pieds ce génie que nous admirons : c'est une chose qu'on a peine à croire, & qui fait honte à l'humanité ! Rappellons ici ces vers du neuvieme chant de la Henriade. (Il parle de l'amour.)

 Il voit les murs d'Anet bâtis aux bords de l'Eure;
 Lui-même en ordonna la superbe structure :
 Par ses adroites mains avec art enlacés,
 Les chiffres de *Diane* y sont encore tracés;
 Sur sa tombe, en passant, les plaisirs & les graces
 Répandirent les fleurs qui naissoient sur ses traces.

C'est ainsi que le poison de la louange enivre ceux ou celles qui succedent à des monstres ainsi déifiés. Une femme vicieuse, & placée de maniere à faire de grands maux à l'humanité, jette les yeux sur la Henriade; l'auteur de Mahomet s'est prostitué sur le tombeau de Diane de Poitiers, d'Elisabeth, de Henri IV. Celui qui a dévoilé combien d'hommes ont péri pour la religion des fanatiques, a célébré des conquêtes, & voulut qu'on versât des flots de sang pour un roi. Celle qui lit d'aussi pernicieux ouvrages, doit se flatter qu'on la louera aussi quoi qu'elle fasse. Ah! si Voltaire n'avoit pas fait Brutus.... & comment a-t-il fait Brutus, & s'est-il montré toujours esclave des rois & dans ses actions & dans ses ouvrages ? Il leur a donné des leçons, vont me dire ses sectateurs. Je demande si c'étoit aux rois ou aux nations qu'il falloit apprendre leur métier. Quand il a voulu détruire le fanatisme, a-t-il donné aux prêtres de stériles maximes ? Non, il a su montrer aux hommes à briser le sceptre de la superstition; il devoit leur enseigner à détruire celui de la royauté. Voltaire étoit courtisan, riche, ambitieux de gloire & d'honneurs; il a été l'ami des grands. Rousseau fut pauvre, désintéressé, malheureux; il fut philosophe & ami de l'humanité.

l'on voit les femmes en action, c'est que l'exercice de toute espece de pouvoir, joint à la vie sensuelle, & souvent luxurieuse à laquelle elles se livrent, les rend cruelles & féroces; & une observation non moins importante, c'est que l'habitude du vice les rend presque toujours superstitieuses. Dans un siecle où le fanatisme régnoit avec un empire absolu, toutes les courtisannes se montrerent barbares & intolérantes. Diane ne contribua pas peu à nourrir dans l'ame de Henri la férocité qui lui étoit naturelle. La confiscation des biens des infortunés qui périssoient tous les jours dans les bûchers, ne servoit pas d'un léger aliment au zele des persécuteurs, & Diane n'étoit pas la derniere à partager ces horribles dépouilles. Elle persécuta *Marot* avec acharnement; elle voulut voir l'interrogatoire du *tailleur du roi*; elle fut témoin de son supplice, & ce ne fut pas le seul bûcher dans lequel elle vit jetter des victimes.

Allamand, président de la chambre des comptes, étoit à la tête des plus grandes affaires de finance; & pendant vingt-cinq ans, la protection de Diane, le mit en droit d'exercer les brigandages les plus odieux, sur-tout dans la partie des gabelles: à la fin, on se lassa de ce fléau, & le parlement de Paris crut devoir y mettre ordre. Dumenil, procureur du roi, conclut contre lui à la corde, & à de fortes restitutions. Les pieces du procès ayant compromis la duchesse de Valentinois, il conclut incidemment contre elle à une pareille restitution des sommes qu'elle avoit reçues à titre de dons & de gratifications, entre autres, d'une somme de quinze cents écus, &

d'une autre de soixante-seize mille livres. On juge bien que les loix ne furent point écoutées, & que les conclusions ne furent pas suivies. Allamand paya une amende; il poursuivit le cours de ses concussions; Diane continua ses brigandages jusqu'à ce qu'enfin la mort de Henri II lui fît céder la place à Catherine de Médicis; & ce fut au château d'Anet qu'elle termina une vie souillée de crimes, de vices & de vols monstrueux.

Médicis avoit été amenée en France en 1533; c'étoit le 28 octobre qu'elle avoit épousé Henri II. Les fêtes de ce fatal mariage durerent trente-quatre jours. Sa profonde dissimulation fut mise à l'épreuve dès l'instant de son arrivée. Elle comprit qu'elle ne pouvoit vaincre deux femmes puissantes, & qu'elle perdroit à jamais tout crédit à la cour, si elle osoit lutter ouvertement avec elles; elle sut être à la fois l'amie de la duchesse d'Etampes & de la duchesse de Valentinois. Comment une femme si jeune peut-elle concilier des intérêts aussi opposés, & n'être pas un monstre de perfidie & de duplicité? Les satyriques du tems nous apprennent qu'elle se dédommageoit des froideurs de Henri II dans cette cour de jeunes femmes qu'elle s'étoit formée lorsqu'elle n'étoit encore que dauphine, & qu'on avoit nommée *la petite bande;* c'étoit en effet une bande fort joyeuse que celle de ces *petites dames;* & leurs amusemens variés, la chasse, les courses à cheval, les danses, les festins, les parties secretes dans les maisons de Chambord, de Fontainebleau, de Madrid, contrastoient d'une maniere vraiment remarquable avec les bûchers, les roues & les gibets, où chaque jour voyoit expirer de malheureux protesfans. On ne fait pas comment il fe fit que, pendant dix ans, Médicis fut ftérile. Ou elle étoit fort prudente dans le vice, ou ceux qui l'entouroient étoient malheureux. On attribuoit à Henri II. le défaut d'héritiers; on prétendoit qu'il y avoit en lui un vice de conformation; fans doute on parvint ou à détruire ce vice, ou à lui perfuader qu'il n'exiftoit plus, ou bien enfin à le convaincre que l'intérêt de la nation exigeoit qu'il eût des fucceffeurs. L'adroite dauphine eut la liberté de devenir enceinte, & en 1543, elle mit au monde François II, qui régna un an après la mort de Henri II. Diane de Poitiers avoit démêlé le caractere de Médicis. Henri difoit, en parlant d'elle : *On ne connoît pas le caractere de ma femme, c'eft une brouillone; qu'on lui donne entrée au gouvernement, elle gâtera tout.* Elle obtint cependant les honneurs du couronnement en 1549 ; elle fit une entrée magnifique, & procura aux Parifiens, pour leur argent, le plaifir de voir une farce très-coûteufe, & le début d'une comédienne qui devoit leur faire dans la fuite verfer des pleurs & du fang. Cette fcene n'avoit été follicitée par elle que pour obtenir la régence. Mere de trois enfans, car elle s'étoit hâtée d'en avoir, elle avoit cru, en fe montrant au public, forcer fon mari à la commettre au foin du gouvernement, pendant fon expédition d'Allemagne. Elle réuffit, fut nommée régente en 1552, & ne négligea rien pour lever des taxes fuffifantes à l'entretien de l'armée ; elle fit continuer les perfécutions contre les hérétiques, tandis qu'au dehors le fer des ennemis moiffonnoit autant d'hommes que les bourreaux en faifoient périr au fein de la France.

Henri II eut lieu d'être satisfait d'elle à son retour ; elle lui avoit fourni de l'or, elle avoit fait couler le sang. Que d'attraits pour le cœur d'un roi ! Ce monstre fut cependant averti que le parlement, fatigué de punir, avoit suspendu les châtimens qui, révoltant les esprits, donnoient de nouvelles forces à ce qu'on appelloit erreur ; il frémit de rage, vint tenir une *séance royale*, permit qu'on délibérât devant lui, & voulut connoître, pour les perdre, ceux qui défendoient la liberté des opinions. Au sortir de cette séance, il s'écria » qu'il vouloit voir brûler Anne Du-» bourg à ses yeux". Non, tu ne le verras pas, la mort t'attend, elle t'appelle, elle va délivrer la France de tes forfaits : mais, hélas ! elle n'est point un châtiment de tes crimes ; ce n'est point la loi qui frappe ta tête coupable, & les hommes ne sont point vengés.

Devenue parfaitement libre de développer son caractere odieux, Médicis se montra telle qu'elle étoit lorsque Henri ne fut plus. L'année 1559 n'étoit pas écoulée, que la discorde régnoit à la cour ; les princes étoient outragés & humiliés ; le connétable de Montmorency forcé à la retraite ; les Guises élevés jusqu'aux marches du trône ; & la redoutable Catherine, secondée par l'infernal génie de cette maison, achevant de corrompre les mœurs, d'anéantir la justice, & de saper les fondemens des loix, régnoit immédiatement au-dessus des Guises ; dont les mains allumoient les flambeaux avec lesquels elle embrasoit l'état.

Elle érigea, presque aussi-tôt après son avénement, une nouvelle chambre du parlement, semblable au tribunal de l'inquisition ; on la nomma *chambre ardente*, parce qu'elle faisoit brûler sans rémiſſion, ni commutation, tous les malheureux accuſés d'héréſie. Des juges, qui, ſur des actions & des délits réels, ont peine à diſtinguer l'innocent du coupable, oſerent, ſur la foi des délateurs, juger de la conſcience des hommes. Le préſident Minard & l'inquiſiteur Démocharès alloient chercher les coupables dans le ſein des maiſons, juſqu'au fond des caves; afin d'irriter l'eſprit crédule du peuple, ils ſuppoſerent que les proteſtans avoient mêlé à leurs cérémonies religieuſes des outrages à la pureté des mœurs : le chancelier Olivier voulut interroger lui-même les délateurs, & ne put les convaincre d'impoſture dans leurs dépoſitions contre l'avocat *Trouillac* & ſa famille. Un de ces hommes, vendus au deſpotiſme, avoit dit qu'une des filles de cet honnête bourgeois lui étoit tombée en partage dans une orgie nocturne. Les filles d'honneur de la reine, irritées de l'outrage qu'on faiſoit à leur ſexe, s'emparerent de l'eſpion, & lui faiſant des queſtions d'autant plus ſingulieres qu'elles n'étoient pas dictées par les formes juridiques, il ſe déconcerta devant elles. Olivier voulut en vain profiter de cet étrange haſard, l'erreur étoit accréditée, elle ne fut point détruite; bientôt le ſupplice d'Anne Dubourg, les déſordres commis dans cette maiſon du fauxbourg St. Antoine, qu'on appelloit *la petite Geneve*, par le conſeiller Bragelonne & ſes ſatellites, le pillage de toutes les maiſons de Paris marquées ſur la liſte des inquiſiteurs, la fuite des habitans, les outrages qu'eſſuyoient les femmes, les cris des enfans abandonnés qui, du ſeuil de leurs habitations, à peine couverts des vêtemens qu'on leur avoit laiſſés, demandoient aux passans leurs parens & du pain, sans qu'aucun voisin osât les retirer dans la peur d'attirer sur soi le même fléau : tels furent les exploits qui signalerent l'érection de la chambre ardente, les premiers momens du regne de Médicis, & le ministere du cardinal de Lorraine.

L'excès du malheur contraint à la résistance ; les protestans irrités formerent un parti considérable par leur nombre & par la valeur de leurs chefs : malheureusement ils n'étoient pas secondés par la nation. Il n'y avoit point de nation ; il n'y avoit qu'un peuple esclave & superstitieux. Si la conspiration d'Amboise fut dirigée contre les Guises, ou contre Médicis & ses fils, c'est un point qu'on n'a pu éclaircir. Quoi qu'il en soit, les conjurés furent découverts, livrés au supplice ; & après l'exécution des coupables, la ville d'Amboise vit massacrer, en un seul jour, tous ceux qui étoient ou accusés ou soupçonnés d'avoir eu part à la conspiration. L'horreur de cette affreuse journée fut accrue le lendemain par le spectacle qu'offrit, aux premiers rayons du soleil, la Loire ensanglantée, roulant avec ses flots les corps des malheureuses victimes immolées la veille. L'infâme Médicis, accompagnée du roi, des princes ses freres, & des femmes de la cour, jouissoit de ce spectacle du haut d'une galerie, élevée devant le château d'Amboise. La seule Anne d'Est, duchesse de Guise, versant des larmes à la vue des potences, des bûchers & des bourreaux, demanda la permission de se retirer ; elle étoit cependant catholique, mais humaine : c'étoit la seule femme de la cour qui eut l'ame de son sexe. Le chancelier Olivier, las de parler d'humanité sans être entendu, couvert du sang des malheureux qu'on le forçoit de condamner, accablé de leurs reproches, & du remords de n'avoir pas défendu les loix du royaume contre les premieres entreprises du cardinal de Lorraine, ne put survivre à tant de crimes, & mourut de douleur (1).

La conjuration étoit dissipée; mais il restoit aux Guises & à Médicis une impression de terreur dont ils crurent se délivrer par des menaces & des troupes prêtes à marcher. Catherine ne pouvoit penser à des guerres étrangeres, ni à de nouvelles conquêtes; ses crimes avoient épuisé la France d'hommes & d'argent. Le cardinal de Lorraine cherchoit à faire un accommodement avec Elisabeth, reine d'Angleterre; & en traitant avec elle, il sentit plus d'une fois qu'il avoit affaire à un tyran plus habile que lui. Les affaires de France occupoient son attention; elle avoit à la fois le desir de secourir

---

(1) Olivier fut vraiment à plaindre, quoique ministre d'un roi; il ne fut que foible, & maîtrisé par le pouvoir tyrannique. Castelnau, l'un des plus vertueux des protestans, interrogé par lui sur divers points de la religion, lui rappella qu'auparavant, à sa terre de Leuville, il l'avoit vu penser comme lui. " Comment se peut-il faire, ajouta-t-il, que l'un de nous ait tellement changé d'opinion que nous ne puissions plus nous entendre ? Alors vous étiez dans la disgrace, & vous parliez vrai. Malheureux esclave de la faveur, pourquoi faut-il que, pour complaire à des hommes qui vous méprisent, vous trahissiez Dieu & votre conscience " ? Le même Castelnau, écoutant lire la sentence qui le condamnoit comme criminel de leze-majesté, s'écria que " si c'en étoit un d'avoir pris les armes contre les Guises, il n'y avoit qu'à les déclarer rois. Les bons François qui demeureront après moi, dit-il, prendront garde qu'ils ne prennent cette qualité ; quant à moi, la mort me délivre de cette crainte ". C'étoit, en 1560, un crime de *leze-majesté* de prendre les armes contre les Guises.

les protestans, d'entretenir le feu des guerres intestines qui ravageoient le royaume, de s'introduire dans les provinces maritimes, de rentrer dans Calais, ou de s'emparer enfin de quelque place qui lui donnât un libre accès en France. Elisabeth & Médicis avoient toutes deux la même maxime, *diviser pour régner*. Elisabeth ne la mit jamais en usage qu'au dehors ; Catherine, divisant tout autour d'elle, fut encore plus atroce que la reine d'Angleterre.

Charles IX régnoit depuis 1651. Médicis avoit été accusée de la mort de François II, son fils aîné; on ne l'en a jamais justifiée que par des conjectures & des présomptions : on ne l'a pas non plus convaincue. François étoit foible, valétudinaire; à la vérité, sa vie entiere promettoit une longue enfance, pendant laquelle elle devoit se flatter de gouverner toujours. Mais sa femme étoit belle, d'un caractere doux & humain, c'étoit Marie Stuard; elle avoit en horreur le sang & les persécutions; elle pouvoit faire ombrage à la furieuse Catherine : & pourquoi un crime lui eut-il coûté, s'il fût un seul moment où elle le crût nécessaire à ses intérêts ? Le roi d'Espagne avoit envoyé des secours à la maison de Lorraine; Médicis avoit été déclarée régente, pendant la minorité de ce prince, âgé de dix ans. En 1562, il y avoit, en France, quatorze armées toutes opposées les unes aux autres, dans lesquelles on voyoit combattre les fils contre leurs peres, les freres contre les freres, les amis contre les amis ; vieillards, femmes, enfans, renfermés dans l'intérieur des villes, n'osoient lever les mains au ciel pour demander la victoire;

tel parti qu'elle favorisât, elle devoit coûter des pleurs, & souiller leur nom. Ici un pere attendoit qu'un fils audacieux vint, la tête de son frere à la main, recueillir un sanglant héritage; là une femme au désespoir s'imaginoit déja recevoir, attendoit l'affreuse nouvelle que son mari lui avoit été enlevé par un fils parricide, qui alloit porter la flamme & la mort au milieu des foyers paternels; une autre trembloit que le fanatisme, armant son époux & ses fils mêmes contre elle, ne la forçât de fuir devant ceux dont l'amour & la nature auroient dû faire ses défenseurs. L'enfant massacré sur le sein de sa mere, imploroit en vain la pitié de ses parens. Les vainqueurs mêmes, dans ces horribles combats, les vainqueurs, souillés du sang de leurs proches & de leurs concitoyens, trouvoient, au sein de leurs familles, la mort qu'ils venoient de donner. Plus de parens, plus d'amis, la nature étoit muette, l'amitié détruite, tous les liens brisés : l'humanité inconnue, & son nom même oublié! On voyoit accourir de tous côtés des hommes de toutes les nations, conduits par l'esprit de rapine, qui, indifférens pour les deux partis, venoient servir l'un ou l'autre, & seconder la fureur des malheureux François. Le pillage, la désolation, les villes ravagées, brûlées, le sang coulant de toutes parts, telles étoient les œuvres de la régente.

Le prince de Condé ne luttoit que foiblement contre elle; il avoit besoin de secours, il la connoissoit implacable; il ne vouloit pas tomber entre ses mains, il se détermine à demander du service à Elisabeth, il offre de lui remettre le Havre, comme place de sûreté; elle promet des garnisons pour Dieppe & Rouen, des secours pécuniaires : il y consent, & les historiens osent le blâmer. Le duc de Guise avoit, disent-ils, défendu la France après la bataille de St. Quentin, chassé les Espagnols & le duc de Savoye, empêché le débarquement des troupes. Mais quel dommage auroient pu causer les succès passagers de ces troupes ennemies, en comparaison des massacres d'Amboise, de Vassy, de Gaillac, & toutes les horreurs qui les suivirent & les précéderent ? La déroute générale la plus sanglante, la plus complete, auroit-elle jamais eu de suites plus funestes que ne le fut l'horrible scene du 24 août 1572 ? En vain l'on prétend que le prince de Condé, Coligny, Châtillon, réduits au désespoir par la tyrannie, appelloient à leur secours les ennemis de l'état. La philosophie n'admet plus ces outrageantes distinctions : ce n'est plus d'après ces démarcations barbares qu'on doit juger les actions présentes & passées. Les ennemis de l'état, étoient-ce les Anglois ; non, c'étoient la régente, ses ministres, ses favoris, ses esclaves, les prêtres fanatiques, les magistrats & la nation elle-même que son aveuglement & sa lâcheté rendoient sa propre ennemie : les chefs protestans se sentoient assez généreux pour traiter les Anglois en alliés, tant qu'eux-mêmes auroient agi comme tels, & assez forts pour les repousser, s'ils avoient voulu devenir usurpateurs. Eh ! quelle usurpation encore ! Tyran pour tyran, ne valoit-il pas mieux subir dans ce moment le joug d'Elisabeth que celui de Médicis ? Elisabeth étoit reine ; à ce titre, aujourd'hui, son nom me paroît exécrable ; à ce titre, elle a mérité l'animadversion des hommes libres ; à ce titre, Brutus en auroit délivré le monde entier : mais dans les genres d'animaux féroces il est des especes plus carnacieres les unes que les autres ; & il en est qui se jettent sur la proie sans que la faim les presse : telle étoit Médicis.

Si, dans un siecle d'abrutissement, la mémoire de Condé a reçu quelque tache, ce ne sont point les clameurs des Guises qui la lui ont imprimée, c'est le peu de succès qu'il obtint, ce dont la parcimonie d'Elisabeth fut la principale cause. Si la bataille de Dreux lui avoit été favorable, s'il étoit rentré dans Paris triomphant, & armé pour le salut de l'état d'une juste vengeance contre la tyrannie & le fanatisme ; si les loix des nations avoient jugé Médicis & son fils, Condé auroit passé pour un grand homme, & se fût-il placé sur le trône, les peuples auroient béni son usurpation.

Le succès de l'armée royale ne fut pas complet ; Coligny reprit les places de Normandie ; la reine d'Angleterre envoya de nouveaux secours en argent, & procura des levées en Allemagne. Chaque jour voyoit naître de nouvelles scenes, où chaque parti ayant tantôt des avantages, & tantôt le dessous, la rage éclatoit également de part & d'autre ; mais si les protestans étoient cruels, à qui en étoit la faute ? Que demandoient-ils ? La paix & le libre exercice de leur religion. Que repondoit-on à de justes demandes ? Médicis publioit des édits par lesquels il étoit libre à chacun de leur courir sus par-tout où on les rencontreroit, & de les massacrer sans distinction & sans pitié. Eh ! quel est l'homme assez patient pour supporter de pareilles horreurs, & ne pas devenir cruel, quand il est aux mains avec de barbares ennemis ? Guise enfin fut assassiné ; on accusa l'amiral Coligny : s'il avoit ordonné ce meurtre, il auroit employé la seule voie qui existât alors de détruire les méchans ; mais ce qui persuade qu'en effet cet assassinat ne fut point son ouvrage, c'est qu'il le nia, en ajoutant avec une noble véracité qu'il le desiroit depuis long-tems, & qu'il croyoit dans sa conscience que c'étoit un bien pour l'état. Médicis perdoit un appui ; mais elle en étoit déja fatiguée : son génie altier craignoit d'en être dominé. Jalouse des crimes qu'elle lui voyoit commettre, elle auroit voulu les ordonner tous ; elle ne souffroit qu'impatiemment d'en partager & l'invention & l'exécution. Aussi-tôt après sa mort, elle conçut un nouveau moyen de vaincre les protestans. Ils devenoient peu à peu les plus forts; elle leur proposa la paix, & les insensés l'accepterent sans autres conditions qu'un traité signé par leur ennemie, & enregistré par des parlemens ou vendus, ou impuissans. Les conditions en étoien même trop avantageuses pour devoir les tromper & cependant ils le furent. Le traité fut conclu à Amboise le 19 mars 1563 ; & son effet le plu prompt fut d'ôter au prince de Condé tous le alliés qu'il s'étoit fait, & entre autres, Elisabetl qui, trompée dans toutes ses espérances, ne pu savoir que très-mauvais gré au prince de Cond de ce qu'elle devoit appeler foiblesse de sa part & de ce qui vraiment en méritoit le nom. L prudence humaine ne doit jamais permettre d'ac commodement entre des ennemis forcenés comm l'étoient les fanatiques & les protestans, comme le font les rois & les nations, comme l feront toujours les esclaves des rois & les hom mes libres. Quel est le traité capable de lier le crime & la vertu, la grandeur & la bassesse?

Tous les regnes de nos reines se ressemblent par des caracteres généraux; ou régentes, ou femmes des rois, elles ont toujours multiplié autour d'eux l'attrait des plaisirs corrupteurs; elles ont plongé dans la mollesse les ames qu'elles vouloient asservir, & les ont abruties pour les rendre violentes & cruelles. Médicis, qui tenoit de son pays des idées plus variées de débauche, & un temperament plus emporté que les François, passa aussi en inventions de cette nature toutes celles qui avoient employé cet odieux moyen, & donna l'exemple à celles qui l'ont suivie. Ses fils furent donc toujours, & toujours par ses soins, entourés d'objets lascifs; elle les transforma tout-à-fait en brutes: ils n'eurent plus rien de la nature de l'homme; & à cette époque les êtres chastes sont involontairement forcés de jetter un voile sur les mœurs effrayantes d'une cour plus dissolue peut-être que celle de Rome esclave, peut-être plus encore que celle de Louis XVI.

Charles IX, en 1666, arrivé à l'âge de majorité, se proposa, par le conseil de sa mere, de faire un voyage dans les provinces de France; Médicis avoit réussi à diviser les protestans de leurs alliés: déja les traités étoient violés en plusieurs points, déja les protestans murmuroient; mais leur imprudence les avoit affoiblis, & la reine formoit le détestable projet de leur ruine entiere. Les préparatifs du voyage annoncent un enchaînement de fêtes & de plaisirs; la paix semble en être l'unique but; tous les divertissemens auxquels on paroît se livrer, persuadent au peuple imbécille que ses *maîtres* ne veulent lui inspirer que joie & sécurité : mais Médicis a d'autres vues, & sans pouvoir les démêler, elles allarment les protestans. Le prince de Condé ne suivit point la cour, il demeura dans son gouvernement de Picardie ; & pendant l'absence du roi, les chefs des deux partis, ne cesserent de s'offenser mutuellement par des affronts & des querelles ; dans les différentes villes où ce prince s'arrêtoit, il arrivoit chaque jour des couriers d'Espagne, de Savoye, de Rome & d'Allemagne ; leurs missions étoient secretes, le royaume étoit en pleine paix : quel étoit le but de ces fréquentes ambassades dans un voyage de plaisir ? On publioit qu'il n'y en avoit d'autre que l'entrevue de Bayonne avec la reine d'Espagne ; mais on venoit de découvrir une conspiration formée contre Jeanne d'Albret, reine de Navarre, & son fils Henri : on devoit les enlever, & les remettre aux mains de Philippe, roi d'Espagne. Les protestans qui accompagnoient la cour, & qui étoient environnés d'objets propres à exciter des soupçons violens, ne purent pénétrer la profondeur du mystere que Médicis employa dans le séjour de Bayonne. Les fêtes, les tournois, les danses, le délire d'une joie apparente, une troupe de jeunes princes & de ménades ivres de vin & de débauche, déroboient à la vue des plus inquiets observateurs les desseins ténébreux de Médicis. Toute sa conduite a prouvé que ce fut là qu'on forma le projet d'assassiner tout le parti calviniste, & que pendant sept ans elle travailla sans relâche à faire éclore la nuit de la St. Barthélemi. Au départ de la reine d'Espagne, Charles IX vint à Nérac, où

résidoit

résidoit Jeanne d'Albret; cette princesse y avoit détruit l'exercice de la religion catholique : il le rétablit avec violence, & engagea la reine à l'accompagner dans la capitale. Jeanne y consentit par l'impuissance d'y résister. Il l'accabloit de caresses; mais pendant la route, il lui montroit, d'un œil farouche, les traces du sang des citoyens morts dans la derniere guerre civile, les monasteres & les églises renversés, les croix & les statues des saints mutilées, enfin tous les désordres commis par son parti. Jeanne d'Albret, prisonniere au milieu de cette cour qu'elle détestoit; tournoit de tristes regards vers son fils, dont l'intérêt la forçoit au silence; mais les caresses & les protestations du roi ne lui inspiroient ni confiance ni sécurité.

Quelque fût le plan qu'on avoit adopté à Bayonne, on avoit besoin d'un génie aussi profond dans le mal que Médicis l'avoit reçu de la nature, pour opérer la réussite des moyens nécessaires. Cette réussite dépendoit, non pas de la combinaison des événemens passés, non de celle des événemens présens, mais de ceux qu'on feroit naître. Que de dissimulation & d'intrigues il falloit mettre en usage ! que de ressorts il falloit faire jouer ! que d'êtres à séduire ou à tromper ! que de têtes à sacrifier ! de crimes à commettre ! d'argent à répandre, & par conséquent à lever ! de correspondances à établir ! d'espions à soudoyer ! Quarante êtres, doués de l'esprit le plus malfaisant, auroient dû suffire à peine pour diriger tant d'attentats ; une seule femme crut pouvoir s'en charger, & elle réussit.

L'artifice étoit nécessaire dans l'état où étoient

les provinces de France, agitées par les soupçons, troublées par les craintes, par le souvenir des maux passés, & par la défiance ordinaire aux malheureux. Médicis avoit tant de fois trompé les calvinistes, & tant de fois même déjoué les espérances des catholiques, que rien ne pouvoit lui rendre la confiance des premiers, & qu'il falloit de grands attentats pour en inspirer aux autres. Charles IX, quoique élevé par elle, quoique docile & soumis, la gênoit quelquefois par ses emportemens. Le fanatisme & la tyrannie luttoient dans son ame féroce contre toute espece de dissimulation; la résistance enflammoit ses passions, & souvent il laissoit échapper des secrets importans. Les protestans avoient engagé les princes d'Allemagne à lui faire demander l'exécution des traités, la liberté de conscience, sans acception de tems, de lieux & de personnes. Le roi, frémissant de colere, fut à peine capable d'en réprimer le transport: il repoussa durement de si justes propositions; & Médicis, sentant bien quel tort l'imprudence de son fils pouvoit lui faire, chercha du moins à calmer l'esprit des ambassadeurs, par des honneurs & des présens. Cependant elle avoit tout lieu de craindre que ses projets ne fussent pénétrés: on faisoit imprimer des livres contre elle; on publioit des maximes tendantes à autoriser le *régicide* (1). Un jour, en allant à la

---

(1) On a eu raison de classer le meurtre des rois dans un autre rang que l'assassinat; le mot *homicide* ne pouvoit les regarder. Je voudrois, tant qu'il existera des rois, qu'on eût soin de conserver ce mot, *régicide*. Au premier examen, lorsque nous voyons qu'on a inventé un mot, comme s'ils étoient d'une espece différente de la nôtre, nous croyons

messe, elle trouva sous ses pas une lettre, par laquelle on l'avertissoit que si elle ne permettoit pas l'exercice de la religion réformée, elle éprouveroit le sort du président Minard & du duc de Guise (1). On l'exhortoit à craindre la colere de Dieu, & *le désespoir des hommes*. Le prince de Condé, remarquant son extrême assiduité au service de la religion catholique, son exactitude affectée à en observer toutes les pratiques, sa vigilance à les faire également observer aux femmes de la cour, aux officiers de sa maison, & à couvrir ainsi de ce voile sacré leurs débauches & les siennes ; voyant que le crédit du cardinal de Lorraine s'accroissoit de jour en jour ; qu'en différentes occasions les catholiques insultoient impunément les protestans, il jugea, ainsi que l'amiral, qu'il étoit prudent de prendre des précautions pour l'avenir. Théodore de Beze avoit remplacé Calvin à la tête des églises protestantes de Geneve ; il donnoit aux François des avis de tout ce qui se préparoit contre eux ; des armemens du duc d'Albe, monstre dévoué dans les Pays-Bas à toutes les fureurs du roi d'Espagne ; il demandoit des secours au prince de Condé, dans le cas où le duc viendroit assiéger Geneve. Le prince lui envoya un corps de protestans de la Bourgogne, du Lyonnais & du Dauphiné ; & de son côté,

---

qu'on a voulu les placer dans une région supérieure. En effet, nos peres ignorans & superstitieux ont pu avoir cette pensée ; mais nous, à qui une longue expérience n'a pas enseigné à détruire la royauté, quoiqu'elle nous ait appris à juger les rois, conservons avec eux le mot *régicide*, c'est comme si on disoit *lionicide*, *tigricide*, &c.

(1) Le président Minard fut tué d'un coup de fusil.

songeant à se mettre en état de défense, il s'adressa aux princes allemands & à la reine d'Angleterre.

C'étoit là ce que vouloit Médicis. Ce n'étoit plus elle qui avoit rompu les traités ; les protestans avoient conçu des défiances qu'elle n'avoit pû prévoir ; ils se préparoient à prendre les armes contre *leur roi*, sans avoir été attaqués : ils étoient donc dans leur tort, & cette situation à laquelle elle les avoit amenés peu à peu, étoit capable d'intimider les princes qu'ils sollicitoient en leur faveur. Le titre de *rebelles* avoit un pouvoir surprenant dans ces tems d'ignorance des loix naturelles : on secouroit quelquefois les *opprimés* ; mais le mot *rebellion* repoussoit des hommes incapables de sentir que la rebellion envers des rois n'est que la *juste défense de soi-même*.

On ne peut pas dire cependant que les prétendus rebelles n'aient pas usé d'une grande prudence dans cette nouvelle rupture entre eux & la cour. Les grands armemens du roi d'Espagne leur fournirent un prétexte de représenter à Charles IX qu'il étoit allarmant, même pour l'intérêt de la France, qu'un voisin puissant & artificieux faisant des préparatifs considérables, il étoit de la prévoyance d'un souverain de se tenir sur la défensive. Feignant d'ignorer qu'une partie des troupes espagnoles devoit passer en France, ils présentoient au roi & à sa mere un moyen de revenir à eux-mêmes ; & leur offrant pour le salut de l'état leurs services, leurs biens, & les bras de tous ceux de leur religion, ils leur fournissoient de suffisantes cautions de leur foi. Ces offres ayant été mal reçues, la charge de connétable refusée avec hauteur au prince de Condé, il résolut enfin de ne plus garder de ménagement avec la reine. Médicis, craignant qu'il ne se hâtât de prendre un parti auquel elle n'étoit pas encore préparée, feignit un moment d'avoir réfléchi sur ses avis & ses propositions : elle assembla un conseil, y appella les principaux du parti protestant, proposa un *plan de défense pour les frontieres*, mit en délibération si l'on déclareroit la guerre à l'Espagne, & poussa l'artifice jusqu'à envoyer un ambassadeur à Philippe, pour le détourner du dessein de passer en Flandres, & lui demander raison de ses préparatifs de guerre. Cet envoyé, dont les instructions avoient été publiques dans le conseil, fut précédé par un moine, chargé d'instruire en secret le roi d'Espagne du motif de cette comédie. L'ambassadeur n'étoit point dans la confidence ; il arrive, explique le sujet de sa mission ; Philippe le reçoit avec beaucoup de hauteur, lui parle des mécontentemens qu'il a reçus de la France, refuse de lui dévoiler ses motifs, & remplit son rôle avec tant d'intelligence à la fois & de bassesse, que le pape Pie V, ne pénétrant pas un pareil mystere, se hâta d'envoyer un nonce à la cour de France, pour empêcher la rupture qui lui paroissoit près d'éclater entre les deux couronnes, & dont les suites lui sembloient opposées au grand projet de ruiner dans toute l'Europe le parti des protestans (1).

---

(1) Le plan de défense des frontieres, préparé dans le cabinet de Médicis, ressembloit assez aux superbes projets de notre fameux comité militaire, composé pour la plupart de *Césars* imberbes, apprentis dans l'art de la guerre, & qui

Le prince de Condé fut au moment de croire à cette farce insultante ; l'amiral, plus éclairé par l'expérience, lui dévoila l'intrigue à-peu-près telle qu'elle avoit été conçue, & tous deux se prépare- rent à l'attaque. La révolte éclata le 28 septem- bre 1567. Les ordres donnés secrétement à Ge- neve & dans les villes protestantes de France fu- rent si bien exécutés, qu'il y eut tout-à-coup cinquante villes prises, & qu'à la tête d'un corps de cavalerie considérable, le prince, l'amiral & leurs amis s'avancerent jusqu'à Rozay, petite ville proche de Meaux. Castelnau en ayant donné avis à la reine, empêcha malheureusement Condé de se rendre maître de Charles IX, alors à Mou- ceaux, gardé par très-peu de monde. Médicis avoit dédaigné les conseils du farouche Montluc, d'au- tant plus lâche d'être l'esclave des rois & des prêtres, & l'ennemi des hommes, qu'il avoit des lumieres, des talens, & qu'il n'étoit rien moins que dévot. Elle se trouva surprise, & c'étoit dans

---

n'ont encore vu que des feux d'artifices & des bombes de carton. Il y avoit même ce rapport, de plus ; que si notre comité vouloit que la France fût mise en état de défense du côté par où elle peut être attaquée, il *voudroit* aussi, en sa qualité de souverain, que son plan fût inviolable & suivi. Comme Médicis, il a proposé ce qu'il ne veut point exé- cuter ; comme elle, il se croiroit infaillible s'il lui prenoit envie de fortifier nos places frontieres. Mais la ridicule am- bassade auprès de Philippe est vraiment le modele du ma- nifeste envoyé au mois de mai dernier par le sieur Mont- morin à toutes les cours étrangeres. Ce fut un trait digne de Médicis, & plus d'un des alliés de Louis XVI auroit pu en être la dupe, & trembler qu'enfin *égaré par des idées po- pulaires*, ce *prince* fût rentré dans la route de la raison. Sans doute des couriers expédiés en secret leur ont épargné cet excès d'erreur, & nous seuls avons un moment donné dans ce piege.

ces occasions seules où elle étoit sujette à la frayeur. Elle demanda des avis à tous ceux qui l'environnoient; le premier fut d'appeller les Suisses au secours du roi; le chancelier de l'Hôpital offrit seul un conseil généreux. » Renvoyons, » dit-il, ces troupes étrangeres, & rassurons les » calvinistes, qui, gagnés par cette condescen- » dance, poseront les armes. M. le chancelier, » repliqua la reine, voulez-vous promettre qu'ils » n'auront d'autre but que de servir le roi ? Oui, » madame, répondit l'Hôpital, si l'on m'assure » qu'on ne les veuille pas tromper ". C'étoit exiger de Catherine ce que la nature avoit mis hors de son pouvoir. L'avis d'environner le roi de lances & d'épées prévalut. C'est au milieu des armes que les tyrans se croient en sûreté; il faut des gardes & des forteresses à ceux qui veulent faire le mal, qui le font, & qui craignent le châtiment. Tandis que le roi revenoit à Paris, le prince de Condé parut vers Meaux avec ses troupes; il vit où crut voir qu'il n'étoit point assez fort, & se retira. Charles IX profita de ce moment pour tirer de fort loin quelques coups de carabine, & l'on publia que ce *prince courageux* avoit voulu engager l'action. Dès ce moment, les opérations des protestans perdirent tout leur effet ; la bataille de Saint-Denis fut désastreuse, & le dernier parti qui leur resta fut de se replier sur les frontieres, & d'y attendre le secours que leur amenoit le prince Casimir. Une armée sans habits, sans paie, sans bagage, obligée de chercher un abri dans les lieux écartés, d'arracher du pain & des vivres au paysan surpris, accablée de fatigue & de toutes les intempéries d'une saison rigoureuse, étoit soutenue par la confiance qu'elle avoit dans une cause qu'elle croyoit juste. L'armée royale bien payée, bien nourrie, logée dans les grandes villes, marchoit sans ordre & sans vigueur, méprisant l'autorité d'un enfant, du duc d'Anjou qui la commandoit, qui étoit fils de Médicis, & qui conduisoit ses soldats contre leurs freres & leurs amis. Cette armée, quoique florissante en apparence, n'auroit pas donné le spectacle attendrissant qu'offrit la jonction de l'armée protestante & de celle du prince Casimir. Après une longue attente, cette armée paroît ; la joie se répand parmi les soldats ; les chefs seuls paroissent consternés ; les troupes étrangeres croyoient toucher cent mille écus en joignant leurs alliés ; il n'y en avoit pas deux mille dans la caisse. Le prince de Condé & les autres capitaines représentent aux officiers leurs besoins & leur embarras : ceux-ci haranguent leurs soldats ; chacun, à l'envi, livre ce qu'il a conservé de plus précieux : cette armée sans paie en soudoie une autre ; on forme une somme de quatre-vingt-dix mille livres ; les étrangers se montrent aussi généreux que les François ; ils se contentent de ce prêt modique, & le prince de Condé revenant sur ses pas, rentre en France en janvier 1568. C'est dans les momens où, favorisé par les circonstances, le crime regne & répand au loin la terreur & la désolation ; c'est lorsque les êtres foibles, rampant à ses pieds, semblent vouloir se dérober à son action, lorsque les instrumens de sa fatale puissance levent seuls une tête hardie, qu'on voit éclater aussi les plus grands traits de courage. Il semble que la nature outragée réunisse toutes ses forces au sein de quelques êtres privilégiés,

& qu'elle veuille confoler l'humanité par le tableau impofant de la vertu combattant feule pour elle-même.

Condé ne put jouir long-tems de l'avantage qu'il s'étoit procuré en confervant les troupes de Cafimir. Médicis avoit profité de fon abfence ; elle avoit préparé des moyens infaillibles de féduction. Aucune des foldatefques européennes n'eft moins à l'épreuve de l'or que les Allemands ; aucune ne paroît plus éloignée de toute énergie & de tout fentiment de dignité. Les dons de la reine opérerent une défertion nombreufe : elle fit circuler en même-tems une fauffe copie des propofitions faites au prince de Condé, & prétenduement refufées par lui : on y promettoit aux calviniftes la liberté de confcience. Les Allemands trouverent injufte de fe battre pour des hommes qui avoient eux-mêmes refufé les conditions qu'ils defiroient ; ils fe retirerent ; les places conquifes furent rendues, & les chefs obligés de figner, le 26 mars, un nouveau traité qu'ils favoient bien qu'on alloit violer comme les autres. Les parlemens eux-mêmes, ces prétendus pacificateurs, ces barrieres entre le *trône & les fujets*, contribuoient à ébranler ces traités douteux, & leurs enregiftremens étoient en quelque forte des déclarations de guerre ; ils y défapprouverent la doctrine proteftante, & déclaroient que l'arrangement pris par l'édit ne pouvoit durer que jufqu'au moment où le royaume feroit réuni fous une même croyance. Perfonne n'ignore que le parlement de Paris n'enregiftra l'édit de 1560, que fous la réferve d'un arrêt fecret, par lequel on pouvoit l'interpréter, lorfque l'exécution en feroit réclamée ; perfonne n'ignore combien les regiſtres de ces grands corps contiennent de monumens de baſſeſſe, d'ignorance & de mauvaiſe foi; & c'eſt ce dédale d'erreurs & d'horreurs qu'on voudroit ramaſſer dans les traces fangeuſes du deſpotiſme.

Avant la fin de l'année, le triomphe de Médicis ſembloit aſſuré : on ne ménageoit plus les calviniſtes; les chaires retentiſſoient contre eux des plus groſſieres injures; dans les temples où l'on oſoit encore adorer Dieu avec des mains teintes de ſang, on publioit que la foi n'étoit pas due aux hérétiques; que la paix leur laiſſoit la facilité de reprendre des forces, qu'il falloit la rompre & ne leur faire aucun quartier, que le maſſacre étoit une action pieuſe, juſte & utile. L'effet de ces diſcours étoit, à coup ſûr, des émeutes publiques, après leſquelles les malheureux proteſtans offenſés étoient encore punis comme ſéditieux, ou des aſſaſſinats dont ils ne pouvoient obtenir juſtice. Malheur, dans Paris ou dans les provinces, à ceux qu'on ſavoit conſerver ou ſeulement avoir eu des liaiſons avec les chefs des proteſtans; le poignard, le poiſon, le ſupplice lent du cachot les détruiſoient, & avec eux les inquiétudes qu'ils pouvoient cauſer. En trois mois, il périt plus de dix mille perſonnes par ces moyens déteſtables. Implacable fanatiſme! monſtre qui, même en expirant, viens encore de faire couler du ſang à Nîmes, à Montauban & ailleurs! quand donc ſeras-tu effacé de deſſus la terre avec tout ce que tu as érigé & tout ce qui te prête encore un appui (1) ?

---

(1) Il n'eſt pas ſûr que le fanatiſme n'ait pas quelque part

Les armes reprises de part & d'autre, les défaites de Jarnac & de Montcontour, l'assassinat du prince de Condé, la perte de plusieurs autres chefs protestans, le découragement des troupes, les intrigues perpétuelles de Médicis, tout la conduisoit à la consommation de son grand projet. Le mauvais succès du siege de Saint-Jean d'Angély seul pouvoit sauver encore les calvinistes; ils se

---

à l'espece de contre-révolution que l'on vient d'éprouver à Paris, la ville de France la moins digne de la liberté, la plus courbée sous le joug de l'intérêt personnel, la plus ensevelie dans le luxe & la mollesse, la plus corrompue par l'influence maligne de la cour. Le fanatisme n'ose se montrer à découvert, il est vrai : mais soyons sûrs qu'il habitera toujours auprès de ce trône que viennent de relever des hommes coupables éblouis par un indigne salaire. Soyons sûrs que lorsque d'énormes prérogatives, soutenues par d'énormes richesses auront mis un roi en état de lever contre la nation l'étendard de la rebellion, ce sera au nom de Dieu qu'il s'écriera : Peuple, rentrez sous le joug que vous avoient imposé *mes ancêtres*. Ce sera au nom de Dieu que des prêtres fanatiques prêcheront une obéissance servile au peuple étonné, surpris & vaincu. Ce sera au nom de Dieu que les hommes libres tomberont sous le glaive ; que tous les amis de l'humanité périront sans défense, & qu'il ne restera que le souvenir de cette révolution si bien commencée, si mal soutenue, & anéantie au moment où elle alloit s'achever. Funeste présage ! me dira-t-on ? il n'est malheureusement que trop fondé. Calculons la guerre déclarée aux amis de la vérité, aux patriotes, aux hommes libres, leur incarcération ; l'erreur dans laquelle on a jetté quelque portion des provinces, pour avoir le tems de consommer la trahison méditée par l'assemblée nationale ; d'exercer impunément la perversité des tribunaux ; d'ériger au nom de la loi profanée un pouvoir supérieur à toutes les loix, & de former une législature corrompue d'avance, & incapable de remédier à nos maux. Calculons tout ce qui s'est écoulé depuis le 17 juillet dernier, & osons croire que la liberté peut renaître, sans un miracle nouveau de cette providence qui nous avoit si bien dirigés.

défendoient avec courage ; ils devoient recevoir des fecours puiffans des Pays-Bas & de l'Allemagne : la reine fit publier & dans les Pays-Bas & en Allemagne, que la paix étoit faite & ratifiée entre eux & la cour. Les princes & les chefs fufpendoient les levées d'hommes ; le moment du fecours fut manqué, & lorfqu'on fut éclairci de cette infernale rufe, il n'étoit plus tems. Preffés de toutes parts, malheureux par-tout, jamais fecondés par le peuple, & toujours furpris par les artifices de la reine, ils confentirent enfin à la paix du 15 août 1569. Le roi, la reine-mere, les princes, le confeil, les grands du royaume, Jeanne d'Albret, Coligny, ou en perfonne ou par leurs fondés de pouvoirs, la jurerent folemnellement à Saint-Germain-en-Laye. On en fit paffer la nouvelle à la Rochelle, & le jeune Téligny la porta vers l'armée proteftante, où elle fut également reçue & jurée. Les conditions en étoient avantageufes, le fceau le plus réel fembloit être le mariage projetté du jeune Henri, roi de Navarre, avec Marguerite, fœur du roi. Le duc de Guife avoit prétendu à la main de cette princeffe ; mais Charles IX, trop orgueilleux pour y confentir, & trop épris de fes projets de vengeance pour y renoncer, ordonna un jour au bâtard d'Angoulême, fon frere, de tuer le duc de Guife. La reine, informée de cet ordre, en fit avertir le duc, qui fe hâta d'époufer Catherine de Cleves, veuve du prince de Croy.

Tout paroiffoit rentré dans l'ordre ; la profonde diffimulation de Catherine, parfaitement fecondée par fon fils, raffuroit de plus en plus les crédules proteftans. Comment pouvoient-ils imaginer cependant que des ennemis acharnés à leur perte, des hommes affez lâches pour que tous les moyens leur euffent paru bons & faciles, puffent, au moment où ils avoient fur eux les plus grands avantages, leur donner tout ce qu'ils avoient inutilement demandé les armes à la main, le libre exercice de leur religion, excepté à la cour, le droit à toutes les places & charges de l'état, la reftitution de tous les biens confifqués, & enfin quatre villes de fûreté à leur choix, & dans lefquelles ils eurent le droit de placer des gouverneurs & des garnifons à leurs ordres? Il eft vrai, & c'eft un fait à remarquer, qu'elles ne leur furent accordées qu'aux conditions que les princes de Béarn & de Condé firent ferment de les remettre dans deux ans. Pourquoi ce tems de *deux ans*, qui fut précifément l'époque de la Saint-Barthélemy ? C'eft que Médicis favoit bien qu'il lui falloit ce tems encore pour ménager les circonftances favorables, & accomplir les odieux fermens qui s'étoient faits à Bayonne, entre elle & fon odieufe fille, que les hiftoriens & les fades romanciers ont cherché à nous rendre fi intéreffante, & que peut-être on n'a jamais confidérée fous le point de vue révoltant de négociatrice d'un traité fanguinaire.

Les calviniftes auroient-ils dû s'en rapporter à la foi de tant d'êtres perfides ? Ils auroient fuccombé fous le poids de la guerre, dira-t-on : eh bien ! ils feroient morts en défendant leur foi, leur liberté ; ils auroient péri volontairement ; ils n'auroient pas été maffacrés fous le fer des bourreaux. Ces courageux ennemis des Romains, qui brûlerent leur ville & s'enfevelirent fous fes ruines, plutôt que de se rendre, ont laissé à leur postérité un glorieux exemple de ce que peut sur l'homme une juste idée de sa dignité.

Médicis eut à peine vu régner autour d'elle cette sécurité qu'elle n'aimoit pas, mais qui lui étoit nécessaire, qu'elle en profita pour marier son fils : elle lui fit épouser Elisabeth d'Autriche, fille de l'empereur; le mariage fut célébré à Spire, le 22 octobre 1570, & consommé le 26 novembre de la même année. La pompe la plus insultante régna dans la fête : les étoffes de prix, les broderies les plus riches, les tissus d'or & d'argent disputoient d'éclat avec les diamans & les pierres précieuses; les vases & les meubles brilloient, ainsi que les habits, par la rareté de la matiere & des ornemens précieux. Les Allemands, éblouis d'une magnificence à laquelle ils ne s'attendoient pas après de si longues années de désastres, s'écrioient que le royaume étoit *inépuisable*. Ils n'observoient pas le contraste de cette richesse apparente avec la pauvreté des campagnes; ils ne comparoient pas l'éclat de ces richesses factices avec la nullité des richesses réelles de l'agriculture & du commerce. La gaieté, ou plutôt la joie ivre & insensée des imbécilles habitans des cours, cachoit à leurs yeux la douleur concentrée des villes, les visages flétris de ceux à qui tant de malheurs & de pertes récentes n'avoient laissé que des pleurs à répandre. Ils n'entendoient pas les cris douloureux des veuves redemander à Médicis le pere de leurs tristes enfans; les vieillards, courbés sous le poids de l'âge & de la misere, lui dire d'une voix éteinte : » Barbare ! tes ordres sangui-
» naires ont moissonné ceux dont la main devoit

» nous fermer les yeux ". Les infortunés se déroboient aux regards, ou gardoient un morne silence : c'est ainsi qu'un éclat trompeur cache souvent des plaies profondes & envenimées ; c'est ainsi qu'on est abusé par le calme des monarchies, & qu'on y croit heureux celui que la peur rend immobile, & qui porte au fond de l'ame le poison lent de la douleur.

Quel étoit, on le répete encore, l'aveuglement des protestans, lorsqu'ils n'osoient soupçonner la foi de Médicis, & qu'à cette fête ils voyoient des tableaux représentans Charles sous la figure de Jupiter, & sa mere, avec les attributs de Junon, foudroyant les huguenots sous l'image des Titans; lorsque ces peintures étoient couronnées de distiques, dont l'idée étoit parfaitement liée aux projets qu'on méditoit; lorsqu'enfin cette mal-adresse inconcevable sembloit être un effet de cet esprit de vertige & d'aveuglement dont les tyrans sont quelquefois frappés ? Les ambassadeurs des princes ligués à Ausbourg parurent moins persuadés de la probité du roi; ils l'exhorterent, dans leurs complimens de félicitation, à entretenir la paix avec les religionnaires, & à les traiter *avec bonté.* Avec bonté ! Des hommes, des milliers d'hommes implorer *la bonté* d'un pygmée, qu'un souffle auroit anéanti ! Quelle honte ! & qui pourroit dire que tant de lâcheté ne mérite pas le salaire qu'elle obtient des rois, les fers & la mort ?

Quelle que soit la dissimulation des femmes, leur organisation physique les portant à une fréquente irritabilité, les rend presque toujours impatientes d'arriver au but qu'elles se proposent; de cette impatience naît le défaut naturel de profondeur dans les idées & de calcul dans les moyens. Médicis même laiffoit quelquefois échapper à fa politique adroite des imprudences qui auroient dû éclairer fes ennemis. Telle fut l'expofition de ces tableaux, monumens de haine & de vengeance ; telle fut encore l'imprudence d'augmenter les garnifons des villes voifines de celles où les proteftans en avoient placé eux-mêmes d'après le traité : c'étoit un acte capable de les éclairer ; auffi furent-ils fur le point de l'être. Les principaux chefs fe retirerent à la Rochelle, & ne fe féparerent point, comme ils l'avoient annoncé : ils augmenterent à leur tour leurs garnifons ; & lorfqu'on les interrogea fur cet acte de méfiance, ils répondirent qu'ils avoient pris les mêmes précautions que le roi ; qu'ils étoient obligés de fe raffembler pour faire fur leurs biens la répartition de leurs dettes ; que d'ailleurs ils ne pouvoient habiter la cour, où les Guifes obfédoient fans ceffe la perfonne du roi. Médicis fentit fon imprudence, & fe hâta de la réparer. Il n'eft pas fûr que le projet du mariage de Henri de Navarre & de Marguerite, fœur de Charles, fût fincere. Charles avoit pu la refufer au duc de Guife, fans avoir le deffein de la marier au roi de Navarre ; mais alors on fentit qu'il falloit preffer la conclufion de cet hymen, ou qu'on alloit effrayer les proteftans. Jeanne d'Albret en reçut les propofitions pofitives avec peu de joie, & ne s'engagea encore à rien. Les deux partis dominans fembloient n'être occupés que de mariage. L'amiral de Coligny venoit d'époufer mademoifelle d'Entremont, malgré les perfécutions du duc de Savoye, dont elle étoit fujette, & qui, ne pouvant arrêter fa perfonne, s'empara de

fes

ses biens. Coligny venoit en même tems de marier sa fille au jeune Téligny, gentilhomme sans fortune, mais homme de bien. Le prince de Condé alloit donner la main à Marie de Cleves, sœur du duc de Guise, & Médicis faisoit à la reine d'Angleterre des propositions en faveur du duc d'Anjou, son fils bien aimé.

Coligny, trompé par Charles IX & Médicis, craignoit la pétulance de ses calvinistes, dont quelques-uns avoient une foi moins aveugle que lui. Il auroit voulu d'ailleurs punir le roi d'Espagne des horreurs qu'il commettoit dans les Pays-Bas, & secondant le courage des héroïques Bataves, cueillir à la fin de sa carriere quelques-uns des lauriers que promet la liberté. Ces provinces épuisées cherchoient, dans ce moment, à se jetter sous la protection d'une puissance assez forte pour les secourir. L'Angleterre étoit vivement sollicitée par le prince d'Orange, & l'on prévoyoit bien que la politique Elisabeth ne laisseroit pas échapper cette occasion d'agrandir son influence sur les états d'Europe. Coligny crut que la France devoit disputer cet avantage à cette princesse, & se venger des troubles que Plilippe avoit excités dans son sein. Louis de Nassau, frere du prince d'Orange, passa en France chargé de faire des propositions au conseil. Médicis & son fils le reçurent avec toute la dissimulation dont ils étoient capables, & comme le but principal étoit de ramener l'amiral à la cour, Charles feignit de ne vouloir répondre à Nassau, qu'après avoir conféré d'un objet aussi important avec un vieillard dont l'expérience pouvoit seule guider sa jeunesse.

L'amour-propre, le véhicule de toutes nos ac-
P.

tions, devient souvent un de nos plus grands ennemis : l'amiral ne tint pas à l'artificieuse marque de confiance d'un roi ; malgré les pleurs de sa fille, les prieres de son gendre, les inquiétudes de sa femme, les terreurs de ses amis, il voulut impérativement venir trouver ce *jeune prince*, dont un souris perfide l'avoit plongé dans un fatal délire. Il n'écouta, ni avis ni conseil ; & lorsque Charles alla vers la fin de l'été à Blois pour y chercher Jeanne d'Albret & son fils, il trouva le crédule vieillard avec eux. » *Je vous tiens*, en» fin, lui dit-il, avec une joie perfide, *je vous* » *tiens, & vous ne me quitterez pas quand vous le* » *voudrez* ". On lui entendit répéter plus d'une fois sans pouvoir se déguiser : » *Oui, ce jour* » *est le plus beau de ma vie* ". Arrivée à Paris, Médicis courut se jetter, pour ainsi dire, dans les bras du vieillard, l'accabla de caresses, de marques de distinction, d'estime, de faveur particuliere, enfin de ces témoignages menteurs dont les rois sont prodigues lorsqu'ils veulent séduire & tromper, & par lesquels se sont laissé enivrer des hommes qui auroient dû être assez grands pour les fuir ou les anéantir. La reine de Navarre avoit à opposer au mariage de son fils avec Marguerite, des obstacles qui devoient lui paroître insurmontables ; la différence de religion, & toutes les formalités d'une célébration que cette différence rendoit presque impraticable. Les caresses de Médicis, & la complaisance de son fils qui sembloit tout applanir, la surprenoient & ne l'éblouissoient pas. Jeanne d'Albret avoit beaucoup des vices du rang suprême ; eh ! qui peut échapper à la contagion de cet état contre nature ? Mais elle avoit tant souffert par les circonstances, & par une lutte pénible & continuelle avec des tyrans supérieurs en force, qu'elle avoit moins perdu qu'un autre de l'essence de l'humanité. Elle avoit de l'esprit, de la pénétration, & si elle avoit été citoyenne d'un pays libre, elle auroit pu avoir des vertus. Médicis se sentoit intimidée en sa présence ; son silence observateur, qui alloit glacer jusques dans ses replis cette ame criminelle, ne lui inspiroit cependant que plus de fureur ; & ce fut sans doute la contrainte qu'elle lui imposoit, qui décida sa perte.

L'amiral se flattoit que la guerre avec l'Espagne étoit résolue ; Charles, étudiant avec soin la marche que lui dictoit sa mere, avoit si adroitement coloré ses desseins, que tous deux étoient parvenus à tromper même les catholiques, qui murmuroient presque tout haut de ce changement de scene. Ils désapprouvoient le mariage du prince de Béarn ; ils croyoient voir déja les calvinistes triomphans ; & l'erreur dans laquelle on les jettoit, passa jusques chez l'étranger. Le roi d'Espagne s'en inquiéta ; le pape envoya une ambassade, & menaça de ne point accorder de dispenses. » *Oh ! que ne* » *m'est-il permis de m'expliquer*, dit un jour Charles » au légat qui le pressoit vivement ? *Encore un peu* » *de tems*, ajouta-t-il, *& le saint pere saura combien* » *cette alliance est utile à la religion, & combien j'y* » *suis fidèle* ". Médicis enfin vainquit tous les obstacles, & le mariage se conclut. *Si les noces se font à Paris*, disoit le pere du duc de Sully, *les livrées en seront vermeilles*. Jeanne d'Albret avoit été faire un voyage dans ses états ; on sembloit n'attendre qu'elle pour la célébration ; elle arrive à Paris à la

P ij

fin de mai 1572. Médicis étoit laſſe d'endurer le tourment de ſa préſence, de craindre ſa pénétration : le 9 juin, l'infortunée n'étoit plus, un poiſon ſubtil avoit délivré d'elle & la mere & le fils. Que penſer de Henri ſon fils déja en âge de ſe marier, déja guerrier, déja roi, & déja capable de fouler aux pieds la cendre de ſa mere ? C'étoit pourtant cet Henri IV ; ce roi, l'idole des aveugles François, ce dont il eſt ſi étonnant qu'ils ſe ſoient détrompés ſans faire un pas, un ſeul pas de plus.

Rien ne fut capable d'éclairer l'amiral ; ni la mort de Jeanne d'Albret, ni les armemens ſubits qu'on faiſoit vers la Rochelle, ni les emprunts, enfin aucune des apparences de trahiſon qui ſe multiplioient autour de lui. Tous les avis qu'on lui donna furent ſuperflus, il ne les recevoit plus qu'avec colere, & enfin, il revint de ſon château de Châtillon, dans lequel il avoit paſſé quelques jours, pour aſſiſter aux noces brillantes du roi de Navarre. Quelques hiſtoriens prétendent que Charles IX, vaincu par la bonne foi de Coligny & des religionnaires dont il étoit environné, avoit de de bonne foi lui-même accepté les plans de guerre contre l'Eſpagne, & qu'il cherchoit à ſecouer l'autorité de ſa mere. Il eſt très-vrai que Médicis, touchant preſqu'au terme de ſes travaux, feignit de ſe défier de l'amitié que ſon fils témoignoit à l'amiral ; il eſt vrai que les Guiſes & leurs adhérens murmuroient fort haut, & publioient que le roi, ſéduit, alloit abandonner les intérêts de la religion catholique, & immoler ſes *fideles ſerviteurs* au reſſentiment invétéré des calviniſtes. Ils ſe plaignoient des hauteurs, des menaces, des inſultes qu'ils recevoient, difoient-ils, journellement de ces hommes dangereux. Médicis, verfant des larmes ameres, faifoit courir le bruit qu'elle alloit quitter la cour. Elle la quitta en effet; & Charles, rempliffant à fon tour le rôle qu'on lui avoit donné, va la trouver, fe plaint de fa fuite, & la conjure de lui en expliquer la caufe. On la diffimule d'abord, on feint de ne l'inftruire qu'à regret, & on lui dévoile enfin un prétendu complot des religionnaires & de l'amiral pour s'emparer de fa perfonne, & immoler tous les catholiques. Cette feinte découverte fert de prétexte fuffifant pour faire promptement rappeller les catholiques épars, les Guife, Nemours, Nevers, d'Elbœuf, Montpenfier, avec toute leur fuite de nobles fcélérats, mendiant des crimes & du pain, fur les traces de ces antiques *foutiens du trône*. Lés hiftoriens prétendent juftifier Charles IX, & nous faire croire à la réalité de cette fcene : & quelles font les fources où ils puifent leurs imbécilles affertions ? Les mémoires de ces affaffins qui entrerent au confeil, où le jour du maffacre fut défigné, & n'en fortirent que pour commettre cet exécrable attentat (1), Tavannes, Retz, Villeroy, Gondy,

---

(1) Il n'y a plus de jugement fixe à porter aujourd'hui fur les ouvrages qu'on a lus autrefois & qu'on regardoit comme eftimables. *Anquetil* a paffé pour un écrivain intègre & libre; on a cru voir de fa part un grand courage à dévoiler, dans *l'efprit de la ligue*, les trames odieufes de ces tems déplorables. Et cependant on y trouve un tel refpect pour la royauté, une attention fi minutieufe à écarter de la perfonne de Charles IX le foupçon de barbarie & de duplicité, à rejetter toute la haine fur fa mere & fes confeillers, qu'on eft forcé de dire qu'un tel auteur eft plus méprifable d'avoir caché la vérité, parce qu'il étoit capable

Birugues, monstres dignes d'être les soldats d'un roi : que dis-je ! ce n'est point assez, ils étoient dignes d'être rois eux-mêmes. Et c'est donc sur leur foi qu'on ose nous présenter Charles IX comme séduit, entraîné, trompé, tandis que toutes ses actions, ses démarches, ses discours nous prouvent qu'il étoit le digne éleve de l'atroce Médicis. Ah ! peut-être en effet qu'élevé par une autre femme, il n'auroit été sur le trône qu'un criminel ordinaire ! Peut-être que les leçons de Médicis graverent plus profondément dans son ame le penchant au vice, la soif du sang, l'amour du mal ; mais à l'époque où l'on prétend le justifier, son éducation étoit consommée, son cœur gangrené contenoit, comme celui de sa mere, tous les poisons de l'enfer.

Il falloit bien un prétexte pour assassiner les protestans ; il falloit bien tenter de colorer, aux

---

de la voir, & qu'il mentiroit s'il disoit qu'il ne l'a point vue ; plus méprisable encore, en ce que rien ne l'empêchoit de la dire. Il étoit prêtre, & il a bien osé combattre le fanatisme ! Il étoit homme, & il n'a osé accuser un roi ! S'il n'avoit pu le faire sans compromettre sa vie ou sa liberté, on lui pardonneroit ; mais lorsqu'il a écrit, le domaine de l'histoire appartenoit à tous, & la mémoire de Charles IX étoit aussi odieuse que celle de Néron & de Caligula. Quel est donc le motif qui l'a fait souiller ainsi sa plume & sa conscience ? Seroit-on forcé de le placer au rang des auteurs mercenaires qu'un intérêt secret a guidés ? Oui, Anquetil a montré du courage en blâmant rigoureusement les catholiques. Mais, en 1783, le fanatisme ne persécutoit plus ceux qui ne faisoient que raconter les faits connus & constatés : il ne poursuivoit plus que la liberté des opinions ; mais en 1783 la royauté avoit des bénéfices & des pensions à distribuer. Un auteur a dit, que *si la peste avoit de l'or & des cordons à donner, elle trouveroit des hommes assez lâches pour dire qu'elle est de droit divin.*

yeux de la France & de l'Europe, le changement subit des caresses & des bienfaits en un massacre général; il falloit bien rassembler des brigands faits pour exécuter un pareil complot, & l'on ne pouvoit déplacer toute la *noblesse* du royaume, sans une raison apparente de la faire mouvoir. On tente d'abord d'assassiner Coligny; un *gentilhomme* nommé Maurevel, appellé publiquement *le tueur du roi*, déja coupable de plusieurs assassinats, se charge de cette expédition, & la manque. Quel embarras! Médicis, éperdue, ne sait comment prévenir les suites d'un coup aussi peu prévu. Les protestans s'allarment, on demande justice; les tribunaux vendus informent sur toute autre chose que le délit commis. On arrête des calvinistes innocens, on les précipite dans les cachots, & l'assassin demeure en sûreté. La reine & son fils vont voir le blessé. Charles lui promet une éclatante vengeance aussi-tôt qu'on aura trouvé le coupable; l'amiral l'indique, il feint de ne point entendre, se retire en l'appellant *son pere*, en lui promettant de déclarer enfin la guerre à l'Espagne, & court au conseil signer l'arrêt de la proscription générale.

Le jour en est enfin fixé, l'ordre se donne, la joie féroce de Charles peut à peine se contenir. Médicis, tremblant qu'il ne se décele lui-même, l'exhorte à dissimuler; on agite si l'on exceptera quelques-uns des calvinistes: » Non, s'écrie le » jeune tigre, *non. Je ne veux pas qu'il en reste* » *un seul qui puisse me le reprocher*". La nuit du jour fatal arrive, Médicis attend avec impatience le son de la cloche: & la présence de Marguerite, femme de Henri, l'importune. Elle lui or-

donne de se retirer; sa sœur veut en vain l'arrêter, Médicis lui reproche durement qu'elle veut donc perdre l'état; hélas! reprend madame de Lorraine, s'ils soupçonnent quelque chose, ils la tueront : » N'importe, réplique la barbare Mé-
» dicis, il faut qu'elle sorte ".

La cloche fatale se fait entendre, elle porte une joie féroce dans l'ame de ces animaux avides de carnage. Les cris, les hurlemens, le cliquetis des armes les assure que leurs ordres sont remplis. Les protestans à demi-nuds veulent courir chez l'amiral; massacrés à sa porte, ils tombent sur le corps de celui qu'ils venoient défendre. Ceux qui approchent du Louvre, repoussés à coups de piques, reçoivent encore dans les flancs le plomb meurtrier que leur lance, du haut d'un balcon qui existe encore, la *main royale* du monstre dont ils réclament la foi : ceux qui fuient rencontrent les *gentilshommes* du duc de Guise & la milice bourgeoise. Malheureux soldats, jadis armés pour la défense de vos concitoyens, & c'est vous qui les massacrés pour l'intérêt d'un roi! On enfonce les portes des maisons; les jeunes hommes traînent dans les rues les vieillards, les femmes & les filles, les massacrent & les précipitent dans la Seine; des femmes plongent leurs mains dans le sang : des enfans de dix ans écrasent des enfans au maillot. Les haines personnelles se joignent à la rage du fanatisme. Au milieu du massacre général, des catholiques expirent sous le fer des catholiques; des héritiers abrégent les jours de leurs parens; des gens de lettres tuent leurs émules, des amans leurs rivaux; des fils & des filles, recevant la mort des mains qui les ont nourris, cherchent en vain la pitié dans le cœur de leurs parens. La plupart, consternés d'une rage si soudaine, se laissent égorger sans résistance; d'autres en mourant, implorent le Dieu de clémence, au nom duquel on les moissonne impitoyablement. O justice éternelle! ton nom est dans la bouche de ces monstres! De six à sept mille maisons inondées de sang, une seule osa se défendre. Le comte de Montgomery & une centaine de ses amis, logés un peu loin du Louvre, furent avertis assez à propos, pour s'enfuir à moitié nuds jusqu'en Normandie. Le marquis de Biron, ayant fait pointer le canon de l'arsenal sur les catholiques, donna le loisir à quelques malheureux de se retirer dans cet asyle. Le massacre dura trois jours, &, tandis que les meurtriers couverts de sang & de poussiere, cherchoient encore des victimes dans les lieux les plus secrets, Médicis, Charles & la cour se promenoient dans la ville, dans de lestes & galans équipages, suivis d'un brillant cortege d'hommes richement vêtus, & de femmes couronnées de fleurs & de pierreries, à qui cet horrible spectacle de cadavres & de blessés presque nuds, & luttant encore contre les horreurs de la mort, ne fournissoient que des observations obscenes, accompagnées de gestes lascifs, d'éclats de rire, & de termes capables de faire rougir même dans les derniers degrés de la bassesse & de la corruption. Ce n'étoit pas encore assez; Médicis voulut voir de ses yeux le cadavre défiguré de l'amiral de Coligny; elle fit le voyage de Montfaucon, où on l'avoit traîné, pour jouir de ce spectacle, & repaître les regards de Charles IX de la vue de cet homme que, huit jours auparavant, il avoit nommé son pere. Charles IX étoit-il trompé ? étoit-il l'esclave des volontés de sa mere ?

Cette horrible boucherie parcourut toute la France, & dura près de deux mois. Il périt quarante mille protestans (1). Les cadavres y demeurerent sans sépulture, les rivieres furent tellement infectées, que durant long-tems leurs eaux & leurs poissons furent un objet d'horreur pour les habitans de leurs rivages. On sait qu'au milieu de ce carnage, il exista des hommes dont la vertu ne fut ébranlée, ni par la crainte, ni par les promesses des tyrans. Les gouverneurs de plusieurs villes & de plusieurs provinces, exposerent leurs vies pour sauver celles de leurs freres ; & c'étoient cependant des catholiques & des gentilshommes. Plaçons à côté d'eux le bourreau de Lyon, qui répondit aux magistrats, que ses fonctions étoient de délivrer la société des malfaiteurs qui en troubloient le repos ; mais qu'il ne savoit obéir qu'à la vigilance des loix. N'oublions pas l'évêque de Lizieux, Jean Hannuyer, dont le zele vraiment saint, ouvrit aux protestans son palais & son église, & leur fit trouver un asyle aux pieds des autels, qu'il refusa de profaner. Rappellons avec respect ces traits d'humanité ; ceux en qui nous les admirons n'étoient pas faits pour vivre dans une monarchie ; leur ame, élevée à

---

(1) Elle fut moins violente en Bretagne & en Bourgogne, dit Mézeray, là où il y avoit moins de protestans ; moins en Languedoc & en Gascogne, où ils étoient assez forts pour se défendre ; mais cette tempête fut plus cruelle à Meaux, à Troyes, à Orléans, à Lyon, à Toulouse, à Bordeaux, à Rouen & à Angers.

la hauteur des vertus républicaines, auroit été dans son véritable élément (1). Le vicomte d'Orthès & le comte de Teudes, gouverneurs de la Provence & du Roussillon, payerent de leur vie leur zele pour leurs concitoyens. Ils moururent empoisonnés.

Quoiqu'on ne puisse admettre l'imbécille supposition que Charles fut plus excusable que sa mere, on ne niera pas que l'un & l'autre n'aient été frappés de terreur après l'exécution de Paris. L'incertitude des démarches de Médicis en est une preuve; d'abord elle écrit le premier jour dans les provinces, que cet événement est le fruit de l'animosité des catholiques & des protestans, des Guise, des Condé, des Coligny; que son fils n'y a aucune part, & qu'il ne songe point à rompre les traités de paix. Dès le lendemain, elle

---

(1) Fénelon étoit ambassadeur en Angleterre lorsque la nouvelle de cet attentat parvint à la cour d'Elisabeth. Anéanti par la douleur & la honte, il fallut l'aller notifier à la reine. Quel fut son effroi, lorsqu'en arrivant au palais, il vit sur tous les visages des traces d'horreur; un profond silence régnoit dans les salles : il passe au milieu d'une foule de courtisans vêtus de noir, de femmes vêtues de noir, couvertes de longs voiles noirs : la salle d'audience étoit tendue de noir. La reine l'y attendoit vêtue de deuil, les cheveux épars, & sans aucune espèce d'ornemens. L'ambassadeur, troublé de cet appareil lugubre, n'obtint pas un salut, ni même un regard de tous ceux qu'il rencontra; à peine lui fut-il possible de proférer un seul mot. Elisabeth lui épargna la nécessité des explications, & ce fut au sortir de cette audience qu'il osa bien écrire à Charles IX, qu'il *rougissoit de porter le nom de François*. La leçon étoit forte, sans doute ! mais combien elle auroit été plus accablante encore si c'eût été dans le sénat d'un pays libre, que l'ambassadeur du tyran eût reçu un semblable accueil, si le deuil de l'humanité avoit été pris par des citoyens, & non par des courtisans qui n'agissoient encore ici que sous les ordres d'un maître !

envoie des catholiques connus porter l'ordre verbal d'exercer les mêmes horreurs. Le troisieme jour, elle conduit son fils au parlement; & là, le monstre ose faire la dénonciation du complot imaginaire de l'amiral & de son parti, ajoutant que ce coupable sujet vouloit exterminer la famille royale, placer sur le trône le prince de Condé, & s'en défaire ensuite pour y monter lui-même. Le président de Thou sentant l'impéritie d'une semblable démarche, ne se prêta qu'à regret à la nécessité d'en ordonner la transcription sur des registres dont l'existence devoit attester à la postérité les crimes d'une régente & d'un roi. Dans tout le cours des années précédentes, les parlemens n'avoient cédé en fureur ni aux prêtres, ni aux courtisans; ils avoient persécuté les calvinistes avec acharnement; leurs arrêtés enchérissoient encore sur les ordres qui leur étoient donnés; & quand on voit un corps de magistrats, à qui l'étude des loix devroit faire haïr la tyrannie, se porter aux plus horribles excès pour le service des tyrans; lorsqu'on lui voit instituer une procession annuelle pour célébrer l'anniversaire de la Saint-Barthélemi; lorsqu'on le voit écrire à Médicis pour l'engager à réformer de sa maison, non-seulement les valets gentilshommes, mais jusqu'aux valets gagés pour les plus basses fonctions, s'ils n'étoient pas catholiques, quelle idée doit-on se faire de l'importance que ces grands corps attachoient à leur existence, sous le titre pompeux de *soutiens de la nation?* Les parlemens de province, pour la plupart, avoient signalé leur zele frénétique d'une maniere aussi effrayante. La Saint-Barthélemi fut applaudie par eux avec autant d'impudeur, & il n'y a pas long-tems que, par leur ordre, on en célébroit encore l'anniverfaire dans plufieurs villes.

Le préfident de Thou, plus éclairé, plus humain que le refte de fon infâme & vénale compagnie, devoit fe retirer d'une cour vendue à Médicis; il ne le fit pas, & en cela il fe rendit coupable. Il faut fe perfuader qu'un homme en place ne peut jamais faire le bien, s'il n'eft entouré d'hommes de bien, & qu'il doit la quitter, s'il fe trouve au milieu des brigands. C'eft un fophifme en pareil cas, que d'attribuer la réfidence au defir d'opérer le bien. Je demande fi un honnête homme s'obftinoit à refter dans une caverne de voleurs, fous le prétexte qu'il veut effayer de les convertir; fi, fous ce prétexte, il s'en faifoit falarier & nourrir, s'il les accompagnoit dans leurs courfes, & fe chargeoit du maniement de leurs tréfors, & qu'enfuite il vînt à être pris par la maréchauffée, je demande fi les loix ne le jugeroient pas comme complice des voleurs chez lefquels il prétendroit avoir voulu faire le bien? De Thou & le parlement de Paris s'apprêterent donc à faire le fupplément du 24 août, en commençant l'horrible procès à la mémoire de ces malheureux dont la mort tragique ne fatisfaifoit point affez la rage de Médicis. Elle-même, toute fouillée de leur fang, indiqua encore d'autres victimes. Les délations recommencerent leur cours; des témoins fans noms, fans domicile, vinrent dépofer vaguement fur des faits controuvés, & contre les hommes de bien qu'on leur avoit indiqués d'avance. Ils firent, pour la plupart, des rapports abfurdes, que des juges integres auroient rejettés comme conçus dans un état d'ivresse. Ce fut sur une procédure aussi ridicule qu'odieuse, que Briqueneaut & Cavagnes furent pendus, que la mémoire de Coligny fut flétrie par un arrêt infamant, & que d'autres amis ou parens des chefs du parti périrent, ou par les derniers supplices, ou dans les cachots, pour expier, non pas le complot qu'ils avoient formé contre la cour, mais celui que la cour avoit trop bien consommé contre eux.

Tout avoit réussi à l'impie Médicis ; mais les calvinistes, revenus de leur premiere stupeur, s'étoient fortifiés à la Rochelle, à Nîmes & à Montauban ; il fallut en faire le siege, & ce fut à cette époque où l'on put juger que Charles IX étoit moins qu'elle familiarisé avec le crime. Son imagination sembloit lui retracer, d'une maniere sinistre, les objets d'horreur dont il avoit été environné. Il s'éveilloit la nuit en sursaut ; il croyoit voir des spectres, du sang, entendre des armes, des cris, des gémissemens ; il parcouroit ses appartemens avec effroi, & sembloit ne contraindre qu'avec peine l'horreur que sa mere lui inspiroit. Ses reproches fréquens, sur-tout sur le siege de la Rochelle, purent bien déterminer Médicis à se délivrer de ce fils sous lequel elle comprit que sa régence alloit expirer. Aussi après avoir péniblement conduit l'intrigue qui donna au duc d'Anjou la couronne de Pologne, on la vit faire tous ses efforts pour le retenir à la cour ; & lorsqu'enfin elle fut obligée de consentir à son éloignement, *» partez, mon fils*, lui dit-elle, *vous » n'y serez pas long-tems* ". Déja Charles se sentoit atteint de cette étrange maladie qui termina ses jours : maladie cruelle, sans doute, mais non pas assez en comparaison des châtimens qu'auroient mérité ses crimes. La paix s'étoit faite, pour la quatrieme fois, entre lui & les calvinistes : mais qui pourroit calculer toutes les intrigues dont Médicis étoit sans cesse occupée à la cour pour y conserver son autorité, ne pas succomber aux mécontentemens de son fils, aux ressentimens des princes, à la haine des protestans, & se préparer une nouvelle régence sous le nom d'un prince foible, dont l'éternelle enfance lui promettoit un pouvoir absolu ? Il falloit toujours des victimes à cette ame altérée de sang, & fréquemment les supplices préparerent ou consommerent ses projets. Tels furent ceux de la Mole & Coconas, dont le plus grand tort étoit d'avoir été les favoris de Marguerite de Navarre & de la duchesse de Nemours, avantage qu'ils partageoient avec beaucoup d'autres, & qui les avoit malheureusement engagés à entrer dans le complot d'enlever de la cour les princes qu'on y tenoit, pour ainsi dire, prisonniers. Marguerite, dont l'esprit léger & insouciant n'a jamais montré de constance que dans la débauche, ne savoit rien dissimuler à sa mere. Son indiscret amant lui ayant confié le projet des protestans, elle courut le découvrir à Médicis, & vit périr sans regret celui qu'elle avoit cru honorer des plus hautes faveurs, bien sûre qu'elle trouveroit d'autres hommes assez lâches pour les briguer après lui.

Charles IX mourut enfin le 30 mai 1574, fatigué de la vie, abhorrant sa mere, craignant pour sa femme & sa fille, qu'il laissoit entre ses mains ; & tourmenté par le poids & l'atrocité de ses crimes : il laissa cependant la régence dans les mains de cette furie, en attendant le retour de son frere. A peine fut-elle en possession de ce pouvoir, qu'elle se signala par la mort d'une grande victime : elle fit trancher la tête à Montgommery, celui qui, dans le tournois de 1559, avoit tué Henri II, & qui depuis avoit porté les armes contre les catholiques. Charles IX lui avoit fait grace après la Saint-Barthélemy ; & depuis la paix de la Rochelle, il sembloit être à l'abri. Mais la farouche Médicis, qui n'avoit jamais pardonné, lui fit faire son procès, comme complice de la conjuration de l'amiral. Le parlement trouva qu'il étoit trop coupable, puisque la reine l'avoit condamné, & il expira sur un échafaud. Cette cruelle exécution, à laquelle on étoit fort éloigné de s'attendre, irrita les protestans ; & lorsque Henri III arriva, le feu de la guerre civile étoit déja prêt à éclater ; & ce prince, plus sensible à l'éclat des fêtes qu'on lui donnoit sur sa route, paroissoit fort peu inquiet du sort de la France & du sang des hommes. Le poison défaisoit Médicis de ceux à qui elle ne pouvoit faire de procès. Damville venoit d'en sentir les atteintes ; & malgré la douceur de son caractere, il avoit pris le parti de se joindre aux confédérés, & d'attendre avec eux le moment de se venger. Médicis savoit bien qu'elle n'avoit rien à craindre de son fils ; aussi le reçut-elle avec joie. Ce prince regardoit les *cruautés utiles* comme justes & permises ; il étoit vain, léger, inappliqué, esclave de la mollesse & des plaisirs, encore plus esclave de ses maîtresses & de ses mignons, prodigue des biens du peuple, brave au moment d'une action, lâche au fond de

son

son palais, aimant sur-tout l'indolence & le repos, enfin propre à laisser Médicis maîtresse de renverser le royaume, si *tel étoit son plaisir*.

La fierté du cardinal de Lorraine commençoit à fatiguer cette femme; il fut empoisonné; personne ne pouvoit être auprès d'elle à l'abri de ses coups; nul n'étoit assez son ami pour ne pas avoir à redouter le fer ou le poison. Les protestans, rassemblés d'abord à Milan, ensuite à Nîmes, paroissoient être en force & disposés à tout tenter pour leur vengeance & leur liberté. La reine d'Angleterre les encourageoit par ses conseils & ses secours; les princes d'Allemagne & le prince d'Orange ne les abandonnoient pas. Médicis travailloit à réunir contre eux l'Espagne & l'Italie; & pendant ce tems, Henri III s'occupoit à des processions; ou bien passoit des journées entieres à ranger, dans mille sens différens, des pierreries sur la toilette de sa nouvelle épouse, ou bien à examiner les préparatifs de son sacre, & à nourrir ses petits chiens, dont il étoit presque idolâtre, comme de ses mignons, jusqu'à les aller demander dans les maisons, ou les voler au coin des rues; ensuite à mortifier, à insulter même les femmes de la cour, & sur-tout Marguerite, sa sœur, qu'il haïssoit, & le duc d'Alençon, son frere, avec lequel il se querelloit sans relâche : enfin le duc, las de la vie qu'il menoit, entra dans une conspiration contre lui. Henri, muni de quelques preuves, vouloit qu'on lui fît son procès. Médicis eut beaucoup de peine à l'en empêcher. Ce n'étoit pas qu'elle aimât le duc d'Alençon, mais il entroit dans ses plans de ne jamais abandonner un parti qui l'assuroit de régner sur

l'autre, & elle se servit toujours de tous ses enfans pour faire contre-poids à l'autorité des uns des autres, & se la rendre nécessaire au milieu de leurs différends. Henri III eut à peine exhalé son premier transport, qu'il s'endormit dans son insouciance ordinaire, & le duc d'Alençon en fut quitte pour essuyer de sa part des mortifications plus fréquentes, & pour être plus en butte à l'insolence de ses favoris. Jamais on ne s'est trouvé dans une position plus cruelle que le duc : né ombrageux & méfiant, il ne pouvoit se reposer sur une mere qui avoit déja sacrifié deux de ses fils ; il n'éprouvoit pas la plus légere incommodité qu'il ne se crût empoisonné. Ses amis étoient sans cesse aux prises avec ceux de son frere, & à tout moment il croyoit être assassiné ; enfin il se détermina à la fuite, lorsque Médicis eut donné l'ordre d'étrangler à la Bastille les maréchaux de Montmorency & de Cossé. Ils furent sauvés par les pressantes prieres de Sauvré, gouverneur de cet affreux séjour, qui demanda du tems, & eut le bonheur d'en obtenir. Cette résolution sanguinaire n'en ayant pas moins porté la terreur dans l'ame des princes, le duc & les Montmorency se déroberent promptement, & joignirent l'armée des confédérés. Casimir étoit prêt à entrer en France à la tête d'un corps considérable de troupes Allemandes ; le frere du maréchal de Montmorency crut l'instant favorable pour se dévouer au salut du prisonnier ; il s'avança lui-même, formant, pour ainsi dire, l'avant-garde de Casimir. Médicis lui fit dire que s'il ne s'arrêtoit pas, elle lui enverroit les têtes des prisonniers. » Qu'elle
» le fasse, répondit le général, & elle ne possede

» rien en France où je ne laisse des marques éter-
» nelles de ma vengeance ". L'homme de courage est presque sûr d'intimider le méchant. Catherine interdite, prit un parti contraire; elle délivra Montmorency & Cossé; leur frere entra en
France, & fut battu près de Langres, par le duc
de Guise, surnommé le balafré, après cette journée dans laquelle il reçut une blessure au visage.
Ce succès auroit été plus complet, si Henri III
ne s'étoit, malgré Médicis même, obstiné à lui
refuser des secours, ce qui fit prévoir dès-lors
que le duc lui étoit suspect. Bientôt la reine,
moins puissante qu'elle ne l'avoit espéré, ne vit
d'autre moyen de veiller à son salut, & d'éviter
les hasards d'une guerre qu'elle avoit allumée,
que de faire avec les religionnaires une treve de
sept mois, par laquelle elle accorda les conditions les plus avantageuses possibles : elle s'obligea
de payer l'armée de Casimir, & de donner en
ôtage les villes de Niort, Angoulême, la Cha-
rité, Bourges, Saumur & Mézieres; de payer
les garnisons qu'on placeroit dans ces villes aux
ordres du duc d'Alençon & du prince de Condé,
& d'entretenir à ce dernier une garde de suisses,
d'arquebusiers & de gendarmes. Ainsi la situation
de Médicis étoit changée; elle commençoit à
porter le poids de ses crimes : haïe & méprisée
des deux partis, personne n'osoit se reposer sur
des promesses tant de fois violées; personne ne
pouvoit se croire auprès d'elle à l'abri du fer ou
du poison : mais elle n'étoit lasse pour cela ni de
crimes, ni de sang; & plus elle se sentoit humiliée, & plus elle se débattoit, pour ainsi dire,
dans la fange où elle s'étoit plongée.

La cour de Henri III étoit devenue un cloaque impur où séjournoient tous les vices, où fermentoit le levain corrompu de toutes les passions. Les femmes n'y rougissoient plus des choix les plus vils (1); par le plus complet renversement de principes & d'usages, elles alloient elles-mêmes men-

---

(1) Je n'appelle pas des choix vils, ceux que les préjugés ont long-tems placés dans la classe ridicule des rangs & des distinctions. La bassesse ne réside pas dans l'état qu'un homme peut exercer : mais il existe des différences dans l'éducation, les habitudes, les mœurs, les sentimens, & ces différences en mettront toujours une dans l'attachement d'un sexe pour l'autre ; il est impossible que nul sentiment délicat ait accès entre une femme éclairée, instruite, accoutumée au raffinement de la vie, exercée a la pratique des vertus sociales, & un homme droit, honnête, juste, mais dont l'esprit sans culture ne pourra ni recevoir ni lui communiquer les douces impressions auxquelles elle est habituée. S'il joint encore à la rusticité des habitudes grossieres, elle en sera encore plus rebutée ; de sorte qu'un tel attachement ne peut être qu'un choix de pure brutalité, & c'est en cela que l'on peut dire encore que ce sont des *choix vils*. Mais il en est d'une autre espece ; si à la meilleure éducation, au langage le plus agréable & le plus séduisant, à l'écorce la plus polie, un homme joint une ame flétrie par le vice, des goûts crapuleux, des habitudes dégoûtantes, c'est là principalement ce que j'appelle dans une femme un *choix vil*, car l'ame seule peut être avilie.

Dans les états monarchiques, presque tous les attachemens sont de cette nature ; ils entrent tous dans la premiere classe, le cœur n'y a jamais aucune part ; une passion absolument brutale en est l'objet, le but & le motif. La plupart même des mariages, quoique sanctionnés par la loi, ne sont qu'une profanation de la loi. Mais il y a souvent cette différence que la vilité des choix est l'ouvrage de la tyrannie des parens, qui sacrifient à l'or le bonheur de leurs enfans, & leur tracent eux-mêmes le chemin du crime en les unissant à des êtres vils, dont les défauts ou les vices les forcent trop souvent de part & d'autre à souiller la pureté des nœuds qui doivent faire la sûreté de tout les contrats qui nous lient les uns aux autres dans la vie sociale.

dier l'acceptation des faveurs qui n'avoient plus assez de prix pour qu'on s'empressât de les chercher. Des vices, jusqu'alors inconnus en France, avoient été apportés par l'Italienne, & n'avoient que trop bien germé autour d'elle. Il n'y avoit plus à cette cour ni politesse, ni galanterie ; on n'y connoissoit que la plus crapuleuse débauche ; & la grossiéreté des manieres & du langage y répondoit à la brutalité des passions. Les juremens y étoient communs aux deux sexes ; les conversations y rouloient toujours sur des tableaux ou des scenes dégoûtantes ; les lectures y étoient obscenes comme les idées ; & dans la fureur qui animoit sans cesse ces satyres & ces ménades, ils savoient souvent former & accomplir dans leurs orgies les crimes favorables à leurs intérêts ou à leur licence. Ce fut au milieu de cet amas d'infamie où se plongeoit avec délices Marguerite, femme de Henri, & digne fille de Médicis, qu'elle médita le meurtre de Duguast, favori de Henri III. Duguast avoit encouru sa haine, parce qu'il avoit souvent parlé d'elle à son frere en termes aussi peu mesurés que bien dus à son infâme conduite. Il est vrai que celle de Henri ne lui permettoit guere de censurer sa sœur, & qu'il appartenoit moins encore à Médicis de donner à son fils & à sa fille des leçons de pudeur ; mais Duguast pouvoit dire la vérité, puisqu'il le vouloit : elle est le domaine de tous. Marguerite ne pouvant parvenir à écarter le favori, trouva des assassins, & il fut poignardé dans son lit, presque sous les yeux du roi, qui ne daigna pas le venger.

Médicis cependant continuoit toujours à divifer; la treve n'empêcha point les hoftilités de recommencer de part & d'autre; les armées étrangeres vinrent encore ravager la France, déja déchirée par les mains de fes enfans. Le roi de Navarre s'évada de la cour, & forma un parti d'autant plus redoutable qu'au moins le chef en étoit eftimé. Mais bientôt les Guife, fatigués des incertitudes perpétuelles où les plongeoit le caractere ambigu de Médicis, & allarmés du danger auquel les expofoit fon ame cruelle dans les vengeances, formerent le projet de faire leur fort eux-mêmes, & de fe rendre affez redoutables pour faire la loi à la cour, & affez puiffans pour en devenir quelque jour les arbitres. Ce n'eft pas ici le lieu de développer les commencemens de cette ligue défaftreufe qui fut la fuite des forfaits de Médicis, & qui a produit une longue fuite de crimes au milieu defquels la France ne s'eft point anéantie, parce que fans doute la providence la réferve, dans un fiecle ou deux, à de plus hautes deftinées (1).

La fuite des années de l'odieufe Médicis, nous préfente toujours le même enchaînement de crimes nationaux & particuliers; des traités perpé-

―――――

(1) Oui, dans un fiecle ou deux : on a cru, on a dû croire qu'elle y devoit arriver plus tôt. On doit être détrompé. Il faut qu'il n'y ait plus en France que des hommes & du fer pour qu'elle arrive au degré de liberté qu'elle fembloit avoir atteint. Où eft l'efprit de liberté ? Il eft dans la claffe appellée encore le peuple, parce qu'il eft pauvre, actif & vigoureux. Où eft l'efprit d'efclavage ? Dans les claffes inftruites, parce qu'elles font riches & efféminées. Or elles ont mis le peuple fous l'empire de l'or & du fer. Il faut du tems avant qu'il fe foit reffaifi du dernier. Il y parviendra; mais quand ?

tuels faits & rompus sans autre nécessité que celle de régner toujours & de ne donner jamais l'avantage à aucun parti ; des assassinats, des brouilleries, des débauches honteuses ; des concussions, des vols publics, des guerres continuelles, la dévastation de tout l'empire, la misere publique, tel est le tableau de sa vie entiere. Enfin, la ligue s'étant accrue en puissance au point de devenir formidable, Guise étant entré dans Paris, plus en roi qu'en sujet, la journée des barricades, la fuite du roi, le sang qui coula dans ces circonstances, réveillerent Henri III. Il se voyoit au moment d'être précipité de son trône. Sa mere temporisoit encore afin de régner, ou avec son fils, ou avec les Guise. Il sortit de son inertie, mais en véritable roi, ce fut par un crime. Il assemble les états à Blois, pour la seconde fois depuis son regne ; & là, au-lieu de se mettre sous la sauvegarde de la nation, de lui demander justice, & de faire juger la maison de Lorraine comme perturbatrice du repos de l'état, il se venge par un lâche assassinat ; les Guise sont poignardés, & Médicis troublée de ce qu'elle appelloit un *acte de vigueur*, se voyant parvenue au terme de son pouvoir, puisqu'il avoit commis un attentat sans la consulter, tomba malade, & finit sa criminelle vie sans témoigner ni remords ni repentir, sans être épouvantée du passé, sans inquiétude sur l'avenir, elle qui prétendoit s'être rassasiée de sang pour la gloire de Dieu, & le maintien de la religion catholique !

Louise de Lorraine, femme de Henri III, ne prit pas plus de part aux affaires publique, que la femme de Charles IX. Ces deux femmes étoient des bigotes, sans esprit & sans caractere. Encore Elisabeth d'Autriche montra-t-elle plus de sens dans ses opinions. Quoique zélée catholique, quoique Autrichienne, elle détesta le forfait de la Saint-Barthélemy, & l'imbécille Louise, toujours occupée à faire dans le palais de petites chapelles, de petits oratoires, ne voyoit pas sans des transports de joie les succès des Guise contre les religionnaires. Elle fut aimée d'abord avec passion, ensuite dédaignée par son mari. Elle reçut avec la même impassibilité les témoignages d'amour & ceux de mépris. Elle se consola toujours avec ses livres de dévotion, ses pélerinages & ses processions, des sales attachemens du roi, & pria Dieu toute sa vie, sans savoir & sans comprendre ce que c'étoit que Dieu, ni ses œuvres.

Mademoiselle de Château-Neuf, maîtresse de Henri, étoit d'un autre caractere ; si la naissance ne l'avoit pas appellée au trône, elle étoit au moins digne d'en approcher. Antoine Duprat, petit-fils du chancelier, s'étant malheureusement avisé de parler d'elle dans les termes convenables à une courtisanne, elle le rencontra un jour sur le quai de l'Ecole ; elle étoit à cheval, & lui à pied : elle marche droit à lui, le renverse, & de sang-froid le foule aux pieds de l'animal dont elle excitoit la furie en le pressant fortement de l'éperon : elle n'étoit cependant alors que maîtresse du duc d'Anjou, car Charles IX vivoit encore. Lorsque Henri III épousa Louise de Lorraine, ce ne fut pas sans éprouver de vifs reproches de la part de mademoiselle de Château-Neuf ; & dans le commencement de son mariage, elle donna à la reine autant de chagrins que celle-ci étoit capable d'en prendre. Le comte de Brienne, cadet de la famille de Luxembourg, avoit aimé Louise de Lorraine; Henri III le savoit, il proposa au comte de lui donner Château-Neuf en échange. Brienne ne trouva pas de proportion dans l'offre galante du roi; & ce prince ayant manifesté à cet égard une volonté très-déterminée, le jeune homme préféra la fuite au déshonneur de s'allier à une fille publique. Château-Neuf prétendit lutter quelque tems contre la reine; & Médicis, à qui sa belle-fille s'en plaignoit quelquefois, ayant fait de vains efforts pour réduire cette fille ambitieuse à un respect au moins extérieur pour l'épouse légitime, perdit patience un jour qu'elle s'avisa de paroître au bal, sous les mêmes habits & la même décoration que Louise. Henri III lui-même trouva mauvais qu'elle vînt faire parade aux yeux de sa femme des prodigalités insensées dont il usoit avec elle. Elle eut ordre de ne plus paroître à la cour. Le dépit lui fit épouser un Italien; il eut le malheur de ne lui être pas fidele, elle le poignarda de sa main. Elle épousa ensuite Philippe d'Altovitis, baron castillan, qui fut tué par ordre du grand prieur de France, peu avant la Saint-Barthélemy; elle fut mere d'une fille nommée Marseille d'Altovitis, parce que la ville de Marseille la tint sur les fonds de baptême.

La plus véritable passion de Henri III avoit été pour la princesse de Condé; elle en fut la victime : tant il est vrai qu'on ne peut approcher des rois, sans être ou criminel ou malheureux. D'abord, livrée malgré elle à ce prince par son propre frere, & par l'impudique reine de Navarre, elle ne parut sacrifier qu'à regret ses devoirs & son penchant à la vertu. Lorsqu'elle se fut ainsi donnée par force, elle demeura fidelle à cet amant qu'elle n'avoit pas recherché, & supporta, sans se plaindre, les justes mécontemens de son mari. A peine Henri III fut-il monté sur le trône, qu'il forma le projet de faire rompre son mariage avec le prince, & de l'épouser: il le lui écrivit; mais la jalouse Médicis, redoutant le génie de la princesse & celui de son pere, le duc de Nevers, s'occupa des moyens de parer ce coup, comme fatal à sa puissance. La princesse mourut; on ne douta pas que ce ne fût par un crime, mais on n'a jamais su de quel main partit le poison, si ce fut Médicis, la maison de Lorraine, ou le prince de Condé lui-même, qui se hâterent d'immoler cette infortunée à leur sûreté ou à leur vengeance.

Il faut que Marguerite de Valois, premiere femme de Henri IV, ait passé mille fois toutes les bornes dans l'excès de ses débordemens, puisqu'enfin les historiens du tems, & les plus modernes n'ont osé ni la justifier, ni même l'excuser. Formée du sang italien, ses penchans furent précoces; dès l'âge de douze ans, elle eut des liaisons avec le jeune d'Entragues, & un nommé Charry, capitaine de la garde du roi. Sa tendresse pour le duc d'Anjou même ne fut pas innocente; & lorsque devenu roi, il se plaisoit à la mortifier, il ne se servoit que du droit que toute femme qui s'oublie accorde à l'homme auquel elle se livre. Lorsqu'elle épousa Henri IV, elle en témoigna beaucoup de joie; & lorsque Médicis demanda aux femmes qui l'entouroient ce que pensoit sa fille de son alliance; une d'elle lui dit qu'elle avoit sujet d'en être satisfaite, puisqu'elle l'approchoit du trône, si son mari devenoit roi. Médicis conçut de l'ombrage de cette espece de prophétie, & répondit qu'elle aimeroit mieux la voir morte mille fois, que de la voir reine de France par son mariage avec le roi de Navarre. Il paroît qu'elle n'étoit pas informée des projets sanguinaires de la St. Barthélemy; il n'étoit pas d'ailleurs de son intérêt d'y tremper contre son mari. D'après cela, on peut écrire qu'elle en fut innocente. Menacée elle-même par de farouches assassins, qui à peine conserverent assez d'empire sur eux-mêmes pour la respecter, elle fut en proie à des frayeurs personnelles, que sans doute on lui auroit épargnées. Ce n'est pas que Henri IV ne l'en ait soupçonnée; mais il paroît que sa méfiance étoit sans fondement, & il y en avoit assez des mœurs de cette femme pour la lui rendre odieuse. Après la Mole pendu pour le projet d'enlever le duc d'Alençon, & plus encore parce qu'il étoit l'amant de Marguerite, & que le roi en étoit jaloux, elle eut successivement des intrigues avec un nommé *Bidé* & Bussy d'Amboise; Henri III ne pouvoit souffrir cette conduite, non qu'il eût le droit d'être sévere, mais les hommes ont un secret penchant à la jalousie qui les porte à ne pouvoir souffrir que d'autres jouissent après eux d'un bien même qu'ils méprisent. Aussi Marguerite eut-elle dans son frere le plus impitoyable persécuteur de ses intrigues. La Torigny, sa confidente, lui fut arrachée avec violence; Bussy fut banni de la cour, & assassiné ensuite en 1579, on ne sait pas quel ordre. Accusée ensuite par son frere d'avoir donné les mains à l'évasion de son mari, elle fut retenue dans son appartement, à la sollicitation de sa mere; & Henri III n'osant se venger sur elle, & imaginant que la Torigny avoit pu favoriser cette intrigue, fit courir à la maison où elle demeuroit des gens chargés de la noyer dans une petite riviere voisine. Déja cette malheureuse étoit liée sur un cheval, lorsque deux officiers, qui alloient joindre le duc d'Alençon, la délivrerent. On peut juger que Marguerite ne garda pas le silence sur un pareil éclat, & que le duc d'Alençon s'en plaignit hautement, ainsi que le roi de Navarre. Mais ce n'étoit rien pour Marguerite que de recevoir des satisfactions, la mort de Duguast seule put la satisfaire; & après ce crime, elle demanda la liberté d'aller rejoindre son mari. Long-tems elle lui fut refusée; mais comme on crut avoir besoin d'elle, on l'envoya en Flandres négocier en faveur du duc d'Alençon. Médicis & Henri III prétendoient bien profiter des avantages qu'on voudroit faire à ce prince, s'il étoit vrai que les Pays-Bas penchassent vers la France, pour se délivrer du joug espagnol. Marguerite partit donc avec l'agrément de son frere; elle montra beaucoup d'esprit dans ces négociations sans fruit, & pitoyables en elles-mêmes, lorsque l'on considere la grandeur des projets confiés à des femmes, & à quelles femmes encore! à des courtisannes, à des prostituées, sans caractere, sans lumieres, sans étude, incapables de régler seulement l'administration d'une fortune particuliere. Marguerite n'y apporta que de l'esprit, de la sagacité sans jugement, & revint sans avoir rien conclu. Elle alla ensuite joindre Henri en Gascogne; elle y mena des filles dont le roi devint amoureux, & de fon côté elle forma des liaifons avec Turenne & Clermont d'Amboife. Cette complaifance qu'ils avoient l'un pour l'autre dans leurs amours, n'empêcha point qu'ils ne fe brouillaffent pour des chofes plus férieufes. La religion en fut le fujet. Qui croiroit que Marguerite fût capable d'en foutenir les intérêts? Malgré cela, elle le quitta en affez bonne intelligence pour revenir à Paris, où elle acheva de fe brouiller avec Henri III. Un courier que ce prince envoyoit à Joyeufe, l'un de fes mignons, alors à Rome, fut arrêté; on lui enleva une lettre de quatre pages, toute entiere de la main du roi. Celui-ci en accufa fa fœur, & en préfence de Médicis, il la traita comme la derniere des femmes abandonnées, & lui ordonna de quitter fa cour. A peine étoit-elle en chemin qu'il fit courir après elle, fit arrêter les femmes qui la fuivoient, les fit outrager & frapper par fes gardes, & ramener à l'abbaye de Ferrieres, où elles fubirent devant lui-même un interrogatoire fcandaleux fur la conduite de la reine. Le roi de Navarre, regardant cet affront comme perfonnel, quels que fuffent les torts de fa femme, fe crut obligé d'en demander l'explication au roi; il ne fe crut pas obligé de répondre, & Henri de Navarre ne crut pas que cette femme méritât qu'il allumât pour elle une autre guerre civile. Les reproches de Henri III lui avoient appris que, depuis fon mariage, elle avoit eu de Jacques de Harlay de Chauvallon un fils dont la naiffance avoit été tenue fecrete; & ce n'étoit pas un titre à l'eftime de fon mari, qui d'ailleurs ne lui pardonnoit pas d'avoir mérité une fcène qui la rendoit la fable de toute l'Europe.

Elle ne laissa pas d'avoir de nouvelles intrigues à Nérac, & bientôt elle quitta son mari pour se sauver à Agen, qui lui avoit été donné en dot, en alléguant un peu tard que sa conscience ne lui permettoit pas de vivre avec un hérétique. Cette pieuse femme s'y plongea de nouveau dans le plus scandaleux libertinage, & cette infamie & les extorsions de la dame Duras, son intendante, la rendirent odieuse aux habitans. Lorsque la ville fut prise par le maréchal de Matignon, elle eut à peine le tems de se sauver en croupe derriere Lignerac, un de ses favoris, & courut s'enfermer à Carlat, dans les montagnes d'Auvergne. Les habitans de cette forteresse, peu disposés en faveur de sa réputation, qui la suivoit par-tout, voulurent la livrer à Henri III: elle s'évada; mais elle ne put éviter le marquis de Canillac, qui la suivoit par ordre de ce prince, & la conduisit au château d'Usson. Là, elle eut recours à l'empire de ses charmes; elle réussit: Canillac devint l'esclave de sa prisonniere, lui livra le fort, où elle demeura, quoique libre, dans un esclavage forcé; mais elle sut l'adoucir par ses amusemens ordinaires. Dans sa retraite à Agen, elle avoit eu encore un fils d'un nommé *Aubiac*; celui-ci l'ayant été trouver à Usson, fut sacrifié à la jalousie de Canillac. Le galant Durfé eut son tour, & ce sont les rêveries de cette brillante passion qu'il nous a rendues dans son roman d'Astrée. Son aventure s'y trouve enveloppée dans l'histoire de Lindamor & de Galathée. On doit convenir que les poëtes sont d'étranges menteurs; car si jamais femme a offert un contraste plus parfait avec les chastes bergeres du Lignon, c'est assurément l'impudente Marguerite. Malgré cet enchaînement d'intrigues, elle eut beaucoup à souffrir dans ce château; elle y sentit l'indigence; & n'étant plainte ni secourue de personne, elle éprouva que s'il en coûte un peu pour combattre ses passions, il en coûte souvent plus cher pour s'y être livrée.

Enfin Henri IV étant monté sur le trône de France, Marguerite fut sollicitée de consentir de bonne grace à un divorce nécessaire. Elle ne le voulut jamais, tant qu'il le lui demanda en faveur de Gabrielle d'Estrées; elle ne vouloit pas, disoit-elle, céder la place à une prostituée. Certes, Gabrielle auroit pu dire, & même avec plus de raison, qu'elle occuperoit le trône aussi bien qu'une femme publique: elle consentit à ce qu'on lui demandoit, lorsqu'il fut question du mariage du roi avec Marie de Médicis; & en 1605, elle vint à Paris, & eut la bassesse de rendre hommage à la nouvelle reine & de grossir sa cour: elle assista même à la cérémonie du sacre, & tout cela, pour avoir la liberté de vivre à Paris, où son humeur libertine avoit plus de ressources pour se satisfaire. Elle acheta deux maisons, l'une dans la capitale, dans le quartier qui forme aujourd'hui la rue de l'Université, & une autre à Issy, près Paris. Elle étoit dans cette derniere, lorsqu'elle apprit l'assassinat de Henri IV: elle ne songea uniquement qu'à elle, & à la crainte que la régence ne tombât dans les mains de quelques-uns des princes avec lesquels elle n'eût pas de liaisons. Lorsqu'elle sut que Marie avoit été nommée, elle demeura tranquille, continua sa vie accoutumée, vécut avec tous les hommes qui composoient sa cour, & en particulier avec un nommé *Comine*, musicien de sa petite cour, que les autres valets appellerent *le roi margot*. Loin de lui déplaire, c'étoit la flatter que de chanter & de publier ses plaisirs. Maynard, célebre poëte du tems, n'avoit chez elle que ce vil emploi. Je ne sais quel est le plus méprisable, ou celui qui fait le mal, ou celui qui a la bassesse de l'encenser.

Les désordres continuels d'une vie licencieuse, commencée à douze ans, terminée à soixante-deux, l'avoient tellement épuisée, que sur les deux dernieres années elle devint presque imbécille, ombrageuse, craintive, hypocondriaque, sujette à de violentes attaques de nerfs. Elle mourut en 1615, dans un état fort triste, mais sans avoir fait la plus légere réflexion sur ses vices, & sans regretter une vie perdue au sein de la débauche & de l'oisiveté. Malgré le dégoût qu'elle inspira, le profond mépris dont elle s'est couverte, quoiqu'on se dise que la malheureuse victime de la misere, qui se traîne dans l'opprobre au milieu des places publiques, pour un morceau de pain, arrosé souvent des larmes du désespoir, est moins odieuse, moins vile qu'une femme élevée par le hasard au plus haut des dignités humaines, & qui se conduit comme la plupart de nos reines, cependant il faut avouer qu'entre elles, Marguerite de Navarre se distingua par une modération peu ordinaire ; elle ne commit qu'un seul crime ; un seul assassinat fut ordonné par elle : quel excès de vertu !

Avant de montrer sur la scene tragique de nos royales ennemies une seconde Italienne & de nouvelles scenes odieuses, nous jetterons un coup-d'œil d'œil sur la vie des maîtresses régnantes de notre antique idole Henri IV. Il fut despote comme un autre; sa conquête fut un acte de despotisme; il régna despotiquement, & les maux qu'il a faits sont peut-être plus grands que ceux qu'ont faits ses pareils; parce que les peuples eurent le malheur de l'aimer.

Madame de Sauves fut la premiere de ses maîtresses, dont les intrigues eurent quelque part aux affaires politiques. Elle étoit petite-fille du malheureux Samblançay, condamné à être pendu, à la place de Louise de Savoye, mere de François Ier., dame d'atour, c'est-à-dire, en langue françoise, l'une des femmes-de-chambre de la reine-mere; elle jouissoit en cette qualité de toute la considération que les cours attachoient au titre de valets des rois. Henri se déclara en faveur de cette femme presque aussi-tôt après son mariage avec Marguerite: le duc d'Alençon la courtisoit aussi; & après la mort de Charles IX, Médicis se servit d'elle pour brouiller ensemble ces deux princes, dont on craignoit la réunion. Elle employa donc ses talens pour l'intrigue, & sur-tout celui de la plus habile coquetterie, à tenir sans cesse les deux rivaux entre la crainte & l'espérance. Ils passerent insensiblement de l'ombrage à une jalousie déclarée, & de cette jalousie à une haine qui ne leur permit plus de considérer aucun objet de politique ou d'ambition. Ainsi, ce n'est point assez que les nations soient victimes de l'avarice & du despotisme des rois & des princes, ce n'est pas assez que l'avidité des courtisannes les dépouille de leur subsistance, il faut encore qu'elles soient ballotées par les petites intrigues des boudoirs, & que

R

souvent le destin d'un état, ou d'un parti dépende d'un regard ou d'un geste imposteur! Si le roi de Navarre & le duc d'Alençon s'étoient unis étroitement d'intérêt, le dernier, qui toute sa vie pencha vers le calvinisme, auroit embrassé la cause des protestans, & l'alliance de ces deux hommes auroit porté un coup décisif en faveur de ces braves & premiers défenseurs de la liberté d'opinions. Le duc d'Alençon contraint à partir, parce qu'enfin l'intérêt de sa vie l'emporta sur l'amour du libertinage, Henri demeura seul possesseur des charmes peu intacts de la belle de Sauves; il s'applaudit du triomphe, comme si la place n'avoit pas eu plus d'un occupant, & ne quitta qu'à regret cette conquête banale, lorsqu'il y fut obligé, comme le duc, par une aussi pressante nécessité. Dans sa premiere jeunesse, Henri n'étoit pas constant; l'éloignement mit fin à sa passion pour madame de Sauves: le duc d'Alençon, revenu à la cour, succéda au roi de Navarre, ou plutôt à tous ceux qui avoient rempli l'intervalle. Elle s'attacha dans la suite le duc de Guise, quoiqu'elle eût trente-six ans; & ce fut dans ses bras qu'il passa la nuit du 22 décembre 1588, époque de son assassinat. Elle mourut elle-même le 30 septembre 1617.

Nous ne parlerons de la belle Fosseuse, fille d'honneur de la reine Marguerite, que pour rappeller la part qu'elle eut, par ses intrigues, à la septieme guerre des calvinistes & des catholiques : le feu s'alluma uniquement parce que Henri III avoit averti Henri de Navarre que sa femme vivoit avec le vicomte de Turenne; & pour venger l'honneur passé de Marguerite, il fallut que toutes les femmes & filles qui l'entouroient engageassent leurs amans à prendre les armes. Fosseuse étoit aimée du roi, elle n'étoit point haïe de la reine; elle enflamma la colere de ce prince, &, comme il n'étoit pas le seul qui eût part à ses faveurs, il se trouva environné de jeunes insensés qui exciterent en lui cette ardeur belliqueuse, le fléau des empires, & allumerent le flambeau de cette guerre appellée la *guerre des amoureux*.

Si l'on vouloit parler de toutes les maîtresses de Henri IV, on feroit un volume, & la répétition des mêmes aventures ne seroit pas fort intéressante. Passons à Gabrielle d'Estrées, presque reine & digne de l'être par beaucoup de vices & de défauts inhérens à la royauté. Née en 1575, âgée de quatorze ans, d'une rare beauté, jointe aux graces les plus séduisantes, elle avoit déja plu lorsque Henri IV la vit. Bellegarde connoissoit ses charmes, & il étoit de caractere à y mettre un prix. Il eut l'indiscrétion de vanter un bonheur qu'on pouvoit lui envier. Henri devint curieux, il voulut voir les perfections qu'on lui avoit dépeintes en un langage passionné; il se satisfit, & Bellegarde vit bien qu'il feroit victime d'une lutte inégale entre le maître & l'esclave. Bientôt le premier ordonna de renoncer à une passion à laquelle ni lui ni Bellegarde ne pouvoient commander. Le despotisme le plus violent s'exerça dans un des objets qui devroient être le plus étrangers au despotisme; & Gabrielle, d'abord fidelle en apparence à son premier amant, ne se piqua probablement de délicatesse, qu'autant qu'elle pouvoit donner un nouveau prix aux sacrifices que Henri

R ij

exigeoit d'elle. Elle porta même fort loin l'artifice pour une jeune fille de quinze ans; elle fut, aussi bien qu'une femme consommée dans le métier de la coquetterie, désespérer son royal amant, & s'assurer de sa conquête avant de lui rien accorder. Personne n'ignore les dangers que courut Henri dans le voyage de Mantes à Cœuvres, dans une circonstance où le sort de l'armée dépendoit de sa présence. C'étoit sans doute une folie à de braves gens de verser leur sang pour les intérêts d'un homme; la guerre civile, excitée pour ce fantôme absurde de l'hérédité, étoit une extravagance nationale : mais, n'importe, cette démence étoit générale; & ce n'étoit pas moins un crime à Henri IV d'exposer ses troupes pendant son absence à être massacrées par le parti ennemi, ou de s'exposer à être tué lui-même, & à ruiner tout l'espoir qu'elles avoient la bonté de placer en lui. Ne pouvant rien gagner dans sa retraite sur une fille ambitieuse, dont le projet n'étoit pas de n'être qu'une maîtresse de passade comme les autres, il prit le parti de faire venir M. d'Estrées à Mantes, sous le prétexte du service qu'il pouvoit lui rendre dans son conseil. Mais le pere ne faisoit pas les mêmes calculs que sa fille; son intention n'étoit pas de trafiquer de son honneur. Bellegarde auroit pu être écouté, parce qu'on pouvoit lui donner Gabrielle en mariage; mais M. d'Estrées ne savoit pas qu'outre Bellegarde, le duc de Longueville avoit parlé d'amour, & n'avoit pas été rebuté. Il avoit même, dit-on, des lettres qu'on voulut ravoir : il demanda les siennes, & moins loyal que prévoyant dans sa restitution, à tout événement, il garda celles qui parloient le plus clairement; il vouloit avoir des armes contre le crédit auquel pouvoit parvenir la nouvelle favorite. Mais en a-t-on jamais contre les assassinats ? Gabrielle s'apperçut du larcin, & en conserva un tel ressentiment, qu'en 1595, elle le fit tuer d'un coup de mousquet à Dourlens, dans une salve d'honneur que lui faisoit la garnison.

M. d'Estrées, s'appercevant que le roi & sa fille avoient enfin une intelligence ensemble, se hâta du moins de la marier, & agréa la recherche de M. de Liancourt, dont le bien étoit convenable, mais dont le corps & l'esprit n'éoient pas propres à faire oublier à une jeune & belle fille les offres galantes d'un roi. Aussi ne se prêta-t-elle aux volontés de son pere qu'avec une extrême répugnance. Le mariage se fit cependant, & Gabrielle ou résista courageusement à son époux, ou du moins le fit croire à son amant. Dès qu'une fois elle lui eut persuadé que Bellegarde & Longueville n'avoient rien obtenu, un vieux & laid mari ne paroissoit pas fait pour être plus favorisé. Henri ne tarda pas à se déclarer ouvertement; il manda M. de Liancourt auprès de lui, avec ordre de conduire aussi sa femme; & l'ayant une fois en son pouvoir, il l'emmena seule au siege de Chartres, avec la marquise de Villars, sa sœur, & la marquise de Sourdie; sa tante, vint la joindre afin de lui donner les leçons de monde & d'usage convenables à la premiere personne de la cour. Le chancelier Chiverny devint amoureux de madame de Sourdie, & par conséquent très-favo-

R iij

rable à la passion du roi pour sa niece. Ainsi, dans le tumulte des armes, au sein des malheurs inséparables d'une guerre civile, on voit un roi & un chancelier, méprisablement occupés d'une intrigue d'amour & des courtisannes, habiter scandaleusement ou des villes assiégées ou des camps, & donner à de jeunes soldats l'exemple de la mollesse & des voluptés. Enfin, la fortune ayant favorisé leur parti, Henri IV entra dans Paris le 22 mars 1594, & Gabrielle accoucha de son premier enfant, César, duc de Vendôme, au mois de juin suivant. A peine fut-elle parvenue à ce but secret de tous ses desirs, qu'elle forma le projet de devenir reine de France ; projet d'autant plus insensé qu'il heurtoit de front tous les préjugés reçus, & qu'elle ne pouvoit s'attendre à l'emporter ni sur les usages établis, ni sur la reine Marguerite, ni sur le crédit des amis du roi. Henri IV adopta bien ses idées, & le prouva par la légitimation subséquente du fils qui lui étoit né : mais cela ne suffisoit pas ; & Henri IV lui-même sentoit qu'un roi ne pouvoit franchir absolument les bornes des préjugés qui gouvernent son siecle, quoique la raison puisse les désavouer. Il importoit peu à la nation que son roi épousât une femme née dans sa caste, ou dans telle autre ; entre Gabrielle ou Marie de Médicis, le choix devoit être fort indifférent à un philosophe (1). Mais les nations ne l'étoient pas

---

(1) On prétend que si les rois (tant que les peuples en souffriront) se marioient au moins à des femmes de leur pays, ces femmes, toujours dangereuses, auroient au moins l'avantage d'être citoyennes du pays, & de ne pas apporter

& ne le font point encore aſſez pour ne pas s'éblouir par les mots pompeux d'*alliances brillantes*, de *traités avantageux*, & sur-tout par le spectacle des fêtes, des noces & des galas. Le couronnement de l'empereur vient encore d'attirer une foule d'étrangers, avides d'aller, d'un bout de l'Europe à l'autre, admirer à Françfort des bottes garnies d'or & de pierreries.

Jusqu'à la naiſſance de ſon fils, Gabrielle encore incertaine de ſon crédit avoit négligé de ſe faire des créatures : de ce moment, elle n'épargna rien pour ſe former un parti nombreux ; elle fit nommer Sully, que le roi balançoit à placer à la tête des finances à cauſe de ſa religion ; elle eſpéroit beaucoup de ſa reconnoiſſance ; elle rompit avec le duc de Bellegarde, & réſolut de ne plus donner à ſon amant aucun ſujet d'inquiétude. Elle n'acquit pas un tel aſcendant ſur l'eſprit de Henri ſans commettre de ces crimes politiques, inſéparables de l'avidité des femmes couronnées. Sully la regarde comme le principal moteur de la guerre d'Eſpagne déclarée en 1595, dans un tems où il eût mieux valu laiſſer dans le repos la France épuiſée

---

les haines héréditaires & invétérées qui ſéparent les différentes nations. Qu'on ſe détrompe, & qu'on ceſſe de compoſer toujours avec les principes majeurs. Prenez quelque citoyenne que vous voudrez choiſir, prenez-la même vertueuſe dans le ſein de ſa famille, placez-la ſur un trône, environnez-la de la pompe des cours, de flatteurs, de courtiſans, de valets gagés pour la trouver belle, ſpirituelle, juſte, humaine, bienfaiſante, pour exalter ſes moindres actions, & vous en ferez, avant ſix mois, une reine auſſi ennemie de l'humanité que l'Italienne la plus perfide, ou l'Autrichienne la plus hardie. C'eſt dans le trône qu'eſt le principe du mal.

par cinq regnes défastreux. Mais Gabrielle, du haut de sa grandeur imaginaire, regardoit les hommes comme des troupeaux, & l'or de la nation comme un instrument utile à l'élévation de son fils; elle vouloit avoir la Franche-Comté pour César de Vendôme, & il falloit faire périr des François pour former un apanage à cet embryon. A mesure que Sully apportoit du remede aux finances de l'état, à mesure qu'il remplissoit le trésor du prince, car c'étoit là le seul but du ministre & du roi, Gabrielle arrachoit tout ce qu'il lui étoit possible de riches établissemens & de dons précieux; sans l'économie du ministre, elle auroit été une des maîtresses de roi les plus emportées par l'amour du luxe & des richesses : mais Sully, malgré ses querelles fréquentes avec le roi & avec elle, fut aussi inflexible qu'il le put, & ne lui laissa dissiper que des sommes beaucoup moins considérables qu'elle ne l'eût voulu. La naissance de deux autres enfans acheva d'établir son crédit sur l'esprit de Henri, au point que ce prince étoit presque résolu à la placer sur le trône. Le mariage du petit César avec la fille du duc de Mercœur, qui avoit si long-tems joué le role de souverain en Bretagne, sembloit être le présage de l'élévation de sa mere, & cet avantage accordé à un bâtard, cette fortune immense assurée à ses héritiers excitèrent les plus grands murmures parmi la noblesse; les noces qui se célébrerent à Angers avec autant de pompe & d'éclat que si c'eût été ce qu'on appelloit autrefois un *fils de France*, & à présent *un prince royal*, accrurent encore les mécontentemens. Gabrielle y étala un faste de reine; les fêtes coûterent des sommes considérables, & ce fut malgré

Sully, qui n'ignoroit pas les conséquences de tant de pompe inutile & dispendieuse : mais il falloit bien cependant que le ministre cédât quelque chose pour conserver le pouvoir de refuser plus souvent.

Marguerite cependant ne consentoit point à son divorce, & le pape ne prononçoit point. Presque tous les courtisans que le roi avoit chargés des négociations à la cour de Rome, s'étoient ligués avec Sully pour trahir la passion de Henri, & veiller à ses intérêts politiques. L'empire des rangs étoit tellement invétéré dans l'esprit des François, l'autorité du monarque tenoit encore à tant de différentes circonstances, les murmures de religion étoient encore si peu appaisés, on avoit tant de soupçons sur celle de Henri, qu'un mariage si étrangement disproportionné dans les idées reçues ne pouvoit qu'entraîner des malheurs dont toute la France auroit été victime ; on croyoit d'ailleurs fermement que Gabrielle étoit calviniste en secret, & le peuple murmuroit hautement du scandale de sa vie. Elle étoit regardée comme une sangsue publique. Son faste déplaisoit, sa hauteur lui faisoit des ennemis, & son caractere dominateur la faisoit redouter. Enfin, le jeudi-saint 1599, elle vint à Paris pour y faire ses pâques ; elle étoit enceinte de quatre mois : elle descendit chez le fameux partisan Zamet, Italien de naissance, & riche de tous les biens qu'amassent les financiers, lorsque la misere publique sert d'alimens à leurs infâmes trafics. Là, Gabrielle ayant accepté une superbe collation préparée pour elle, & mangé des fruits magnifiques, se sentit atteinte d'un mal dévorant, à la violence duquel elle succomba la veille de pâques. Toute la France crut qu'elle avoit été empoisonnée, & personne ne douta que Zamet ne fût coupable de ce crime; mais par qui fut-il ordonné? C'est ce qu'on n'a pas encore pu découvrir. Henri en témoigna la plus amere douleur, & Sully seul parvint dans les premiers momens à calmer son désespoir. Il ne paroît pas cependant qu'il ait fait de recherches pour pénétrer les causes de la perte qu'il venoit de faire, & après quelque tems les charmes de mademoiselle d'Entragues le captiverent dans de nouveaux liens.

Celle-ci étoit plus spirituelle que Gabrielle, & aussi plus méchante; elle mit, comme la premiere, ses faveurs au prix de cent mille écus d'or, qui vaudroient aujourd'hui cinq cents mille francs, & d'une promesse de mariage. D'autres les avoient eues à moins. C'étoit dans le moment où il falloit faire un fonds extraordinaire de quatre millions pour le renouvellement de l'affaire des Suisses; & l'on juge bien que Sully n'étoit pas d'avis de payer d'une somme si exorbitante l'ambition d'une coquette & celle de sa famille, encore moins de lui laisser concevoir des espérances aussi folles. Henri IV n'en donna pas moins tout ce qu'on lui demanda; presque aussi-tôt il la conduisit à Lyon, lorsqu'il partit en 1600 pour marcher en Savoye, & poussa la folie jusqu'à lui envoyer les drapeaux pris sur l'ennemi à la journée de Charbonnieres. Sully le voyoit à regret retomber dans un excès d'aveuglement que rien ne pouvoit justifier, mademoiselle d'Entragues ayant tous les défauts de Gabrielle, & aucun des charmes qui pouvoient excufer une auffi violente paffion, n'étant fur-tout rien moins que fidelle; il fe hâta d'obtenir le confentement de Marguerite à fon divorce, de le faire prononcer par le pape, & de conclure fon mariage avec Marie de Médicis. Ce fut avec un violent chagrin que Henri foufcrivit à cette alliance, & avec un vif dépit que mademoifelle d'Entragues la vit confommer. Elle s'emporta d'autant plus qu'elle étoit enceinte, & qu'elle avoit bâti fur fa groffeffe les mêmes projets que Gabrielle d'Eftrées; mais fes larmes, fes menaces, fes fureurs demeurerent inutiles; le mariage étoit réfolu : Henri la décora du titre de marquife de Verneuil. Elle eut le malheur de faire une fauffe couche, & fentit qu'il falloit prendre fon parti; elle fe foumit en apparence à la néceffité, afin de conferver fon empire fur le cœur de Henri : elle n'y réuffit que trop bien, & dans la fuite elle fut caufe de tous fes chagrins & de beaucoup de défordres publics.

Marie de Médicis arriva en France le 3 de novembre 1600; elle étoit fille de François de Médicis, grand duc de Tofcane, & de Jeanne d'Autriche; ce fang mêlé d'italien & d'allemand nous apporta les maux que nous ont toujours faits ces deux nations. Malgré les louanges exceffives que lui donnent les hiftoriens, & qu'ils répetent prefque dans les mêmes termes à chaque regne, pour chaque femme de fouverain, il paroît que cette femme n'étoit pas fort belle. Son image, dans la galerie de Rubens au Luxembourg, nous donne l'idée d'une femme affez ordinaire; elle étoit encore moins aimable, entêtée, intrigante, jaloufe, fiere, défiante, orgueilleufe, amie du fafte &

de la dépense, vindicative & absolue; si elle eut à se plaindre du procédé de Henri IV, il faut avouer qu'elle ne fit rien pour le ramener; qu'elle n'employa ni douceur, ni complaisance, ni égards; convenons aussi que, pour une femme de ce caractere, il étoit difficile de soutenir la dépravation des mœurs de Henri IV, & que si le moyen de faire faire des réflexions à un mari qui s'oublie n'est pas de se rendre insupportable par des plaintes & des éclats indiscrets, le moyen de faire prendre patience à une femme n'est pas non plus de la rassasier d'outrages. Malgré l'économie de Sully, on dépensa beaucoup pour les noces de Marie, & l'or qu'on employa auroit été mieux placé, si on avoit délivré le peuple de quelques taxes onéreuses; cependant on remarqua qu'il y eut moins d'extravagances que sous le regne précédent. Marie ne tarda point à donner des preuves de fécondité; elle accoucha le 7 septembre 1601 du dauphin, qui fut depuis Louis XIII; ce fut une joie très-vive pour Henri, & en cela l'on ne peut rien voir que de fort naturel : mais ce qui est déplorable pour l'esprit sage qui étudie les mœurs des nations, c'est l'ivresse des peuples lorsqu'il naît un enfant à leurs tyrans. On diroit que ce sont des enfans incapables de se conduire, & qui craignent de manquer d'un maître qui les guide.

Marie avoit reçu très-foidement la marquise de Verneuil, lorsqu'elle lui fut présentée au nombre des femmes de sa cour. La fameuse Galigaï, favorite de la reine, parvint à gagner sur l'esprit de sa maîtresse de se composer à l'égard de la marquise, si elle vouloit plaire au roi; Galigaï avoit ses raisons; elle vouloit être dame d'atour; Henri ne le vouloit pas: elle imagina qu'en intéressant la marquise, elle parviendroit à son but; elle lui promit en échange la bienveillance de la reine, & en effet elle auroit joui de quelque considération auprès de Marie, si elle eût été plus réservée. Mais son esprit malin & railleur ne ménageoit personne, & sa haine particuliere contre Marie ne connoissoit point de frein; sa gaieté la rendoit pour ainsi dire nécessaire à ce prince, que le sérieux & l'humeur chagrine de la reine rebutoit. S'il n'avoit eu que la foiblesse d'aimer madame de Verneuil, & qu'elle l'eût mieux mérité, il auroit été pardonnable, mais son amour pour les femmes le faisoit passer toutes les bornes de la décence; il avoit à la fois plusieurs femmes & filles de la cour, & non content de ces passe-tems un peu trop variés, il exposoit souvent sa santé chez des femmes publiques. Marie ne pouvoit supporter des désordres qui l'exposoient elle même, & leurs querelles fréquentes avoient presque toujours pour objet quelque nouveau mécontentement de ce genre. Marie le menaçoit souvent de faire en public des affronts à celle qu'il aimoit, d'autres fois elle lui faisoit craindre pour leur vie. Lorsqu'elle vouloit obtenir quelque grace pour Léonor Galigaï, pour son amant Concini, pour la foule d'Italiens dont elle avoit inondé la cour, elle éprouvoit souvent des refus du roi, qui n'aimoit pas les Italiens, & alors recommençoient les reproches sur les infidélités, les bouderies & des querelles si vives, que souvent la nuit Henri étoit obligé de se lever, & de passer dans un autre appartement. C'étoit un moyen d'obtenir à la fin ce que l'on demandoit.

Ce fut ainsi qu'elle parvint à marier & à doter richement cette chere Galigaï avec son Concini, & que, malgré toute sa mauvaise humeur contre la marquise de Verneuil, elle acheta cette complaisance du roi, par toutes les complaisances possibles pour la favorite, qui venoit d'accoucher presque au même-tems qu'elle; & dans le même-tems où elle célébroit les noces de la Galigaï, & où elle se servoit, pour en embellir les fêtes, des talens & des charmes de madame de Verneuil, elle méditoit avec la marquise de Villars la trame la mieux ourdie pour la perdre. La marquise s'étoit flattée un moment d'être aimée du roi, c'en étoit assez pour être l'implacable ennemie de la Verneuil. Elle avoit eu l'adresse de se procurer des lettres de celle-ci, adressées au prince de Joinville depuis qu'elle étoit attachée à Henri. La reine y étoit maltraitée, le roi n'étoit pas ménagé. Le prince, plus jeune & peut-être plus aimable, y paroissoit être favorisé par le cœur, & cela n'étoit pas flatteur pour un roi aussi despote dans ses plaisirs que dans ses conseils: aussi cette nouvelle ne manqua-t-elle pas d'exciter une vive fermentation dans l'ame du roi, & de produire entre lui & madame de Verneuil des scenes fort vives. Mais elle avoit trop d'esprit pour être vaincue par de semblables ennemis; elle se défendit assez habilement pour donner à la colere de son amant le temps de s'appaiser; puis elle lui représenta la haine dont on étoit animé contre elle à la cour, & en vint à lui persuader, contre toute vraisemblance, que ces lettres avoient été falsifiées par un secretaire du duc de Guise, qui avoit l'art d'imiter toutes sortes d'écritures. La reine fut querellée, la marquife de Villars bannie de la cour, le Prince de Joinville obligé de paſſer en Hongrie; le fecretaire fut mis en prifon, lui qui n'avoit peut-être pas connoiſſance du fait; & la Verneuil triomphante, & contrefaifant à fon tour l'amante outragée, fe laiſſa prudemment appaifer par un don de fix mille livres.

Tandis que cette femme & la reine jouoient, comme on dit trivialement, *à quitte ou double*, & qu'elles étoient l'une ou l'autre continuellement bien ou mal avec le roi, la marquife préparoit de grands chagrins à Henri. La confpiration du comte de Soiſſons, dans laquelle entrerent M. d'Entragues fon pere, le comte d'Auvergne fon frere, le duc de Biron, & cette femme perfide elle-même, n'eſt ignorée de perfonne. Son but étoit de fe faire déclarer la femme légitime de Henri IV, fes enfans, les héritiers du trône, & de faire chaſſer Marie de Médicis, & déclarer le dauphin bâtard. Le but de Philippe, roi d'Eſpagne, avec lequel tous les confpirateurs avoient figné un traité, étoit de caufer en France une révolte générale, d'y rallumer le feu de la guerre civile, & de profiter de ce mouvement pour faire une invafion (1). On fait que le par-

---

(1) La caufe de cette perfidie de la part de la marquife & de fa famille venoit d'un refus qu'avoit fait le duc de Sully. Le comte de Soiſſons avoit demandé au roi une concuſſion de quinze fous par ballot de toile qui entreroit ou fortiroit du royaume; il avoit aſſocié la marquife à ce traité pour la valeur d'un cinquieme, & l'on avoit préfenté ce don comme un revenu de dix mille écus de rente; Sully démontra qu'il étoit au moins de trois cents mille écus, &

lement de Paris condamna tous ces coupables à différentes peines, & qu'en cela il agit selon les loix du royaume. On sait que le roi ne fit grace, suivant le droit absurde qu'il en avoit, & dont il usoit suivant son *bon plaisir*, qu'à la famille de madame de Verneuil; & lorsqu'on divinise encore ce prince, en général aussi peu estimable qu'un autre, aussi haïssable à beaucoup d'égards, l'on ne se rappelle peut-être pas assez qu'un horrible complot contre la nation, une trahison qui pouvoit faire périr des millions d'hommes, dans laquelle on avoit rallumé les idées fanatiques de religion, ne put le détacher de cette femme odieuse; qu'il respecta assez peu les intérêts de son peuple, qu'il fut assez insensible à l'outrage fait à sa femme & à son fils, pour vivre encore avec la Verneuil, & qu'il ne l'abandonna que lorsqu'une autre passion eut effacé de son cœur le souvenir de cette passion effrénée qui avoit duré dix ans.

La reine l'avoit toujours haïe avec tant de fureur, qu'elle prit le parti de la patience avec toutes les autres femmes qu'il eut ensuite. Galigaï & Concini lui avoient d'ailleurs inspiré des idées plus étendues. Henri IV, qui sous le prétexte d'un projet vaste & profond, n'étoit occupé que de conquérir la princesse de Condé, alloit partir pour une guerre dont le succès étoit incertain;

---

qu'en outre c'étoit une entrave onéreuse au commerce : la concussion fut retirée. Elle rappelle l'affaire des *alluvions* accordées aux Polignac en 1787, & révoquées sur les représentations des parlemens de Toulouse & de Bordeaux. Nous en parlerons dans la suite.

certain, dont la durée pouvoit être longue. Il falloit que la reine fût régente ; son sacre paroissoit être un préliminaire indispensable ; il s'agissoit d'obtenir cette dépense au moment où les préparatifs de la campagne alloient diminuer les fonds amassés par l'économie de Sully ; il falloit donc user envers le roi de ces complaisances adroites qui préparent l'homme le plus ferme à n'oser se servir d'un refus formel, même pour une chose qui lui déplaît. Marie, d'Italienne furieuse & jalouse, devint donc tout-à-coup une Italienne souple, caressante & soumise. Les femmes de ce pays jouent sans effort toutes sortes de rôles. Marie obtint ce qu'elle desiroit, non sans opposition de la part de Sully, non sans répugnance de celle de Henri. Ce prince sembloit avoir des pressentimens de son malheur, & l'on sait par des autorités non douteuses que son assassinat fut annoncé en Espagne avant d'avoir été commis en France, ou du moins avant qu'on eût pu physiquement en avoir reçu la nouvelle. L'entrée devoit se faire le dimanche 16 mai 1610, lorsque l'attentat de Ravaillac, arrivé le 10, termina la vie de Henri IV. Ainsi finit ce prince tant loué pendant sa vie & après sa mort ; ce prince malheureux sans doute d'avoir vécu dans un rang dont la folie humaine est le principe, & qui avoit corrompu en lui quelques vertus, qu'au sein de l'égalité le desir & le besoin d'être estimé auroient mûries & développées. Henri, selon toute apparence, auroit été un très-bon citoyen ; il fut mauvais roi : l'ambition lui fit verser à grands flots le sang des François ; il détruisit la nation sur laquelle il vouloit régner, & se crut quitte envers

S

elle pour quelques actes d'humanité passagere qui ne la dédommageoient pas de tous les fléaux que traîne après soi l'horrible fléau de la guerre. Devenu roi, il dut à son ministre le peu de bien qu'il fit au peuple; sans lui, sa prodigalité, son amour pour le jeu & pour les femmes auroient épuisé les trésors de la nation : on lui doit seulement la justice de dire qu'il sut être contrarié par Sully, & apprécier les services que lui rendoit cet homme integre. Mais étoit-ce pour le bien du peuple ou pour le sien qu'il regardoit Sully comme un homme précieux? Je réponds en rappellant le code des chasses, code effrayant, sanguinaire, odieux, digne de Louis XI & de Charles IX, & je place ce code barbare, dont le poids tomboit sur l'agriculteur, à côté du propos dérisoire & tant répété de *la poule au pot*. Oui, tu voulois disois-tu, que chaque paysan la mangeât, cette poule, & pour le meurtre d'une bête fauve, tu voulois le faire battre de verges jusqu'à effusion de sang. J'en ai dit assez ; ce monument de ton histoire fait ton oraison funebre.

Quant à Sully même, ministre estimable dans la foule des ministres qui devoient, qui doivent encore périr sous le glaive de la loi, pensa-t-il seulement à établir une loi *constitutionnelle?* Lorsqu'il considéroit de sang froid les plaies de la malheureuse France, lorsqu'il vit les maux qu'avoit produits une femme sans foi comme sans pudeur, traînant à sa suite des prêtres sans frein, des ministres absolus, des juges corrompus, des supplices & des bourreaux, songea-t-il à prévenir le retour de ces désordres? Pensa-t-il qu'il falloit profiter de ces momens de calme pour assembler les états-généraux, pour donner à la nation un gouvernement stable, fondé sur des loix dictées par la nature? Un de ses moyens en finances fut de rendre héréditaire les charges de judicature; ce n'étoit pas assez du premier genre d'hérédité qui venoit de couvrir la France de cadavres! il réprima l'avidité des partisans, mais avec beaucoup de ménagement, parce qu'il crut toujours avoir besoin des compagnies financieres, qui pouvoient d'un instant à l'autre fournir de l'argent. Il ménagea beaucoup aussi les prétentions des parlemens, & ne mit aucun frein à leurs concussions, parce qu'ils enregistroient les édits; enfin ses mémoires ne nous montrent pas la plus légere idée des droits de l'homme, ni de ceux des nations; pas une notion des loix qui pouvoient manquer à un royaume aussi vaste; aucun doute sur l'étendue de l'autorité royale, aucun desir d'asseoir sur des bases solides le bien qu'il pouvoit & devoit faire (1).

---

(1) Ce sont cependant ces deux hommes qui long-tems ont été en France l'objet d'un véritable culte. Les François, rassasiés des maux qu'ils avoient soufferts sans interruption pendant deux siecles, éleverent des autels à un roi & à un ministre qui leur laisserent enfin la jouissance de l'air qu'ils respiroient; qui ne leur demanderent peut-être que la moitié de leur subsistance, de leurs vêtemens, & les traitoient ce qu'on appelle en *bons maîtres*. On sait bien que dans les colonies les malheureux noirs adorent presque ce très-petit nombre de planteurs qui ne les font pas expirer sous les coups & l'excès du travail; & cependant nos domestiques ici ne souffriroient pas le despotisme même de ces *bons maîtres*. On n'est pas étonné de l'espece d'idolatrie d'une nation assez idolâtre pour endurer les Isabeau de Baviere, les Médicis, & leurs lâches & barbares époux & pupilles; mais

Les causes de l'assassinat de Henri IV furent considérées sous différens points de vue; on n'a pu savoir positivement qui arma le bras de l'assassin Ravaillac. Ce qu'il y a de sûr, c'est que le fanatisme fut son motif particulier; on soupçonna Marie de Médicis, & il n'y a que trop d'apparence contre elle. L'ambition dont elle avoit été saisie tout-à-coup au moment du départ projetté du roi; son desir immodéré de se faire couronner; le mécontentement qu'elle témoigna lorsqu'en lui réservant la régence, Henri lui nomma un conseil; celui de ses chers confidens Concini & la Galigaï, lorsqu'ils apprirent que le connétable de Montmorency & le chancelier Sillery étoient nommés en cette qualité; les intrigues de ces deux personnages & celles de don Juan de Médicis, frere de la reine, dont les perfides conseils n'avoient pas peu contribué à diviser la cour; plus encore peut-être l'indifférence de cette princesse à la nouvelle d'un si grand événement; celle

---

on doit l'être de ce que des historiens, des poëtes, des philosophes, se sont abandonnés à ces accès de déraison. Voltaire, par sa Henriade, a retardé le progrès des lumieres de plus d'un siecle, par rapport à la forme du gouvernement. Mably même, n'a pu se défendre d'une sorte de respect pour la mémoire de Henri IV. Les Anglois, qui nous ont tracé de sublimes vérités en tout genre, ont encensé ce prince; & cependant, depuis le siecle de Louis XIV, la philosophie avoit fait assez de progrès pour que d'excellens esprits appréciassent parfaitement la conduite & le peu de vertus réelles de cette *idole de circonstance*. S'ils redoutoient de faire luire tout-à-coup la vérité aux yeux des hommes encore trop foibles pour la soutenir, il falloit au moins ne pas contribuer à entretenir leur erreur, il falloit présenter les faits, supprimer leurs propres réflexions, & conduire ainsi le peuple à les faire lui-même.

que l'on mit à se saisir de l'assassin, & ensuite à l'interroger; la négligence avec laquelle il fut gardé; les précautions que prit le duc d'Epernon dès le premier instant, ce qui prouve qu'elles avoient été prévues; enfin la correspondance que Marie n'avoit cessé d'avoir avec l'Espagne & la cour de Rome par le moyen de son frere & de Concini, déposent contre elle & l'accusent du plus grand crime dont une femme puisse se rendre coupable. Ajoutons que sa conduite, après l'événement, ne justifia que trop les impressions qu'elle avoit déja données au moment de l'assassinat.

Henri IV avoit été frappé à quatre heures de l'après-midi; à six heures, Marie avoit pris toutes les mesures nécessaires pour se faire déclarer régente. Le conseil étoit assemblé; le duc d'Epernon, avec un ton d'insolence qu'une autorité supérieure pouvoit seule justifier, y avoit paru, la main sur la garde de son épée: » Elle est encore
» dans le fourreau, avoit-il dit, mais elle en
» sortira si la reine n'est pas déclarée régente;
» quelques-uns d'entre vous demandent du tems
» pour délibérer, leur prudence n'est pas de sai-
» son: ce qui peut se faire aujourd'hui sans péril,
» se fera demain au milieu du carnage ". Les membres du conseil les plus sensés comprirent que la reine ne parloit point avec tant d'audace par la bouche d'un de ses esclaves, sans être assurée d'un parti puissant. Tout servoit à prouver que ce parti étoit formé d'avance, & l'on ne pouvoit mesurer, dans un seul instant, toute l'étendue de ses forces & de ses différentes branches. Ils crurent plus prudent de céder que de

s'expofer à cimenter de leur fang le pouvoir dont Marie paroiffoit fi avide. Dès le lendemain, le parlement lui confirma le don de la régence, avec celui de la tutelle, au nom du jeune roi Louis XIII, âgé de dix ans. Si ce grand corps avoit bien voulu remplir fes devoirs, c'étoit là le cas d'affembler les états-généraux; mais le parlement, qui feul avoit élevé Henri IV fur le trône, s'étoit convaincu de ce moment qu'il repréfentoit la nation; il avoit même déclaré que les états-généraux n'étoient pas conftitutionnels, parce que les états de Paris, affemblés par le duc de Mayenne, l'avoient été par une autorité illégitime. Dans la vue de refter feul en poffeffion de l'honorable titre de repréfentans de la nation, il étoit néceffaire en effet de confacrer l'abfurde maxime, que la nation ne pouvoit pas s'affembler de fon propre mouvement & fans l'ordre du roi; ce qui ne fut jamais établi par aucune loi, par aucun acte quelconque; ce qui pouvoit être fimplement d'ufage quand les rois étoient *tout*, & les peuples rien. Le parlement, ayant une fois prétendu que lui, petit corps d'individus, fans miffion du peuple, agréé par le roi, ayant acquis de la main du roi des charges vénales, foumifes à un droit annuel payé au roi, repréfentoit les affemblées libres & générales des *champs de Mars & de May*, ou *les états-généraux du royaume*; que cependant les *états-généraux* n'étoient pas conftitutionnels, n'avoit plus qu'à déclarer que la nation elle-même n'étoit pas *conftitutionnelle*.

Enfin, Marie de Médicis eft déja déclarée régente, avant même que les environs de Paris foient inftruits de la mort du roi. Sully n'eft pas même consulté; sa douleur le rend importun, son économie le rend à charge. Il y avoit quarante millions d'argent en réserve, outre le revenu courant, il fallut les remettre entre les mains des courtisans & des favoris; ce trésor disparut en moins de quatre ans: Sully s'écarta de lui-même, & débarrassa les pillards de sa présence & de ses reproches. Lorsqu'enfin le luxe & les dissipations eurent réduit aux dernieres extrêmités & la régente & son foible ministre Luyau, & Concini, & la Galigaï, & tous les Italiens & les Espagnols qui régnoient avec une femme sans génie, on fut tout-à-coup étonné d'entendre, en 1614, demander les états-généraux. Mais, quoiqu'en lisant l'histoire de ce regne, on soit surpris d'entendre rappeller leur nom, on l'est peut-être davantage de voir qu'ils produisirent un enthousiasme général, & rien de plus. Les disputes de rang, d'ordres, de vérifications de pouvoirs, occuperent les premieres séances. Les trois ordres de l'état, & en général toutes les classes de la société, se considéroient comme des armées en présence, qui ne font encore que s'observer, en attendant le signal du combat. Le clergé, fier de ses richesses, de ses immunités, de ses dons gratuits, ne sentoit pas qu'il les perdroit si l'état tomboit en décadence; il ne demandoit que la ruine du protestantisme à quelque prix que ce fût. La noblesse espéroit s'enrichir des dépouilles du peuple; tel a toujours été son rôle. Elle demandoit la suppression de la vénalité & de l'hérédité des charges de judicature; les parlemens auroient agi avec justice, prudence & raison, s'ils avoient, à leur tour, demandé qu'on détruisît le fléau de la noblesse héréditaire. Le tiers-état auroit voulu qu'on remédiât à la mauvaise administration des officiers de justice & des finances : mais ses députés étoient pris dans ces deux corps qui vouloient sa ruine : aussi fut-il oublié dans les débats ; c'étoit l'usage. Rien n'étoit concerté, il n'y avoit aucun plan d'assis, peut-être point de but ; la régente seule en avoit un, celui de régner & de voler arbitrairement. Les états ne purent, ou ne voulurent pas commencer leurs opérations, & on les sépara lorsqu'à peine les pouvoirs étoient vérifiés : on nomma des *commissaires du roi*, pour conférer avec ceux des députés aux états ; ceux-là traînerent en longueur, dégoûterent les députés, & ces états de 1614 offrirent, au dix-septieme siecle, un spectacle bien plus étrange que ceux de Philippe-le-Bel au quatorzieme ; ils finirent sans même qu'on s'en apperçût. De nouvelles taxes vinrent au secours du trésor royal ; & Marie, voulant, à sa maniere petite & bornée, diviser aussi pour régner, s'avisa d'un autre plan qui ne put lui réussir qu'à brouiller, sans porter aucun coup décisif.

La noblesse & le clergé venoient de demander la publication du concile de Trente, & le rétablissement de la religion catholique dans le Béarn ; presque toutes leurs doléances tendoient à faire réformer partiellement les clauses de l'édit de Nantes les plus favorables aux réformés. Marie de Médicis essaya de les faire avertir secrétement de se défier des dispositions hostiles des catholiques ; mais quoique les calvinistes ne fussent que trop disposés à s'inquiéter, il ne se trouva pas un homme capable de commander avec succès des forces armées, quand même il y en auroit eu : d'ailleurs, le grand mal du regne de Henri IV étoit d'avoir accoutumé au repos, à l'insouciance & à la mortelle quiétude de l'esclavage la seule portion d'hommes que la liberté des opinions pût conduire à la liberté politique & civile. Les réformés s'étoient endormis dans une douce confiance pour un roi qui les avoit toujours favorisés. Le reveil paroît si dur ! on a si peu de force, lorsqu'on les a usées au sein de la mollesse ! Le gouvernement étoit sans force, les religionnnaires sans courage, la nation anéantie. Le parlement n'avoit que des prétentions, & point de patriotisme ; il s'avisa, pour se rendre respectable aux yeux du peuple, de rendre le 8 mars 1615, un arrêt qui ordonnoit que les princes, les pairs, & les grands officiers de la couronne, qui ont séance & voix délibérative au parlement, & qui se trouvoient à Paris, seroient invités à venir délibérer avec le chancelier sur les propositions qui seroient faites pour le service du roi, le soulagement de ses sujets, & le bien de son état. La régente, étonnée de ce coup d'autorité imprévu, consulta promptement les bons & fideles *sujets du roi :* ceux-ci craignirent que le parlement, réuni aux grands, ne prétendit tout-à-coup rendre l'administration plus réguliere, & moins dépendante de l'incapacité & des passions du prince ; ils se rappelloient ce que les états-généraux avoient voulu sous le regne du roi Jean ; & ce qui n'avoit pas eu son effet dans un tems d'ignorance, pouvoit s'opérer facilement en 1615. Marie se hâta d'ordonner aux magistrats de ne plus se mêler des affaires du gouvernement. De quoi s'inquiétoit l'inhabile régente ? les grands divisés entre eux.

se bornoient à intriguer sans savoir ni ce qu'ils vouloient, ni ce qu'ils pouvoient. Les magistrats n'avoient point préparé le coup qu'ils vouloient porter; ils furent obligés à se taire, & peut-être trouve-t-on même le véritable secret d'appaiser leurs efforts : d'ailleurs, nous n'en aurions pas été plus heureux. Si les grands avoient accru leur prépondérance, soutenus seulement par l'autorité parlementaire, le fruit de cette coalition contre l'autorité royale auroit été le rétablissement des fiefs. Combien la nation auroit été de tems encore à secouer le joug, si le régime féodal avoit pu renaître dans toute son étendue, puisque les restes de cet infernal système nous donnent encore tant de peine à détruire! Non, en 1614 il ne pouvoit s'opérer une heureuse révolution; il falloit près de deux siecles pour en concevoir l'idée; il en faut peut-être encore un pour l'exécuter.

Marie de Médicis ne connoissoit aucun remede aux maux que lui causoit tous les jours sa mauvaise administration; elle savoit faire toutes les sottises du monde, & sa foible tête se perdoit lorsqu'il s'agissoit de les réparer. Dès l'année de la mort de Henri IV., Concini & sa femme avoient acheté le marquisat d'Ancre pour une somme de cent trente mille livres. Ses égards pour le mari devinrent suspects; on l'accusa d'avoir eu pour lui des bontés très-particulieres; & les faveurs qu'elle accumula sur sa tête ne prouverent que trop qu'on ne se trompoit pas : elle en fit un maréchal de France, lui qui n'avoit jamais tiré l'épée. L'insolent favori s'érigea bientôt en despote; rien ne fut respecté : les libertés de l'église gallicane furent violées; les jésuites devinrent tout-puiſſans; ils pouſſerent la démence juſqu'à demander qu'il leur fût permis d'écrire, & qu'il fût défendu de leur répondre. Le mariage du roi avec Anne d'Autriche, infante d'Eſpagne, & celui de Philippe, infant, avec Eliſabeth de France, furent conclus, contre tous les intérêts de la France. Ces alliances funeſtes ne pouvoient qu'effrayer les proteſtans, dont tous les intérêts ſe trouvoient bleſſés par l'intimité avec leurs plus redoutables ennemis. Henri IV avoit formellement interdit à la régente de former jamais aucune alliance avec l'Eſpagne, ou du moins de conſentir que ce fût avec l'héritier de la couronne, ou avec le roi, ſi elle venoit à le perdre avant la majorité de ſon fils; il lui avoit conſeillé auſſi de ne point accorder de faveur marquée aux jéſuites, toujours prêts à embraſſer le parti de la cour de Rome contre les intérêts de la France: il lui avoit appris que c'étoit le moyen de ne pas indiſpoſer les religionnnaires, & de ne pas commencer une guerre qu'il ne feroit plus en ſon pouvoir de terminer; mais comme elle étoit incapable de réflexion, elle l'étoit auſſi d'adopter un conſeil ſage, & la mort du roi lui fit bientôt perdre le ſouvenir des inſtructions qu'elle en avoit reçues. Louis XIII n'étoit pas encore majeur, que les princes, irrités de l'inſolence des favoris, s'étoient déclarés & ſe formoient un parti; les proteſtans armoient ſecrétement, & la reine avoit auſſi ſes créatures prêtes à ſe montrer pour elle & pour les Concini. Le roi, longtems gouverné par eux, ne tarda pas à ſentir le poids de cette autorité exceſſive & mal dirigée. En perdant le titre de régente, Marie avoit conservé celui de mere, & c'étoit pour en abuser qu'elle en réclamoit les droits. Louis, aussi foible & aussi bas que Henri III, se délivra du maréchal d'Ancre, comme son *auguste ancêtre* s'étoit délivré des Guise par un assassinat. Concini fut tué par Vitry, capitaine des gardes, le 24 avril 1617. On trouva sur lui des valeurs en papier pour 1,985,000 livres, & il avoit en outre pour 420,000 livres sur les banques d'Italie. Peu de jours avant sa mort, il avoit dit à quelques amis qui le blâmoient de son audace, *qu'il vouloit voir jusqu'où la fortune d'un particulier pouvoit aller.*

Quelle idée ne doit-on pas prendre de ce regne désastreux, lorsqu'on voit une intrigante étrangere, un homme sans considération, & un ministre sans talens gouverner l'état! Ce ministre étoit le cardinal de Luynes, dont tout le mérite personnel se réduisoit à dresser des oiseaux au vol, & qui avoit obtenu à ce titre une place dans la vénerie du roi. Il ne savoit qu'amuser puérilement son maître, & c'en étoit assez pour disposer des destins de la France. Sous le gouvernement monarchique, quelles que soient les précautions que puisse prendre le peuple, ou par lui-même, ou par des représentans, le sort de l'empire dépendra toujours des agens immédiats d'un homme inviolable, & assez riche pour n'avoir à son service que des traitres à la nation. Une vaine responsabilité ne les rendra point incorruptibles; ils savent trop bien que les loix n'atteignent point l'esclave de l'homme supérieur aux loix. On verra donc toujours les rois choisir des hommes sans mérite & sans vertu; & malgré toute la vigilance du peuple ou de ses mandataires, la machine politique se trouvera entravée, tantôt par une exécution lente, tantôt par des délais perfides, tantôt par l'ineptie & le défaut d'ensemble, tantôt par des changemens arbitraires dans la nature des loix & dans leur application. Quand on leur feroit rendre compte à chaque jour, à chaque heure, le progrès du mal ne seroit que suspendu, le mal ne seroit point extirpé; il ne peut l'être qu'en remontant à sa source.

L'assassinat de Concini prépara la ruine de Marie de Médicis; elle sentit que son crédit étoit perdu: toute occupée de sa situation, elle parut inhumaine envers sa veuve, qu'elle avoit tant aimée, & laissa briser sans pitié cet instrument fragile qui ne pouvoit plus lui servir. » Si on ne peut lui dire » que son mari est mort, dit-elle, qu'on le lui » chante ". Expression qui fait horreur, & qui caractérise parfaitement l'ingratitude des rois. Elle refusa de s'intéresser pour elle, & de demander sa grace, qu'elle pouvoit encore obtenir. Léonor fut mise en prison; & telle est la foiblesse & la lâcheté des gouvernemens despotiques, qu'on ne lui fit point son procès, pour avoir abusé de la faveur & de la confiance de la reine: on l'accusa de judaïsme, de magie & de sortilege: elle fut condamnée au feu sur ces imbécilles chefs d'accusation, par des magistrats dont on ne sait si l'on doit accuser le plus ou la démence ou la bassesse. Cette malheureuse, moins coupable que la reine, montra de la constance en marchant à un supplice si peu prévu, & mourut avec une fermeté qui ne fit qu'accroître la fureur de ses ennemis.

Louis XIII, dont l'ame foible & féroce auroit

été capable des mêmes crimes que Charles IX, s'étoit écrié, en apprenant la mort de Concini : *Enfin, me voilà roi !* Il avoit raifon, il venoit de confommer un crime ; c'étoit fon premier acte royal. De ce moment, il ôta la garde à fa mere, qui, troublée de cet ordre tyrannique, lui demanda la permiffion de fe rendre à Moulins; il lui en laiffa la liberté; mais à peine étoit elle arrivée à Blois, qu'il la fit arrêter & renfermer dans le château : elle fe fauva de cette forterefſe, & fe rendit à Angoulême, & de-là au pont de Cé, où elle fut prête à prendre les armes contre fon fils.

Le cardinal de Luynes & fes freres profiterent feuls de la mort de Concini ; il n'avoient pas renverfé le maréchal d'Ancre & banni la reíne-mere pour le bien de l'état, mais pour le leur propre : ils fe partagerent toutes les charges de Concini, & la fortune publique ne fit que changer de main, comme à toutes les mutations de miniftere. Marie n'avoit été éloignée que pour n'avoir point à partager avec elle les tréfors que l'on prétendoit amaffés ; mais il s'élevoit dans le confeil un homme d'un génie plus étendu, dont les vaftes projets demandoient une autre marche. Il entreprit de réconcilier Marie avec fon fils : ce n'étoit pas qu'il fût fufceptible des fentimens de la nature, ni qu'il voulût toucher le cœur de fon *maître*, mais il craignoit que les intrigues de cette femme ne foulevaffent en fa faveur une partie du royaume; & pour exécuter fes deffeins, il lui falloit la paix & la tranquillité qui difpofent à l'efclavage. La mort du cardinal de Luynes, arrivée après le fiege de Montauban, le 15 décembre 1621, fut un moment de triomphe pour la reine; Richelieu fe fervit habilement d'elle pour obtenir sur l'esprit du roi un crédit dont ensuite elle fut la victime. En 1623, il l'avoit rendue aussi puissante que dans le tems de sa régence; il obtint de sa reconnoissance le chapeau de cardinal, qu'il ambitionnoit depuis long-tems, & qui lui étoit nécessaire pour ajouter à sa considération personnelle: elle seule pouvoit le lui procurer aussi promptement, par ses relations avec la cour de Rome. Dès ce moment, il ne se crut plus obligé à aucun égard envers elle; & comme il avoit besoin d'un empire absolu sur l'esprit de Louis XIII, qui ne l'aimoit pas, mais auquel il s'étoit rendu nécessaire, il n'oublia rien pour l'aigrir de nouveau contre Marie. Comme elle ne savoit rien calculer, elle lui laissa le tems de s'emparer absolument de ce prince, & se vit abandonnée de lui & de la cour, au moment où elle s'y attendoit le moins. Elle ajouta une autre imprudence à la premiere; elle refusa tout accommodement entre elle & Richelieu, & mit Louis dans l'alternative de chasser ou elle, ou son ministre. Il ne balança point; & Marie, plongée dans un délire plus grand encore, par les suites de son caractere opiniâtre & irréfléchi, s'enfuit de Compiegne le 30 juillet 1631, & se rendit à Bruxelles, où elle fut reçue avec de grands honneurs. Mais lorsqu'elle fut sortie de France, les apologies de sa conduite, ses manifestes & ses lettres, furent inutiles. Richelieu triomphoit & savoit ménager la durée de cet avantage; il faisoit valoir contre elle ses liaisons avec l'Espagne, la combinaison de ses projets avec ceux de *monsieur*, son second fils, le dessein bien constaté qu'elle avoit eu de marier ce prince avec Anne d'Autriche, en faisant déclarer Louis XIII impuissant, ou bien en terminant ses jours : enfin il insinuoit qu'elle avoit trempé dans la conspiration de Chalais, en 1626. On ignore si ce dernier crime auroit été capable d'effrayer Marie. Si elle avoit pu le commettre, & qu'elle l'eût cru nécessaire à son ambition, il y a peu d'apparence qu'elle s'y fût refusée ; mais soit que de pareils soupçons fussent bien ou mal fondés, ils devoient faire une vive impression sur un prince fanatique & d'un caractere soucieux & méfiant. Son humeur chagrine & son esprit borné demandoient à être gouvernés ; mais il préféroit l'empire du cardinal, qui le débarrassoit du fardeau des affaires, à celui de Marie de Médicis, d'Anne d'Autriche & de son frere, dont il étoit jaloux. Si le cardinal se trouvoit chargé du gouvernement, ce ne pouvoit être qu'en son nom ; au-lieu que les deux reines & le duc d'Orléans auroient eu tout l'honneur de l'administration, & l'auroient réduit à une nullité absolue. Marie fut donc sacrifiée à la haine du ministre ; son douaire & ses biens furent saisis ; ses finances épuisées, elle se vit en proie à l'horrible nécessité d'avoir recours à la stérile pitié de ses égaux. Les *souverains*, si prodigues pour eux & leurs favoris, de la subsistance de leurs *sujets*, ne sont jamais généreux. L'Angleterre donna à Marie quelques secours modiques, que les intrigues de Richelieu réduisirent au point qu'elle fut obligée de repasser en Hollande, après un voyage à la cour de Londres. Les Hollandois craignirent de se brouiller avec le cardinal, & enfin la reine fugitive ne trouva d'asyle qu'à Cologne, où les jésuites daignerent lui payer une si chétive pension, qu'en 1642 elle manqua de bois au milieu de l'hyver, & périt presque de misere, vers la fin de juin de l'année suivante. Tant que les rois ne seront pas de simples citoyens, investis seulement, comme tous les fonctionnaires publics, d'un pouvoir temporaire, délégué par les peuples; tant qu'ils ne seront pas comptables au peuple & soumis à la loi; enfin tant que l'impunité leur assurera le droit d'être criminels, un châtiment semblable à celui qu'éprouva Marie de Médicis, sera une sorte de justice accidentelle, dont le vulgaire rendra grace aux circonstances; mais le philosophe n'y verra qu'un effet du hasard, dont l'influence passagere ne satisfait point les loix, ne venge point les hommes des maux qu'ils ont soufferts, & n'a jamais servi d'exemple aux têtes couronnées.

Après avoir persécuté sa mere par l'exil, par un procès en regle, dont il avoit chargé des commissaires, Louis XIII la voyant humiliée, pauvre & mourante, ne la traita pas moins avec une dureté excessive: mais que pouvoit attendre d'un fils sur le trône, une mere telle que Marie de Médicis? L'éducation qu'il en avoit reçue, la persuasion où il étoit qu'elle avoit voulu le faire assassiner, les doutes qui s'étoient élevés contre elle à la mort de Henri IV, la dureté du cœur, l'inhumanité innée dans l'ame des rois, leur indifférence sur l'opinion publique, tout devoit préparer Marie à l'abandon total de son fils. Agrippine avoit commis toutes sortes de crimes pour élever Néron à l'empire; Agrippine périt par l'ordre de ce monstre.

Richelieu & Louis XIII régnoient enfin sans obstacle; le sort qui n'avoit fait qu'un ministre

T.

de Richelieu, ne lui avoit pas assigné sa place ; il devoit lui donner une couronne. Audacieux, entreprenant, dissimulé, vindicatif, barbare, que lui manquoit-il pour être digne du trône ? Le sang dont il en arrosa les degrés, n'effraya jamais le caractere farouche de Louis XIII; ces deux êtres étoient nés l'un pour l'autre. » Ce que Machiavel » conseille au tyran qu'il instruit, dit Mably, Ri- » chelieu l'exécuta (1) ". Mably auroit dû écrire que Richelieu & Louis XIII l'exécuterent. Loin de nous ces ménagemens qui rejettent en entier sur des ministres les crimes qui souillent l'histoire des monarchies! Sans doute, les ministres des rois ne peuvent être que des tyrans subalternes ; lorsque par hasard ils ont, comme Richelieu, un génie supérieur, ou simplement quelques talens de plus qu'un *monarque* ignorant, ils sont les auteurs des plans de tyrannie; mais en cela même, ils ne sont jamais que les organes ou les interpretes de la *volonté royale*. Supposez qu'on place tout-à-coup sur le trône un honnête citoyen, & qu'on lui donne pour ministre un Richelieu, son premier soin sera de le faire livrer au supplice. Louis XIII, au contraire, loin de contrarier le despotisme de son ministre, l'applaudissoit & l'encourageoit dans

―――――――――――――――――――

(1) J'aurois dit plutôt que Richelieu fut tout ce que Machiavel nous montre dans *le prince* qu'il n'a pas prétendu instruire, mais faire connoître aux hommes. Comment de très-grands génies n'ont-ils pas vu que l'auteur du discours sur Tite-Live, & de l'histoire de Florence, avoit voulu donner des leçons au peuple, & non des préceptes aux rois ? Comment ne l'ont-ils pas entendu crier aux nations : Tant que vous aurez des *princes*, voilà ce qu'ils peuvent être, & toujours ce qu'ils sont, plus ou moins ?

toutes ses opérations. Tous deux, parfaitement d'accord pour tout asservir à l'autorité royale, intervertirent l'ordre des tribunaux, & tous les magistrats céderent à l'impulsion d'un nouveau Louis XI, après cette fameuse audience où ils furent contraints d'écouter, *à genoux*, les réprimandes de ces deux insolens despotes, lors de la fuite du duc d'Orléans. S'il y eut dans les parlemens quelques hommes de bien, on les vit aussi suspendus de leurs fonctions, destitués de leurs offices, exilés ou traînés dans les prisons d'état. Les calvinistes furent anéantis par la prise de la Rochelle; les grands, humiliés par la crainte des coups d'autorité arbitraire, divisés, affoiblis par les châtimens, redoutant sans cesse les délateurs que Louis XIII accueilloit avec joie, tous suspects les uns aux autres, tomberent dans l'abattement; les assemblées leur furent interdites; le despote ne leur permit que les armes à leur usage personnel, mais leur défendit expressément d'en conserver dans leurs châteaux; il leur défendit aussi toute communication avec les étrangers, même avec les ambassadeurs des puissances, & finit par leur interdire sévérement la sortie du royaume; il rendit cette fameuse ordonnance, par laquelle il étoit enjoint d'obéir, sans délai, à tous les ordres du roi; il étoit permis seulement d'exposer les raisons qu'on pouvoir avoir de s'y soustraire; & s'ils étoient réitérés, il falloit les exécuter sans réplique, sous peine de perdre charges ou emplois, sans préjudice d'autres punitions dues à la désobéissance; de sorte que si le *monarque* avoit eu la fantaisie d'ordonner à un homme de tuer son pere ou son enfant, il auroit fallu obéir ou périr. Toutes les autorités, toutes les loix, tous les usages, toutes les coutumes qui avoient passé en loix, tous les corps existans, toutes les classes de l'état souffrirent un bouleversement général. La division des protestans détruisit le seul germe de liberté qui existât depuis Charles VIII ; les lumieres sembloient ne s'être répandues en France que pour le profit des tyrans. Ces deux hommes perfides les firent servir à façonner la nation au joug monarchique ; ils avilirent les esprits propres à éclairer leurs concitoyens ; les pensions, les bienfaits asservirent la plume de ces lâches adulateurs. Les autres classes furent amollies par l'usage de ce que les arts, les sciences & les lettres ont d'inutile & d'attrayant ; le luxe le plus effréné retint à la cour ces grands, accoutumés à mendier bassement les faveurs des rois, pour étaler à leur suite un faste insolent. Louis XIII & Richelieu dispensoient d'une main l'or avec la servitude, & de l'autre les châtimens à tout être qui osoit penser.

Que d'horreurs présente le tableau de ce regne déplorable ! que de proscriptions ! que de sang répandu ! que de veuves éplorées ! que d'orphelins gémissans ! que de crimes particuliers & publics ! & les François les ont soufferts, & les nations voisines en ont été témoins ! Que dis-je ? elles ont éprouvé le même sort, & l'Europe a encore des rois !

Si Henri IV eût vécu, jamais une Espagnole n'auroit été la femme de son fils. Anne d'Autriche, digne du sang dont elle étoit née, apporta en France tous les vices de l'Espagne & ceux de la maison d'Autriche. Marie de Médicis, attachée à la cour de Rome, nourrie dans le fanatisme

& la superstition, avoit cru ne pouvoir mieux servir la religion catholique, qu'en s'alliant avec de fideles sujets des pontifes & de l'église. Les Concini, gagnés par l'or de l'Espagne, avoient hâté cette fatale alliance, & le 24 novembre 1615, Anne d'Autriche épousa Louis XIII : elle étoit âgée de quinze ans, & Louis étoit plus jeune qu'elle de cinq jours. Nés tous deux avec un cœur dur & altier, ils n'étoient pas plus capables l'un que l'autre de ressentir & d'inspirer de l'attachement ; aussi n'éprouverent-ils jamais qu'une indifférence réciproque, qui dégénéra dans la suite en une haine fortement prononcée. Anne étoit fiere & absolue : elle ne vit pas sans chagrin qu'elle étoit soumise, avec toute la cour, à l'autorité de sa belle-mere, & même obligée de lui céder le pas ou de disputer avec elle sur les honneurs de la préféance. Elle montra, dans les commencemens de son regne, peu d'empressement à se mêler des affaires. A peine connoissoit-on quel étoit son caractere, lorsque la mort de Concini lui donna l'occasion de le développer par un trait de froideur & d'insensibilité révoltante. Les deux favoris de Marie laissoient un fils âgé de dix ans, d'une figure intéressante & d'un caractere aimable. Ce malheureux enfant, errant dans le palais du Louvre, ne savoit où trouver un asyle. » C'est moi, di-
» soit-il, qui porterai long-tems la peine de l'or-
» gueil de mes parens ". On lui avoit ôté son chapeau & son manteau, comme des marques distinctives d'un état dont il étoit déchu. Depuis deux jours, sa douleur l'avoit empêché de boire & de manger. Le comte de Fresque en eut pitié; il voulut intéresser la reine en sa faveur ; il ob-

tint d'elle qu'on le lui ameneroit, après l'avoir engagé à prendre des rafraîchissemens. Elle l'accueillit avec beaucoup de douceur, & lui promit d'avoir soin de son enfance. Cette humanité n'auroit pu que lui faire honneur ; mais comme on lui avoit dit que l'enfant dansoit avec grace, elle le fit danser en sa présence, au son des instrumens, tandis que le sang de son pere couloit encore, & qu'on allumoit le bûcher où alloit être jettée sa mere. Dans quelle classe d'hommes, hors le rang *suprême*, trouveroit-on des exemples d'une pareille dureté de cœur ?

Le retour de la reine-mere auroit renouvellé les débats entre les deux princesses, si le duc d'Orléans n'étoit devenu le point de réunion. Dès son arrivée en France, Anne d'Autriche avoit pris avec lui des manieres très-libres. Le prince observoit peu de cérémonial avec elle ; & cela paroissoit d'autant plus étrange, qu'en Espagne, où l'étiquette est extrêmement sévere, la princesse ne devoit point avoir appris à user d'une liberté semblable. On prétendoit que Louis XIII n'étoit pas d'une complexion capable de promettre des successeurs au trône, & l'on croyoit que le duc d'Orléans auroit eu besoin du même conseil que la duchesse d'Angoulême avoit autrefois donné à François Ier., à l'égard de Marie d'Angleterre. Louis XIII, qui n'aimoit des femmes *que l'espece*, disoit la reine Christine, devint cependant fort jaloux de la sienne, & se rendit le jouet de ses courtisans, & sur-tout de ses ministres, intéressés à demeurer seuls en possession de tout le crédit. Une préférence marquée pour son beau-frere ne fut pas la seule galanterie qu'on attribue à la reine; il courut des bruits injurieux sur elle, à l'égard du duc de Buckingham, favori de Charles II, roi d'Angleterre, & ambassadeur de ce prince en 1625. Le duc se déclara publiquement l'amant de l'Autrichienne. Richelieu en conçut du dépit; ils se brouillerent. Louis XIII, irrité, éloigna la dame d'atour de la reine, & chassa quelques-uns de ses domestiques. L'ambassadeur partit; & quoi qu'en aient dit des auteurs mercenaires, il y a toute apparence qu'en effet Anne, qui souvent faisoit des neuvaines pour avoir des enfans, cherchoit aussi à s'en procurer par des moyens dont l'efficacité lui paroissoit mieux constatée.

Quant à la conspiration de Chalais, petit-fils du maréchal de Montluc, il n'a pas été prouvé qu'Anne d'Autriche, ni même la reine-mere, y fussent entrees. On dit qu'il étoit question d'ôter au roi ou la vie, ou la liberté, de faire prononcer la nullité du mariage de la reine, pour cause d'impuissance de la part de Louis, & de la marier avec le duc d'Orléans. On ajoute que les interrogatoires secrets du conspirateur fournissoient des preuves contre les deux reines & contre Gaston d'Orléans; mais on ne les fit point connoître. Si quelque chose peut donner lieu à croire qu'Anne d'Autriche fût coupable, c'est qu'il est constant qu'elle se préparoit à épouser le duc d'Orléans, lorsqu'en 1630, Louis XIII tomba si dangereusement malade qu'on désespéra de sa vie: la proposition en fut faite à Gaston, & tous deux s'en occupoient, lorsque le roi se rétablit. Déja cruellement agité depuis la conspiration de Chalais, ce prince dut regarder comme une nouvelle preuve du crime, de semblables négociations entamées pendant sa maladie ; & lorsque Marie de Médicis eut quitté la cour, Anne d'Autriche demeura exposée à tout le ressentiment d'un mari dont la méfiance s'accroissoit chaque jour, & d'un ministre qui n'ignoroit pas les intrigues des Espagnols avec elle & avec sa belle-mere, dont les intérêts étoient réunis avec les siens depuis qu'elle faisoit cause commune avec Gaston d'Orléans. Louis XIII fit défendre à l'ambassadeur d'Espagne de la voir aussi fréquemment. Pour la seconde fois, on lui ôta ses confidentes & ses domestiques, & l'on fit peu d'attention à des menaces qui devoient être sans effet.

En 1637 cependant, sa correspondance continue avec Marie fit naître encore des inquiétudes : elle employa contre le cardinal une maîtresse du roi, mademoiselle de la Fayette, qui lui étoit toute dévouée, malgré leur rivalité : elles y employerent toutes deux le jésuite Caussin. Anne s'entendoit avec le conseil d'Espagne, pour empêcher l'abaissement de la maison d'Autriche, de ce colosse effrayant, dont la puissance & l'orgueil ébranlent l'Europe & fatiguent encore la France ; mais rien ne réussit à cette femme intrigante, que le projet de donner un héritier à Louis XIII. Quel fut le pere de cet enfant ? c'est encore une énigme. On prit toutes les précautions possibles pour en accorder les honneurs au roi. Mademoiselle de la Fayette, retirée au couvent de la Visitation, où elle se disposoit à prendre le voile, eut, au commencement de décembre 1637, un entretien de quatre heures avec Louis XIII, qui étoit venu de Grosbois à Paris, exprès pour la voir. A son retour, le mauvais tems l'ayant forcé à chercher un abri, il le trouva au Louvre, chez la reine, qui lui offrit fa table & fon lit. Cette partie fembloit être arrangée; car le roi quitta Paris dès le lendemain, & ne parut pas vivre depuis en meilleure intelligence avec la reine, qui cependant, neuf mois après, mit au monde ce trop fameux Louis XIV, à qui la France dut enfuite foixante années de malheurs.

Louis XIII favoit-il que la reine étoit enceinte, & fe prêta-t-il à ce manege qui pouvoit ôter la couronne à un frere qu'il haïffoit? La demoifelle la Fayette avoit-elle opéré ce raccommodement momentané, ou pour couvrir la foibleffe de la reine, ou pour effayer en effet de faire naître un fucceffeur au trône? Cette derniere conjecture paroît peu vraifemblable, lorfqu'on fe rappelle que Louis XIII avoit toujours été foupçonné d'impuiffance, & que l'on n'ignoroit pas que fes maîtreffes n'étoient pour lui qu'une fimple fociété de confiance & d'amitié. Quoi qu'il en foit, & de la complaifance de Louis XIII, qui peut-être crut que le ciel avoit fait un miracle en fa faveur, & de la chafteté plus que douteufe de la reine Anne, elle déclara fa groffeffe, & Richelieu parut en être fort mécontent. Étoit-ce un jeu? vouloit-il cacher à fon *maître* la part qu'il pouvoit avoir à cette intrigue? C'eft encore ce qu'on ignore parfaitement. La naiffance du dauphin fut fuivie de près par celle du duc d'Anjou, depuis duc d'Orléans. Après avoir fouffert la naiffance d'un premier enfant, il n'y avoit pas de prétexte à en défendre un fecond. Quoique la maternité dût rendre la reine plus chere à fon mari, s'il avoit cru être le pere de deux fils, on ne voit pas qu'elle ait eu plus de crédit, ni qu'elle ait obtenu plus de confiance de fa part. Au lit même de la mort, Louis XIII ne l'ayant point encore appellée, elle envoya auprès de lui M. de Chavigny, avec ordre de lui demander pardon de ce qui pouvoit lui avoir déplu dans fa conduite, le fuppliant de croire qu'elle n'avoit jamais trempé dans la confpiration de Chalais, ni conçu le deffein d'époufer Gafton, fon frere. Louis reçut cette ambaffade avec beaucoup de froideur. " Dans l'état où je fuis, " répondit-il, je dois lui pardonner; mais je ne " peux pas la croire ". Il étoit temps pour elle de fe foumettre : on penfe bien qu'elle afpiroit à la régence, & qu'elle la vouloit fans aucune reftriction. Il falloit que la néceffité dictât à Louis XIII une loi bien impérieufe pour le faire confentir à laiffer l'autorité à une femme & à un frere, qu'il paroiffoit haïr également. Si le cardinal eût encore vécu, peut-être auroit-il agi autrement. Enfin il céda aux repréfentations, & nomma fa femme régente, en lui confiant l'éducation des deux princes, fes fils, avec l'adminiftration des affaires publiques ; il nomma Gafton, fon frere, à la lieutenance générale du royaume ; mais il ordonna en même-tems que ni la reine, ni le duc d'Orléans, ne pourroient rien faire fans l'avis du confeil de la régence ; compofé de fes coufins le prince de Condé & le cardinal Mazarin, du chancelier Séguier, du fur-intendant des finances & du fecretaire des commandemens, qualifiés tous de miniftres d'état. Il ordonna que tout feroit délibéré dans ce confeil, décidé à la pluralité des voix, & qu'il y feroit pourvu à la même pluralité, tant aux plus importans emplois & principaux offices de la couronne, qu'aux charges de fur-intendant des finances, de premier président, de procureur-général au parlement de Paris, & de secretaire des commandemens. C'étoit donner des bornes bien étroites à l'autorité de la reine; & déja son ambition ne connoissoit plus de bornes: aussi Louis XIII avoit à peine fermé les yeux, le 14 mai 1643, qu'elle songea aux moyens de faire anéantir ces restrictions, qu'elle trouvoit offensantes. C'étoit le seul acte de justice qu'avoit fait dans sa vie ce détestable roi, surnommé *Louis le juste*, & il fut annullé dans vingt-quatre heures, tandis que les maux qu'il avoit faits à la nation ont préparé tous ceux qu'elle a endurés pendant un siecle & demi, & dont elle n'est qu'à demi délivrée.

Cette déclaration du roi avoit été signée le 19 avril; il mourut le 14 mai; le 15, la régente se transporta en grande pompe au parlement; & tandis qu'elle y signoit cette même déclaration, elle avoit reçu le serment des ministres de se départir de tous les droits qu'elle leur accordoit. Le comble de la dérision des rois envers les nations, c'est le cérémonial qu'on pratique à leur égard: on fait tenir un *lit de justice* à un embryon de quatre ans & demi; on lui fait dire qu'il accorde la régence à sa mere; un chancelier vient à genoux prendre *les ordres du roi;* une cour souveraine enregistre des *très-exprès commandemens du roi*. On ne voit point de pareils actes de folie dans les états où aucunes des charges ne sont héréditaires, où, suivant l'ordre de la nature, les enfans ne sont que des enfans & où l'on n'insulte point à la dignité des hommes faits. Ces honteuses génuflexions, ces farces dégoûtantes, rappellent l'admiſſion du cheval de Caligula au ſénat romain.

Mazarin s'empara bientôt de la confiance de l'ignorante princeſſe, qui n'avoit pas même autant d'eſprit que Marie de Médicis. Elle le fit premier miniſtre; un pareil choix déplut aux grands, & même au peuple, fatigué du joug inſuporble de Richelieu: mais tout étoit corrompu, avili, incapable d'aucune énergie; le miniſtre de Louis XIII avoit anéanti la force qui reſtoit aux grands; il ne leur avoit laiſſé que leur orgueil, leurs prétentions, & quelques biens; les magiſtrats n'exiſtoient plus, & le peuple, ſans dignité comme ſans appui, ne pouvoit rien exiger de ceux qui n'avoient pas encore ſenti qu'ils ne ſont rien ſans lui. Des femmes cabalerent contre Mazarin; non contentes d'être célébrées par des aventures galantes, elles ſe jetterent au travers des affaires politiques, & l'on vit régner dans la ridicule guerre de la fronde tout le déſordre & l'inconſéquence qui caractériſent les grands projets conduits par des têtes déſordonnées. La victoire du prince de Condé, cette victoire ſi célebre dans les annales de la France eſclave, & qu'a déja déſavouée, au nom d'un peuple libre, l'aſſemblée conſtituante dans ſes jours de gloire, avoit donné au commencement de la régence un éclat que fit diſparoître cette guerre, que le prince de Condé diſoit *qu'on ne pouvoit écrire qu'en ſtyle burleſque.* Anne d'Autriche n'eut guere d'autre part au gouvernement que ſes intrigues en faveur du cardinal Mazarin, & l'opiniâtreté qu'elle montroit à le ſoutenir; elle embraſſoit aveuglément tous les partis qu'il lui montroit, ſans les calculer, &

sans en prévoir les conséquences; elle ne fut enfin qu'un docile instrument des volontés de cet homme dont le génie étoit presque aussi redoutable que Richelieu, & qui auroit été aussi haïssable s'il n'avoit pas eu le caractere souple & délié de son pays. La guerre de la fronde s'appaisa; le duc d'Orléans, le prince de Condé, le fameux coadjuteur de Retz & son parti céderent; les femmes cesserent de clabauder; & le cardinal, peu reconnoissant de la protection que lui avoit constamment accordée la reine, ne fut pas plutôt délivré par elle d'une partie de ses ennemis, qu'il travailla à l'écarter de la confiance de son fils, & à s'emparer seul de l'esprit du jeune prince: il y réussit complétement. Louis XIV ne manquoit à aucun des devoirs extérieurs envers sa mere; mais il ne cherchoit point à s'instruire auprès d'elle; & après la mort du cardinal, elle ne fut point appellée au premier conseil que tint le roi déja majeur: elle en fut mécontente; mais elle se souvint heureusement du sort de Marie de Médicis; & peu curieuse d'aller terminer ses jours à Cologne, elle se retira prudemment de toutes les affaires, & mourut tranquillement à la cour le 20 janvier 1666, dans sa soixante-cinquieme année, sans avoir fait aucun bien, mais sans avoir fait autant de mal que beaucoup d'autres. On ne lui connoît aucune vertu, beaucoup de vices & de défauts; elle passa sa vie à intriguer, à brouiller, & il est à présumer qu'elle eût été plus détestable, si elle n'avoit pas été soumise à l'ascendant de deux hommes de génie, qui ne vouloient pas lui laisser partager le fruit de leurs crimes.

Mazarin avoit encore fait à la France le préfent d'une Efpagnole Autrichienne. Louis XIV avoit époufé, le 9 juin 1660, Marie-Thérefe d'Autriche, fille de Philippe IV & d'Elifabeth de France, fœur de Louis XIII; elle avoit vingt-deux ans lorfque fon pere préféra pour elle l'alliance de la France à celle de l'empereur. Mazarin la lui avoit fait propofer en 1658, & pour l'y déterminer, il négocia en mêmetems le mariage du roi avec Marguerite de Savoye. Le duc & fa femme vinrent à Lyon, & y amenerent la princeffe; le jeune roi en paroiffoit content, lorfque le comte de Pimentel arriva *incognitò*, & vint offrir, de la part de fon maître, la paix & l'infante Marie-Thérefe. L'offre fut acceptée: le duc de Savoye, devenu le jouet de Mazarin, partit de Lyon précipitamment; & fi ce prince avoit été plus puiffant, fans doute il s'en feroit fuivi une guerre entre lui & la France, & deux peuples fe feroient égorgés pour la querelle de deux familles. Le traité des Pyrénées fut la fuite de cette alliance. Ce n'eft pas ici le lieu d'examiner les conféquences de tous ces traités faits entre les rois & non entre les nations; mais il eft conftant que les *auguftes monarques* n'en ont pas fait un feul que la France libre doive avouer, fans les avoir examinés avec le plus grand fcrupule, & les avoir modifiés, non d'après les idées étroites des defpotes imbécilles, mais felon la dignité d'un peuple qui traite des plus grands intérêts de l'humanité.

Enfin, Marie-Thérefe vint régner en France; les dépenfes exceffives que la cour fit en cette occafion préfageoient la magnificence du regne de Louis XIV; & dans un roi qui dispose en maître de la fortune de l'état, la magnificence est criminelle. Le seul carrosse du roi étoit du prix de soixante-quinze mille livres, ce qui vaut aujourd'hui cinquante mille écus; la broderie des habits coûta deux millions. Les fêtes effacerent tout ce qu'on avoit vu jusqu'alors, parce que le bon goût servoit plus à les embellir que la richesse même; tout ce que les arts ont de plus flatteur, ce que l'esprit peut avoir de plus séduisant, se disputerent le prix sous un prince avide de louanges, & prompt à les récompenser. Les poëtes, les orateurs, les historiens, les artistes s'empresserent à le flatter bassement. On lui répéta tant & de si bonne heure qu'il étoit le plus grand roi du monde, qu'il se le persuada; & quel est l'homme assez ferme, assez sage, pour que les honneurs de l'apothéose ne parviennent pas à lui faire croire, comme au fou de Séville, qu'il est ou Jupiter, ou Neptune ?

Malgré cette grandeur empruntée, Louis XIV ne montra jamais ni ce courage, ni cette supériorité d'ame que lui attribuoient ses flatteurs; il ressembloit à ces idoles des Indiens renfermées dans de superbes pagodes, environnées d'or, de colonnes, de tapis, qui les dérobent à la vue, & qui n'offrent enfin, quand on les approche, qu'une espece de caricature dont l'homme instruit détourne les yeux, quoique les ignorans se prosternent devant elles.

Qui pourroit reconnoître du courage dans un roi qui ne s'expose jamais aux mêmes périls que ses soldats, & qui ne marchoit à leur tête que par esprit de parade & d'ostentation ? Quel homme est assez près de la corruption royale pour honorer du nom de grand, un roi dont les ordres sanguinaires ont fait ruisseler le sang dans presque toute l'Europe ? En vain les plus beaux génies de la France se sont prostitués jusqu'à vanter en lui le meurtre, le carnage, la dévastation ; en vain Boileau s'est-il traîné dans la poussiere ; en vain l'auteur du siecle de Louis XIV, Voltaire, a-t-il flétri sa renommée par des louanges serviles à un des plus détestables tyrans de la France ; en vain tous les esclaves de son tems, & même après lui, l'ont déifié, l'humanité se leve & s'écrie : Impitoyables flatteurs, race empoisonnée, nourrie du sang qui échappe à la soif insatiable de vos maîtres, songez à l'invasion de la Flandre, à celle de la Franche-Comté, à la guerre de la Hollande, au ravage de la Lorraine & de l'Alsace, aux deux embrasemens du Palatinat, à la guerre d'Angleterre, aux dragonnades, à la révocation de l'édit de Nantes ; songez que ce long amas d'horreurs, cet enchaînement presque incroyable de crimes, est l'ouvrage d'un seul homme ! Sainte humanité ! quand naîtra le jour où toutes les nations, attentives à ta voix, reconnoîtront leurs erreurs passées, chercheront enfin, dans la simplicité des loix de la nature, les bases de l'équilibre politique du gouvernement, n'en souilleront plus la majesté, & ne permettront plus qu'un être ait jamais le funeste pouvoir de faire le malheur, ni même le bonheur des hommes ! Nous, écrivains françois, qui ne verrons jamais luire ce jour heureux, qui même n'osons plus le prévoir en faveur de nos enfans, mais à qui la nature a donné un caractere

tere libre & vrai, efforçons-nous du moins de préparer la lumiere qui doit éclairer les races futures ; ne cédons point au torrent, n'adoucissons point l'auſtérité de notre langage ; montrons la vérité à ceux qui l'aiment, & à ceux même qui la redoutent ; nommons tous les crimes par leur nom ; nommons auſſi les criminels. Un jour les peuples éclairés & heureux diront, en foulant la terre qui nous couvrira : *Ici repoſent des hommes qui furent nos amis* ; ils chercheront à connoître nos deſcendans : ils leur tendront les mains, & verſeront avec eux d'honorables larmes ſur la cendre de leurs peres.

Je viens de peindre les plus grands traits du regne de Louis XIV ; il fut auſſi mépriſable dans le cabinet, qu'il étoit barbare au dehors ; ſon hiſtoire eſt remplie d'infidélités de ſa parole, de fauſſeté dans ſa conduite, de traités faits & rompus par lui ſeul, de villes priſes au mépris de ſes promeſſes, de fauſſes garanties données & violées ſans ſcrupule, de déclarations ſignées au moment où il les démentoit ou par d'autres actes publics, ou par ſes actions, de fanatiſme d'un côté, d'impiété d'un autre, de meurtres, d'aſſaſſinats commis alternativement pour Jeſus-Chriſt, Calvin, Mahomet : ſa vie privée n'eſt pas plus digne de grace. Tandis que ſes ordres ſanguinaires ſemoient la mort dans tous les climats de l'Europe, le lâche monarque paſſoit ſa vie dans les bras des plus belles femmes de la cour ; il ne rougiſſoit pas de déshonorer ſon frere, & d'expoſer ſa belle-sœur, *madame* Henriette, à la fureur d'un mari outragé. C'eſt un préjugé ſans doute que l'opinion qui aſſujettit un homme à

V

partager le déshonneur d'une femme infidelle ; mais enfin ce préjugé exiſtoit : étoit-il ſéant à un roi de manquer auſſi indignement de reſpect & d'égards pour ſon frere ? étoit-il pardonnable de ſéduire les filles attachées à la princeſſe, pour dérober aux yeux de *Monſieur* ce criminel attachement ? & n'étoit-ce pas agir en brigand, plutôt qu'en *roi*, en *légiſlateur*, en *pere*, titre que nos rois ſe ſont arrogé de tout tems, & qu'on voudroit même reſſuſciter encore ?

La dame de Beauvais, femme-de-chambre de la reine Anne d'Autriche, avoit été la premiere inclination de Louis XIV; elle l'avoit initié, & en récompenſe elle reçut de lui le don d'une ſuperbe terre, dont il n'avoit pas le droit de diſpoſer plus que de tout autre bien : l'or dont il l'acheta appartenoit au peuple, & non à un jeune étourdi ou à une vieille intrigante. A cette premiere folie, ſuccéda mademoiſelle de Lamotte-Argencourt, plus jeune, plus aimable, mais auſſi plus légere, & à qui les préſens du roi ſervoient, dit-on, à s'attacher d'autres amans. Après elle, parut ſur les rangs Olympe Mancini, niece du cardinal Mazarin, fort belle fille & fort coquette, qui n'aſpiroit pas à moins qu'à la main du jeune roi. Le cardinal n'avoit pas cette ambition, elle auroit été contraire à toutes ſes vues d'intérêt, l'or de l'Eſpagne n'auroit pas coulé dans ſes mains; & dès qu'il s'apperçut que la paſſion du jeune homme l'emportoit au-delà des bornes d'une galanterie, il ſe hâta de la marier : en 1657, elle épouſa le comte de Soiſſons, & il ſemble qu'étant devenue femme elle ſut ſe reſpecter ; car dans le tems de la maladie de Louis XIV, en 1658, elle s'informa simplement de sa santé, sans envoyer en son nom; & loin de l'estimer davantage d'une réserve qui faisoit honneur à ses mœurs, le superbe monarque lui en sut mauvais gré, & l'en punit dans la suite. Sa sœur, Marie Mancini, devint à son tour l'objet d'une passion aussi emportée que la premiere. Les nieces de Mazarin en vouloient absolument à la couronne, & Louis XIV, comme l'amoureux du Festin de Pierre, la promettoit à toutes. La reine-mere, croyant que Mazarin résistoit foiblement au violent desir de son fils, s'emporta si vivement contre lui, le traita même avec tant de hauteur, lui fit des menaces si violentes, que le vieillard effrayé éloigna sa niece, & bientôt après dissipa les soupçons de la reine-mere par la conclusion du mariage avec la princesse d'Espagne. Marie épousa le connétable Colonne en 1661, à-peu-près un mois après la mort de Mazarin. Ces filles avoient assez de bien pour prétendre à de grands établissemens; le ministre laissoit une succession si considérable, qu'on l'a portée à une valeur de cent cinquante millions; ce qui peut bien n'être pas exagéré, si l'on y comprend les terres, les maisons, les bijoux, le mobilier & l'argent. Son neveu *Mancini-Mazarini* avoit acquis le duché de Nevers, un des plus riches domaines de la France; & c'est de cette tige peu ancienne que sont descendus les Nevers, qui s'étoient placés depuis au rang de la *haute noblesse*.

La reine parut fixer un moment le cœur volage de Louis XIV; mais les plaisirs permis ne sont rien pour un roi, & Marie-Thérese qui s'étoit crue aimée, eut bientôt à essuyer des chagrins, d'autant plus amers qu'elle eut la prudence de les dévorer : par une singuliere prédilection de la nature, elle fut du petit nombre de nos reines qui n'ont fait aucun mal à la nation ; aussi fut-elle malheureuse & dédaignée. Il faut, à des êtres aussi corrompus que les rois, des femmes qui leur ressemblent, autrement leurs tristes compagnes sont foulées aux pieds, comme le reste de ceux qu'ils appellent leurs *sujets*. Louise-Françoise de la Baume le Blanc, connue depuis sous le nom de duchesse de la Valliere, fille d'honneur de Madame, attira les regards du prince : on prétend qu'elle l'aima véritablement, mais il paroît bien difficile, bien hors de la nature, que l'on puisse aimer son *maître ;* elle fut d'abord extrêmement surveillée par la reine-mere, qui auroit voulu prévenir les désagrémens qu'elle prévoyoit pour sa belle-fille. Mademoiselle le Blanc essaya de se dérober à la passion du roi, ou feignit de le vouloir ; & se retira dans un couvent. Louis XIV courut l'en arracher, & cela étoit facile à prévoir. Il la ramena auprès de lui ; elle y jouit dès-lors de la liberté qu'on lui avoit contestée jusqu'alors, & neuf mois après, le 2 octobre 1666, elle accoucha d'une fille, qui fut depuis légitimée sous le nom de *mademoiselle de Blois*. Le titre de pere donna de nouvelles forces à l'attachement du roi ; & cette fille qui, disent les flatteurs, ne témoigna jamais à Louis XIV ni ambition, ni avidité, se laissa gratifier de la terre de Vaujour, & de la baronnie de Saint-Christophe, qui furent érigées en duché pairie, sous le nom de la Valliere, en faveur de la mere & de l'enfant. Le préambule des lettres patentes ressemble à un chapitre de l'Astrée, & c'est une dérision insultante à la nation qu'un acte public, enregistré au parlement, & dans lequel il est question des *rares perfections* de Louise le Blanc, de *l'affection singuliere* du roi pour elle, de *sa modestie*, de sa *beauté*, de la justice que le monarque trouve à récompenser les rares services qu'il a reçus de sa maîtresse; enfin, il y est dit qu'à titre de récompense, Louis XIV lui achete, de *ses deniers*, ces terres, *également* considérables par *leurs revenus* & par *le grand nombre de leurs mouvances.* De ses deniers! Et quels étoient les deniers de nos rois, de ceux-là qui n'avoient aucune propriété, aucun revenu fixe? C'étoient nos biens, nos travaux, nos sueurs qui leur servoient à doter leurs maîtresses, & à légitimer & enrichir leurs bâtards. L'année suivante, mademoiselle de la Valliere donna un frere à mademoiselle de Blois, & cet enfant fut encore légitimé sous le nom de *comte de Vermandois*. Cette seconde couche fut extrêmement pénible, & la Valliere ne recouvra point ses charmes, effacés sans retour par les souffrances. Louis XIV devint inconstant. Elle se retira aux Carmelites; & cette fois, l'amant fatigué de la jouissance, la laissa faire profession, & consumer le reste de sa vie dans les rigueurs d'une regle dont l'austérité portoit jusqu'à son comble la folie des vœux monastiques.

C'étoit à mademoiselle de Fontange que Louis XIV avoit sacrifié la Valliere; celle-ci étoit encore fille d'honneur de madame Henriette: elle se fit moins aimer que sa rivale. La Valliere étoit douce & modeste, l'autre devint fiere & dédaigneuse; elle ne fit de bien à personne; les courtisans lui reprocherent les prodigalités du roi, parce qu'elle ne les partageoit point avec eux. Elle eut comme la Valliere, le titre de duchesse; le roi lui donnoit cent mille écus par mois, & presque autant en bijoux, en étoffes, & autres superfluités d'un luxe effréné. Sa faveur étoit au plus haut degré; elle triomphoit de tous ses ennemis; mais elle eut un fils, & sa figure s'étant altérée comme celle de la Valliere, elle s'apperçut, comme elle, que le prince, qui n'avoit aucune sensibilité, n'étoit susceptible que des impressions des sens; elle demanda la permission de se retirer à Port-Royal; on la laissa partir; & comme elle étoit plus altiere que sa rivale, elle supporta sa disgrace avec moins de résignation.

Mais tandis que Louis XIV avoit eu ces deux maîtresses, tandis qu'il leur faisoit des infidélités en faveur de sa belle-sœur, chez laquelle il passoit sa vie, il avoit aussi madame de Montespan; qui étoit toujours la favorite en titre, & dont la cour avoit certainement plus d'éclat que celle de la reine. Il l'avoit arrachée à un mari amoureux & délicat, qui réclamoit avec force contre cet outrage aux loix divines & humaines. Malgré son caractere inconstant, elle conserva son empire depuis 1668 jusqu'en 1683, & l'on vit à la fois à la cour une reine dédaignée & presque oubliée; une maîtresse qui en jouoit presque le rôle, & qui présentoit à son amant cette autre reine de théâtre, madame de Maintenon, dont la conduite artificieuse devoit l'éclipser; une princesse, victime à la fleur de son âge des desirs insensés de ce prince, & en même-tems toutes les filles de la cour dégradées & avilies jusqu'au rang de ses maîtresses. Pendant ce tems, tous les états voisins étoient jonchés de morts &

de mourans, & la France épuisée n'avoit point assez d'or pour rassasier ce roi féroce & débauché, ses ministres, ses maîtresses avec leur nombreuse lignée, ses généraux & ses prêtres; car il trouva le secret d'être toujours entouré de prostituées, de moines & d'assassins, & c'est pour cela qu'on ne pouvoit s'empêcher de faire entrer ici la nomenclature de ses femmes, n'ayant rien à dire de celle qui avoit au moins des droits à son attachement, qui par cette raison n'y eut jamais de part, & qui mourut en 1682, dévorée de chagrin & d'ennui: elle avoit eu six enfans, mais aucun ne vécut, & elle voyoit naître & légitimer tous ceux de ses rivales; elle portoit même la douceur jusqu'à les accueillir & les caresser. Répétons-le; il falloit qu'elle fût singuliérement née, pour être Espagnole, Autrichienne, reine, n'avoir aucun vice, & même pratiquer des vertus.

Madame de Montespan eut neuf enfans, dont plusieurs furent légitimés, enrichis; & entre ceux-ci, le duc du Maine joue un rôle important dans le regne suivant: elle mourut le 28 mai 1707; elle avoit depuis long-tems cédé la faveur à la fameuse Maintenon, plus coupable qu'elle; & dans sa jalousie contre cette femme ambitieuse & dissimulée, il étoit toujours entré un secret pressentiment, & ensuite un vif chagrin, des infamies dont elle partagea la honte avec son amant. Si quelque chose peut racheter dans une femme le scandale d'une vie dépravée, c'est l'humanité; madame de Montespan se déclara ouvertement en faveur des malheureux protestans, & ne cessa de solliciter pour eux, tandis que la veuve Scarron les faisoit égorger.

On connoît son histoire. Née en 1635 dans les prisons de la conciergerie de Niort en Poitou, traînée en Amérique par un pere & une mere fugitifs, ramenée en France par sa mere, & laissée par elle en ôtage dans les mains d'un de ses créanciers, élevée par madame de Villette, sa tante, dans la religion protestante, retirée de chez cette parente par des dévotes qui voulurent l'instruire des principes du catholicisme, & n'en firent qu'une fanatique, elle se crut trop heureuse d'épouser, en 1650, le cul-de-jatte Scarron, quoiqu'elle eût beaucoup d'amans, &, dit-on, beaucoup de vertu. Elle se trouva riche au-delà de ses espérances d'une pension de quinze cents liv. que la reine-mere avoit accordée à son mari, qu'elle avoit perdue à sa mort, & que madame de Montespan lui fit rendre. Elle se trouvoit encore trop heureuse d'obtenir le titre très-subalterne de gouvernante des enfans de cette même Montespan, malgré l'opposition du roi, qui alors ne pouvoit souffrir sa dévotion affectée, son ton dogmatique & l'austérité de sa morale sentencieuse, toujours subordonnée à ses intérêts. Longtems consacrée à ce poste humiliant, elle eut à souffrir des caprices & des hauteurs de sa maîtresse; mais quoiqu'elle se plaignît perpétuellement d'être *obligée à élever de ses mains les fruits du vice*, & qu'elle *offrît perpétuellement à Dieu les désagrémens de son état*, elle enduroit patiemment les mortifications, dans l'espoir de parvenir à ce même degré de vice qu'elle ne blâmoit que dans madame de Montespan. Elle trouva le secret de ne rendre enfin compte de l'éducation des enfans qu'au roi seul, & dès-lors ses artifices eurent un plein succès; elle prit sur lui l'empire dont toute la France n'a que trop ressenti les cruels effets. En faisant le tableau des crimes de Louis XIV, on fait celui des crimes de cette espece de reine, qui mérita bien la couronne, si elle ne put jamais la porter. La guerre générale de la France avec l'Europe étoit accompagnée, par le ministere de cette femme impie, des horribles guerres de religion; les querelles du quiétisme, la persécution des gens les plus estimables de la cour, entre autres, celle de Fénelon, dont le plus grand crime étoit de n'avoir pas plié sous le joug de cette vieille idole; enfin, la guerre imprudente de la succession, le choix des plus mauvais conseillers, des plus mauvais ministres, des prêtres les plus fanatiques, l'épuisement des finances, la dette énorme de l'état, la misere excessive du peuple, la ruine des campagnes, l'appauvrissement du commerce, la révocation de l'édit de Nantes qui fit massacrer des milliers d'hommes, & fit perdre à la France tant de familles industrieuses & utiles; tous ces fléaux sont l'ouvrage de cette femme hardie, ainsi que celui de Louis XIV; & tous deux placés au même rang par l'inexorable burin de l'histoire, méritent également chez un peuple libre, ou qui aspire à l'être, d'être inscrits à côté de ces tyrans dont le nom est une mortelle injure.

Comme autrefois tous les crimes se rachetoient par des fondations d'église & d'hôpitaux, la Maintenon crut sans doute obtenir le pardon des siens par l'établissement d'éducation de Saint-Cyr. Ce dévot personnage, qui répétoit sans cesse que tous les *hommes étoient égaux devant Dieu*, ne le fonda cependant que pour les filles de la noblesse; & son humilité prépara les institutions les plus orgueilleuses & les plus frivoles à des enfans nés dans la pauvreté, destinés à y rentrer au sortir de cette somptueuse maison : elle y mourut le 15 avril 1719, au milieu de ses religieuses & de ses pensionnaires, c'est-à-dire, au milieu des flatteurs, & ne se rappellant sûrement point qu'elle étoit née misérable, qu'elle avoit été persécutée, & qu'élevée par la fortune au plus haut degré des grandeurs humaines, elle n'avoit employé ce rare bonheur qu'à se rendre l'effroi de l'humanité.

La France désolée auroit eu besoin de quelque grand événement pour réparer ses maux ; mais le concours des circonstances sembloit accélérer la chûte de ce grand état. Un regne désastreux venoit de finir ; & par les vices dont le nouveau gouvernement parut infecté, il sembloit que ce superbe empire, ébranlé jusques dans ses fondemens, dût bientôt disparoître des annales du monde.

Le regne de Louis XV est moins effrayant, peut-être ; il présente une suite moins nombreuse de crime éclatans ; le sang a moins de fois rougi la terre ; le soleil n'a pas si souvent éclairé les champs couverts de cadavres au-lieu de moissons ; mais c'est dans l'ombre des cachots, c'est dans les tours sourcilleuses des châteaux forts, que le despotisme a enseveli ses crimes ; c'est du fond de ces antres obscurs que s'élève un cri formidable contre la puissance des rois, contre l'audace impunie de leurs agens, contre les fauteurs impies & de cette puissance & de cette audace. On ne se retrace point l'idée de ces fameuses prisons d'état, de ces triples murs d'airain, garans de cet *ordre* & de cette *paix* que demandent les tyrans, fans s'imaginer entendre fortir de l'immenfe profondeur de leurs voûtes des milliers de voix gémiffantes, qui implorent la liberté pour leurs defcendans, & maudiffent ceux qui la leur refufent, ceux qui s'y oppofent, & ceux qui, après l'avoir affurée, oferent la trahir & la renverfer! Ah! fans doute, puifque le ciel eft jufte, ces cris funebres fe font entendre au cœur de ces grands criminels; fans doute ils font pourfuivis par ces ombres plaintives; & leurs ames bourrelées, en proie aux tourmens aigus du remords, tremblent en contemplant leur propre ouvrage; ils n'ignorent pas que fouvent l'inftrument de la tyrannie en a été la premiere victime, & qu'il a imploré, mais en vain, la force des peuples que fa main barbare avoit plongés dans les ténebres de l'efclavage.

Si l'on dit que Louis XV fit couler moins de fang que le roi précédent, ce n'eft pas cependant que la fureur de la guerre n'ait régné avec lui; ce n'eft pas que ce prince fans courage n'ait encore facrifié des hommes à une gloire imaginaire; ce n'eft pas que l'entretien des armées de terre & de mer n'ait ruiné les campagnes & accru la dette nationale à un point effrayant. Les defpotes feront toujours la guerre; elle eft néceffaire à leur puiffance; il faut qu'ils occupent les peuples au-dehors, qu'ils les tiennent dans cet état d'anxiété qui fufpend tous les mouvemens intérieurs; il faut que des fuccès prolongent l'idolâtrie, & qu'éblouie par l'éclat trompeur des victoires, une malheureufe nation ne voie que des drapeaux enlevés à l'ennemi, un roi triomphant, des fêtes, des réjouissances, des illuminations qui lui fascinent les yeux, & l'empêchent de fixer les maux qu'entraîne la guerre, même la plus heureuse. Les républiques anciennes, toutes grandes qu'elles étoient, ne se détruisirent que parce qu'elles furent conquérantes. Eh! qui parvint chez elles à opprimer la liberté? Ce furent leurs généraux & les soldats qui avoient vaincu sous eux! Aucun décret n'avoit semblé promettre à la France une liberté plus stable, que ce décret sublime qui déclaroit, au nom d'un peuple courageux, une paix générale à toutes les nations.

Louis XV n'avoit que quatre ans & demi lorsqu'il monta sur le trône, en 1715. Son éducation fut celle qu'on donne aux rois; elle fut nulle. A dix ans, ses études n'avoient abouti qu'à le faire danser sur le théâtre des Tuileries. Le cardinal de Fleury, son instituteur, ne lui apprit rien; on est toujours sûr de gouverner un ignorant. A dix ans, on voulut lui procurer, disoit-on, des *amusemens dignes d'un roi*. C'étoient le spectacle d'un camp & le simulacre des sieges & des batailles. Il se mit lui-même à la tête d'un parti, & l'on juge bien que le royal marmot fut vainqueur. C'étoient là des *plaisirs dignes d'un roi*. On leur apprend à aimer le sang, à donner la mort, à voir tomber des hommes sous leurs coups; il semble qu'on dresse des animaux à la chasse; & l'on croit que les rois pourroient être des hommes! Passons sur le reste de sa minorité, sur la banqueroute du régent, suite du système de Law, sur l'infamie de la conduite de ce prince, qui offrit de nouvelles scenes de débauches, sur lesquelles peut-être il faut jetter un voile, par respect pour les mœurs;

il suffit de nommer la duchesse de Berry & l'abbesse de Chelles, ses deux filles, & l'on aura tout dit. Louis XV cessa d'être enfant, sans être devenu homme, sans être capable de gouverner, & sans même y songer. Le régent conserva l'autorité; il l'avoit partagée avec le cardinal Dubois, un des plus grands scélérats, & des hommes les plus méprisables que le despotisme ait jamais placés au ministere. Dubois étoit mort avant lui ; & lorsque lui-même expira, Louis XV confia les rênes de l'état au duc de Bourbon, dont il fit son premier ministre. Si la religion étoit périssable, ceux qui se sont arrogé le droit absurde de la défendre, l'auroient anéantie ; elle n'a jamais eu de prétendus vengeurs que parmi ceux qui l'outrageoient, & l'immoralité de leurs actions publiques & privées faisoit connoître combien ils ajoutoient peu de foi aux dogmes qu'ils feignoient de révérer. Le duc de Bourbon, non moins débauché que ses prédécesseurs, renouvella les persécutions contre les protestans, par un édit sévere du 14 mars 1723. Cependant les restes de ces malheureuses victimes de Louis XIV ne montroient aucun desir d'exciter du trouble ; dispersés, & conservant dans le silence leur foi & leurs mœurs, ils vivoient obscurément ; & loin de chercher à propager leurs opinions, ils prenoient le plus grand soin de les cacher. C'étoit donc un acte barbare, commis pour le seul plaisir de faire le mal. Quand les rois ou leurs ministres n'ont pas d'occasion d'exercer leur tyrannie, ils la cherchent ; elle est pour eux un besoin.

Cependant il falloit fournir à Louis XV, à cet être nul, le moyen de multiplier sa race ; on songeoit à le marier. La fille du roi de Pologne, Staniflas Lekfinski, devint reine de France, le 4 feptembre 1723; & le renvoi de l'infante d'Efpagne, qu'on avoit deftinée à Louis XV dès fon enfance, irrita le roi fon pere, & prépara des événemens fâcheux. Qui pourroit croire que ce fut une intrigante, maîtreffe du premier miniftre, qui fut caufe d'un pareil affront & du mariage de Marie-Thérefe? Cependant il eft vrai que la vieille marquife de Prie opéra cet événement : elle gouvernoit le duc de Bourbon; elle prévit que la difgrace de fon amant fuivroit de près le mariage du roi avec une Efpagnole, qui voudroit régner & difpofer des emplois à fon gré; elle trembloit de perdre fa part des prévarications d'un premier miniftre. La ducheffe de Bourbon, mere du duc, approuva le changement des vues de la cour, parce qu'elle prétendoit donner une de fes filles au jeune roi; & la marquife de Prie, qui n'aimoit pas la ducheffe, & qui craignoit d'en être dominée, engagea le duc de Bourbon à jetter les yeux fur la fille d'un roi détrôné; alliance fort étrange, fans doute, dans les préjugés reçus. Louis XV parut lui être fincérement attaché; & durant quelques années, il demeura fidele à cette femme abfolument nulle du côté de l'efprit & des connoiffances, mais fans vices & fans défauts effentiels. Dévote jufqu'aux préjugés les plus abfurdes, mais douce & patiente, nullement avide, & plus embarraffée fouvent d'une dette de cent louis, que ne l'étoit une riche financiere d'une dépenfe de cent mille écus, elle devint, dans la fuite, mélancolique & boudeufe; mais il en faut accufer les dégoûts que lui fit effuyer le roi, & la dévotion outrée dans laquelle elle se jetta, lorsqu'elle s'en vit abandonnée & méprisée.

Le premier acte d'autorité personnelle que fit Louis, fut la disgrace du duc de Bourbon; & ce trait seul suffira pour donner une juste idée de son caractere. La lettre de cachet qui exiloit le premier ministre à Chantilly étoit signée dès le matin; le roi partoit pour aller à la chasse à Rambouillet: le duc se présente; il l'accable de caresses; lui demande s'il ne le verra pas durant son voyage, & le quitte avec les marques de la plus sincere amité. A peine est-il parti, qu'on remet au duc l'ordre de quitter la cour. Toutes les actions de la vie de Louis XV portent avec elles la même empreinte de bassesse & de fourberie. Au reste, ce n'étoit pas pour gouverner par lui-même qu'il chassoit le duc de Bourbon; c'étoit pour donner sa place au cardinal de Fleury; car jamais ce roi imbécille & paresseux ne sut agir par lui-même; il répugnoit même à entendre parler de la plus simple occupation; il n'avoit aucun amour de la gloire ni d'aucune espece de réputation; il croyoit avoir reçu de Dieu une autorité sans bornes; il en étoit jaloux; & cependant lorsqu'on la lui faisoit déployer par des actes arbitraires, son naturel indolent & craintif lui causoit une telle révolution, qu'on étoit obligé, pour cacher sa pâleur, de le farder comme une femme.

A peine le cardinal fut-il parvenu au ministere, qu'il devint maître absolu. Bientôt les querelles du jansénisme & du molinisme s'emparerent de l'esprit public, & les persécutions se rallumerent pour la bulle *Unigenitus*, tandis que la cour, plongée dans la débauche, offroit le spectacle le moins édifiant à ceux qui combattoient pour le myſtere inintelligible de la *grace ſuffiſante* & de la *grace efficace*. La régularité des mœurs de la reine n'en impoſoit point aux autres femmes de la cour; excepté celles qui l'approchoient de plus près, toutes étoient l'image du débordement le plus ſcandaleux: mademoiſelle de Charolais ne rougiſſoit pas d'accoucher preſque tous les ans, ſans prendre aucune précaution pour cacher un ſemblable déſordre; mademoiſelle de Sens & mademoiſelle de Clermont, ſes ſœurs, ne mettoient pas plus de myſtere dans leur conduite; & la comteſſe de Touloufe étoit à la tête de toutes leurs orgies. Le cardinal de Fleury ne cherchoit point à détourner *ſon maître* de la ſociété de ces proſtituées; il ſe félicitoit, au contraire, de l'y voir attaché: il eſpéroit qu'un jour il feroit un choix ou parmi elles ou auprès d'elles, & qu'une fois enchaîné par le goût du libertinage, il lui abandonneroit ſans retour le timon des affaires. Il faut avouer que Louis XV réſiſta long-tems à cet attrait & à la force de l'exemple; long-tems attaché à la reine, il paroiſſoit ſenſible au plaiſir d'être pere, plaiſir que les rois affectent quelquefois, ſelon les circonſtances, mais qu'en effet ils ne peuvent jamais reſſentir pleinement, puiſque c'eſt une ſenſation délicieuſe de la belle nature. Enfin il céda aux artifices du cardinal, & en 1736, la premiere qui triompha de ſa réſiſtance, fut mademoiſelle de Mailly. Dès-lors, livré aux femmes, aux flatteurs, & à tous les excès d'une vie licencieuſe, il ne s'arrêta plus; le fameux Richelieu,

lieu, dont la longue vie a été une longue fuite de baffeffes & d'ordures, fut le complaifant miniftre des fales plaifirs de fon maître; auffi n'y eut-il point d'*honneurs* auxquels cet homme fans honneur ne pût prétendre, & qu'il n'ait obtenus.

Le cardinal feignit de hafarder des repréfentations à un homme déja corrompu par fes foins; Louis XV n'étoit plus en état d'entendre, & le miniftre ne l'ignoroit pas. " *Je vous ai abandonné la conduite de mon royaume*, lui répondit-il, *j'efpere que vous me laifferez maître de la mienne* ". Paroles indignes d'un prince qui croit en effet qu'un *royaume* peut *lui appartenir*, & que le fort du peuple qui l'habite eft légitimement remis entre fes mains par la divinité. C'étoit peu de madame de Mailly, Louis XV eut en même-tems fa fœur, madame de Vintimille; & celle-ci étant morte en accouchant d'un fils, la premiere demeura feule en poffeffion, non du cœur de *l'augufte amant*, mais de fa perfonne. Son cœur étoit d'une infenfibilité révoltante; maîtreffes, miniftres, favoris, tout lui étoit cher par habitude, par foibleffe, par défaut de caractere; il ne pouvoit s'en paffer, & dès qu'ils étoient ou morts ou abfens, il les oublioit d'un moment à l'autre, avec une facilité dont on fe fait à peine une idée. Après madame de Mailly, madame de Châteauroux devint favorite, & depuis cette derniere, on ne peut tirer de la foule que la célebre Pompadour & la Dubarry. Mais fi l'on obferve combien ces deux dernieres ont coûté à la France; fi la Pompadour, jouant le rôle d'un miniftre, a difpofé du fort des hommes, a fait, à fon gré, la guerre & la paix,

X

dissipé l'argent, mis en place des scélérats, des frippons, nommé des généraux ineptes; si elle a étendu l'usage exécrable des lettres de cachet, jusqu'à en faire distribuer des milliers; si le moindre mot hasardé sur sa personne, son pouvoir, & même sur son métier, étoit puni par une prison éternelle; si elle a enfin contribué, autant que Louis XV même, à rendre sa personne & son regne méprisables & odieux; si l'institution du *parc aux cerfs*, de cette espece de sérail, dans lequel elle enfermoit ce voluptueux Sardanapale au milieu des filles dont elle avoit soin de le remplir, met le dernier sceau à l'infamie de cette vile prostituée; si la Dubarry, ramassée dans la fange, a dignement achevé le tableaux des basses inclinations de cet être blasé sur la débauche, comme ces gens qui, blasés sur le goût du vin, réveillent leur goût par l'usage des liqueurs fortes, nous devons moins nous irriter contre des femmes perdues, que contre les rois qui s'abandonnent à elles, & sur-tout contre les reines qui les ont imitées, quelquefois surpassées dans leurs excès & dans leurs crimes. La Pompadour, la Dubarry, qu'avoient-elles promis à la France? Que pouvoit exiger d'elles la nation, dont elles étoient le rebut? Le commis d'une maison vole son maître, il associe au produit de son crime une fille publique: quel est le plus coupable?

Laissons dans l'oubli l'histoire de ces femmes méprisables, que la France auroit ignorées comme toutes celles de leur espece, si la France n'avoit pas eu de rois; si les rois n'avoient toujours besoin de s'associer les êtres qui, à force de bassesse & de corruption, ont acquis quelque degré de ressemblance avec eux. Laissons aussi à d'autres l'histoire de Louis XV, de son regne malheureux, de sa fin dégoûtante, & digne cependant de couronner sa vie. Chacun sait dans quel état déplorable il laissa la France ; chacun sait que toutes les classes du gouvernement, ministres, courtisans, financiers, prêtres, magistrats, divisés pour s'arracher réciproquement les graces & les faveurs, se réunissoient pour accabler le peuple du poids des impôts & des inventions du génie fiscal ; que le commerce, les arts & l'industrie avoient perdu toute leur activité ; que de honteuses défaites avoient appris à quels généraux les maîtresses & les ministres confioient le sort des braves soldats françois ; que des traités honteux ont rendu le gouvernement françois la fable même des autres nations esclaves de l'Europe ; que l'imbécille monarque avoit souffert l'élévation insensée de la maison d'Autriche, parce que le but de son conseil étoit de nous soumettre à un despotisme étranger, afin de nous accabler du sien ; enfin, qu'un désordre général, un renversement complet de toutes loix, de tout ordre, de toute raison, sembloit présager la plus affreuse chûte. Ainsi s'étoit annoncée la ruine de l'empire romain, dont les lambeaux dispersés devinrent la proie des brigands, ses voisins, jusqu'alors ses rivaux.

Dans les états monarchiques, un changement de *maître* est toujours une époque favorable au despotisme : quel que soit le mécontentement d'une nation, il se trouve suspendu par l'attente & l'incertitude ; l'indolence & le défaut de calcul, trisles attributs de la servitude, reculent l'instant de prendre des soins dont le succès paroît indécis. Un nouveau regne commence par des promesses; le pouvoir arbitraire s'abaisse, pour ainsi dire, un moment, se releve ensuite avec audace; & ce ne fut jamais l'époque d'aucun changement opéré par les nations, qui seules peuvent lui donner des bases solides. On crut que Louis XVI avoit quelques-unes de ces dispositions que les peuples façonnés au joug regardent comme d'un heureux présage; on n'apprécioit pas encore le caractere de sa femme: mariée en 1770, à l'âge de quatorze ans, elle n'avoit encore montré publiquement que de la légéreté, de l'étourderie, un amour de la liberté, qui, dans une femme, pouvoit annoncer l'amour de la licence. Heureusement le peuple n'étoit plus superstitieux; il n'avoit pas regardé comme un augure effrayant le fatal événement de la rue Royale, qui, autrefois auroit fait dire que les furies avoient éclairé les fêtes nuptiales. Il avoit déja couru des bruits peu avantageux sur la conduite de la dauphine; mais elle ne plaisoit point alors à ses beau-freres, encore moins à leurs femmes, dont la laide figure contrastoit peu agréablement avec l'élégance de la taille & l'air de beauté qu'Antoinette avoit alors: son aversion pour l'étiquette de la cour, & pour toute espece de gêne même extérieure, déplaisoit aux tantes. La Dubarry s'étoit avisée de remarquer dans ce caractere d'aisance & de légéreté des indices auxquels elle pouvoit se connoître; on croyoit assez généralement que tant de gens intéressés à nuire avoient voulu écarter la jeune princesse du cœur de Louis XV, dont elle avoit été chérie, &

qu'ils l'avoient calomniée pour y réuffir : auffi l'aventure avec la petite Langeac avoit paffé pour un menfonge atroce; on regardoit du même œil certaines anecdotes fur le tems qui avoit précédé l'arrivée en France, & l'on croyoit qu'Antoinette étoit venue innocente, & qu'elle l'étoit encore.

Eft-il vrai que déja le public étoit dans l'erreur? Eft-il vrai qu'Antoinette ait eu promptement foin de le détromper? Mérite-t-elle la haine & le mépris dont elle a reçu tant de marques? On n'a aucune preuve acquife de tout ce qu'on lui impute; on ne peut que marcher d'après les conjectures : un jour viendra où, plus inftruite, l'hiftoire lui marquera fa place. Aujourd'hui, foumife au feul tribunal de l'opinion publique, Antoinette, jugée par elle, peut feule favoir, dans fa confcience, fi elle eft ou plus innocente ou encore plus criminelle que la nation entière ne le croit.

On dit que dès le voyage de Rheims, en juillet 1775, malgré les repréfentations que Louis XVI lui avoit faites fur la légéreté de fa conduite, malgré les promeffes qu'il lui avoit arrachées, elle donna dans cette ville même le fpectacle inconnu d'une promenade nocturne, qui ne reffembloit pas peu aux orgies de bacchantes. Avant de quitter Verfailles, elle avoit déja changé la face de la cour; non-feulement les vieilles femmes en avoient été chaffées, mais encore les femmes feulement dans l'âge mûr; elle n'étoit plus environnée que d'une jeuneffe bruyante, fans mœurs & fans frein : cette conduite ne pouvoit qu'accréditer les bruits qui fe répandoient,

& l'on jugeoit de ce qui pouvoit être par ce qui étoit. Peu de tems après la mort de Louis XV, un petit écrit, intitulé *le Lever de l'aurore*, avoit circulé; ce livre fembloit expliquer le plaifir qu'Antoinette prenoit depuis quelque tems à parcourir le parc de Verfailles, prefque feule, à la pointe du jour : l'auteur fut mis à la baftille ; probablement il y eft mort : l'écrit fut fupprimé avec foin ; mais il avoit été lu ; & un emprifonnement n'eft pas une réfutation.

Le voyage de Rheims produifit donc de mauvais effets, fans toutefois fixer une opinion qui, grace à la ftupeur où étoient les François au feul nom de roi, prenoit difficilement une confiftance contre eux. On difoit que Louis XVI avoit trouvé la fcene un peu trop forte, & s'en étoit expliqué vivement avec fa moitié. Louis XVI n'a point naturellement le goût des mauvaifes mœurs ; il ne s'eft accoutumé que par degré à les voir régner autour de lui, & lors de fon avénement au trône, il s'étoit mis dans la tête de réformer les défordres qu'il avoit remarqués à la cour de fon aïeul : ce deffein bien connu, & fi mal rempli, répandoit dans le public des doutes fur les défordres qu'on attribuoit à Antoinette.

On n'ignoroit cependant pas qu'elle avoit pour le luxe un amour effréné ; que Louis XVI avoit auffi prétendu diminuer la dépenfe, & qu'elle l'avoit engagé à la plus extravagante prodigalité pour le facre ; que les équipages, les vafes précieux, les parures les plus rares, & du goût le plus recherché, avoient été, par fon ordre, étalés fans pudeur aux yeux d'un peuple mourant de faim & de mifere : on murmuroit de cet excès fans être perfuadé de l'autre. A fon retour, on eut lieu de juger qu'elle accorderoit fouvent fa protection, fans faire un choix fort délicat des objets de fa faveur. La Montanfier, directrice des fpectacles de Verfailles, avoit des dettes immenfes; une banqueroute ou réelle ou frauduleufe alloit en être la fuite : Antoinette fit payer fes dettes, & l'on prétendit qu'elle s'étoit confervé en elle une complaifante dont elle étoit fûre; mais ce n'étoit rien encore que des écarts ordinaires.

Nous venons de parcourir un tableau qui nous apprend combien nos reines ont été dépravées, combien elles ont été viles dans leurs choix. Mais eft-il vrai qu'Antoinette, furpaffant toutes fes pareilles, ait infecté la cour de France d'un genre de libertinage qui n'y avoit pas encore généralement régné? Eft-il vrai qu'une de fes femmes-de-chambre ait été la premiere initiée à ces myfteres odieux; que des *ducheffes*, des *marquifes*, des *princeffes* (1), enfin des femmes *de la cour*, des femmes *titrées*, des femmes de la *plus haute nobleffe* du royaume, des femmes fi fieres du fang de leurs *illuftres ancêtres*, qu'elles fe croyoient en droit d'infulter à tout ce qui étoit moins *grand* & moins méprifable, fe foient dégradées, avilies, proftituées?...... La plume s'arrête. An-

_____

(1) On fent bien que je ne me fers ici de ces qualifications profcrites par la loi, que pour faire contrafter l'infolence des jadis *grands* avec l'incalculable baffeffe de leurs actions. Il n'y a pas fur nos ports un brave matelot dont la pudique rufticité n'eût repouffé avec mépris les faveurs de ces *grandes dames*, s'il avoit connu l'infâme métier auquel elles fe livroient.

toinette ! ſi l'or de l'état a ſervi dans tes mains criminelles à corrompre, à ſéduire ces miſérables inſenſées, à gangréner leurs cœurs, à fouler aux pieds cette pudeur, la premiere vertu de leur ſexe, à les transformer en de vils animaux, parle, quel feroit déformais dans le monde entier l'être aſſez impur pour entendre ton nom ſans horreur ?

En même-tems que le public entendoit raconter ces ſcandaleuſes hiſtoires, & commençoit à y donner crédit, il remarquoit entre Antoinette & le beau-frere d'Artois une familiarité qui paroiſſoit lui devenir ſuſpecte. Les courſes de chevaux étoient à la mode : les inſoucians & frivoles François ne ſavoient alors prendre chez les Anglois que des uſages que nos mœurs efféminées rendoient pour nous un ridicule de plus ; ces courſes fameuſes de Vincennes & du bois de Boulogne, où l'intrépidité des jockeis décidoit des fortunes, avoient ſouvent Antoinette pour témoin ; vêtue en amazone, c'eſt-à-dire, de la maniere la plus légere & la plus commode, elle partageoit publiquement avec ſon beau-frere ce genre de plaiſir ; de-là on ſe rendoit à Trianon, lieu où n'entrerent jamais que des favoris généralement haïs & mépriſés. Eſt-il étonnant que des apparences ſi peu ménagées aient paru au peuple françois une certitude de ces criminelles actions que des indiſcrets avoient pu révéler ?

D'Artois n'étoit pas le ſeul objet du ſoupçon public ; on en voyoit encore d'autres jouir ſucceſſivement des bontés particulieres d'Antoinette ; & ſi la voix générale doit en être crue, on peut lui aſſocier le fade Dillon, ſurnommé le beau

Dillon, qui pour avoir été en Amérique, pour en être revenu, comme d'autres, décoré de l'ordre de Cincinnatus, n'a pas moins prouvé comme eux, que les réputations lointaines perdent beaucoup à être considérées de près. On peut encore joindre à la liste des rivaux de d'Artois Coigny, Fersen, & beaucoup d'autres, disoit-on, ou égaux en dignités, ou excessivement inférieurs aux premiers : les parties de plaisir, les promenades nocturnes, les séjours fréquens à Trianon, à St. Cloud, les voyages à Paris, les bals, les spectacles, les liaisons intimes avec des hommes & des femmes perdus de réputation, la protection accordée à des gens indignes de s'attirer les regards d'un honnête homme, tant d'inconséquence, encore une fois, dont tout le public étoit témoin, n'étoit que trop capables de réaliser à ses yeux tout ce qu'on lui disoit, ce qu'il ne voyoit pas.

En voilà sans doute assez sur l'article des mœurs d'Antoinette, pour justifier le mépris dans lequel elle est tombée depuis si long-tems, si elle est obligée de se dire à elle-même. Je l'ai mérité. On ne ment point à sa conscience, & peut-être quelquefois depuis deux ans elle est descendue au fond de son cœur.

J'ai déja observé que ce ne seroit rien que des écarts ordinaires; j'ai dit que s'il étoit vrai qu'Antoinette eût infecté les mœurs publiques d'un nouveau genre de poison, elle devroit être l'horreur de la société; je l'ai dit, je le répete; cependant j'observerai qu'elle auroit pu devenir, comme femme, l'objet de cette horreur, sans faire à l'état les maux qu'on lui reproche. Messaline a laissé son nom en partage à toutes les femmes qui font parvenues, comme elle, aux derniers degrés de la dépravation; Meffaline, toute méprifable qu'elle étoit aux yeux du dernier des Romains, n'avoit point foif de leur fang, ne trafiquoit point des places & des charges; elle n'avoit point de frere à qui elle vendit la république, & dans les mains duquel elle fit paffer les tréfors de l'état, la fubfiftance du pauvre, le fruit précieux des fueurs du laboureur accablé de mifere : fon opprobre lui étoit perfonnel ; & lorfque l'imbécille Claude la facrifia, on le trouva barbare, parce qu'il ne vengeoit que fa propre honte, & qu'il n'avoit point à rendre juftice aux Romains offenfés & trahis.

Qu'importe en effet à la nation entiere qu'Antoinette fe fût ou refpectée ou traînée dans la fange? Qu'importeroit que la naiffance de fes enfans fût ou légitime ou non? Si la France n'eft point libre, le *prince royal* de l'affemblée conftituante, mal élevé, corrompu dès l'enfance, fera un defpote, un tyran, quel que foit le hafard qui l'a fait naître ; fi nous apprenons à connoître la liberté, à l'apprécier, à en jouir enfin dans toute fon étendue, le *prince royal* deviendra un citoyen s'il mérite de l'être, peut-être un fonctionnaire public s'il en eft digne ; mais à coup fûr fi nous étions libres, avant dix ans aucun office dans l'état ne feroit héréditaire ; & dans ce cas, qu'importe encore à l'état la légitimité d'un enfant s'il a des talens & de la vertu ?

Mais on reproche à Antoinette des crimes plus graves, plus effrayans, plus impardonnables ; on l'accufe d'un pacte fecret avec fon frere, l'abominable Jofeph II, pour lui facrifier la France, faire paſſer dans ſes mains tout l'or de la nation, nous réduire à un tel état d'épuiſement, qu'il pût enfin s'emparer des provinces qui étoient à ſa bienſéance, démembrer le royaume, & ſatisfaire à la fois, & l'inſatiable ambition de la maiſon d'Autriche, & ſa haine héréditaire pour le nom François. On l'accuſe d'être arrivée avec ce fatal projet, & de s'être, pour le conduire à ſa fin, immiſcée dans le maniement des affaires publiques, auxquelles ſon caractere frivole & ſes goûts divers ſembloient la rendre tout-à-fait étrangere, de s'être défaite par toutes ſortes de moyens de certains miniſtres qui pouvoient être aſſez avides pour piller l'état, mais non aſſez criminels pour le vendre.

On l'accuſe d'avoir conduit toutes les intrigues qui ont fait & défait des miniſtres juſqu'à l'entrée de cet infâme Calonne, ſi couvert d'opprobre depuis les affaires de Bretagne & celle de M. de la Chalotais, que Louis XV même n'auroit oſé l'employer; de ce Calonne dont l'ame, inacceſſible à la honte, étoit ſeule capable de ſeconder des projets dont on n'avoit pas eu d'exemple depuis Iſabeau de Baviere, d'exécrable mémoire. De ce moment, les ſpéculations les plus fauſſes, les projets les plus hardis, les entrepriſes les plus haſardeuſes, l'abnégation totale de toute pudeur dans les moyens d'attirer l'argent, tout démontroit dans le ſyſtême du gouvernement le projet concerté de miner & d'anéantir l'état, & l'on voyoit en même-tems Antoinette chérir & careſſer le miniſtre chef de ce complot, travailler avec lui, le ſeconder, le ſoutenir de tout ſon crédit; on lui voyoit prodiguer l'argent à toutes ſes créatures ; les Vaudreuil, les Polignac, les Dillon ; & tant d'êtres couverts comme eux d'ignominie engloutiſſoient des ſommes effrayantes, en penſions, en dons fréquens, en *acquits comptans*, en échanges frauduleux de biens imaginaires ou de mince valeur contre des domaines réels & magnifiques. Le miniſtre entretenoit publiquement une courtiſanne, l'image de celles d'Athenes, & lui faiſoit des préſens de cent mille francs à la fois (1). D'Artois ſe faiſoit une part ſcandaleuſe dans les vols effrénés dont on accuſoit ſa belle-ſœur ; les principaux valets d'Antoinette, Bazin, chef des plaiſirs de Trianon, Campau, à qui l'on attribuoit l'intendance des lieux ſecrets du palais de Verſailles, & cette foule d'eſclaves en ſous-ordre, valets des grands, valets des petits, avoient une portion conſidérable de la dilapidation générale. La ſomme des penſions étoit effrayante, celle des préſens & des cadeaux ne l'étoit pas moins : parmi les paſſe-tems publics, le jeu le plus extravagant faiſoit diſparoître des tas d'or de la main de ceux qui ne l'avoient acquis que par le crime ; & l'on diſoit que pluſieurs des plus fameux tripots de Paris étoient ſoufferts malgré la rigueur des ordonnances, qu'ils étoient même autoriſés, parce que leurs infâmes propriétaires rendoient à Antoinette une partie de leurs gains odieux. Un chef de voleurs qui, dans le

---

(1) Au mois de janvier 1788, pendant que l'aſſemblée des notables ne voyoit de reſſource aux plaies de l'état que celle de la banqueroute, Calonne envoya pour étrennes, à ſa maîtreſſe, une bonbonniere, dans laquelle il y avoit cent paſtilles, enveloppées chacune dans un billet de caiſſe de cent piſtoles.

fond de son repaire, partage à sa bande le butin de sa journée, met plus d'ordre dans la répartition & dans l'emploi de ses rapines, que les brigands dont je parle dans leurs dépenses. A mesure que l'or fondoit, pour ainsi dire, dans leurs mains, il falloit en fournir encore au brigand d'Allemagne, & cinq cents mille francs par semaine comptés à l'ambassadeur Mercy, pour de prétendues indemnités relatives au honteux traité de 1756, n'étoient encore rien si l'on a bien calculé tout ce qu'il a, dit-on, reçu des mains de sa sœur (1).

---

(1) Le luxe le plus scandaleux régnoit autour d'Antoinette; c'est un fait dont tout le monde a pu juger. Mais en quoi ce luxe a-t-il consisté ? en frivolités, en objets de caprice aussi passagers que les goûts variables. Les superbes manufactures d'étoffes de soie, d'or & d'argent dont le commerce de France s'enorgueillissoit, qui fournissoient toute l'Europe, & faisoient subsister des milliers d'hommes, ont été ruinées par la mode des toiles, des mousselines, des gazes & du linon. Les riches étoffes étoient trop cheres pour être renouvellées tous les jours, & leur durée ne pouvoit s'accorder au caprice d'une femme qui vouloit paroître à chaque heure, pour ainsi dire, sous une forme nouvelle. D'ailleurs, on disoit alors qu'un habit de toile étoit plus commode; qu'on pouvoit l'ôter en sortant d'un boudoir ou d'une promenade, & tromper ainsi ceux qui auroient pu observer malignement certaines altérations dans une parure plus complete & plus riche. Ainsi les manufactures ont resté oisives; les ouvriers de Lyon & des autres villes ont été réduits à la mendicité; les entrepreneurs ruinés, & l'autre branche de commerce n'a rien gagné à ce changement, parce que les toiles des Indes, les mousselines ont mis un obstacle à l'accroissement des manufactures de ce genre. La fureur des gazes a fait tomber celles de France; on n'a plus voulu que des gazes angloises, & aujourd'hui les gaziers de Paris n'ont plus d'ouvrage; les ouvriers sont sans état, & l'argent du commerce passe dans les pays étrangers, sans que les objets de luxe fabriqués ici puissent nous procurer

On ajoute que les projets de ce tyran n'étoient que trop bien secondés par la haine d'Antoinette pour les François. Ils n'approuvoient point sa conduite ; je rapporte ici leur opinion, elle étoit fixée, & les lettres-de-cachet n'empêchoient pas les *libelles*, les chansons, les propos, les marques enfin les plus cruelles du mépris général & de l'aversion qui le suit de près. Si elle est capable de tant d'égaremens & de tant de crimes, il ne seroit pas étonnant que la haine publique excitât dans son cœur plus de rage que de remords. Un scélérat a toujours médité la ruine de ceux qui osent le juger. Mais celle de l'état n'alloit point assez vîte au gré de Joseph II ; Calonne même n'étoit pas assez infâme ; un plus grand criminel (le cardinal de Rohan) lui paroissoit digne de porter

---

l'équivalent. Que de maux, dont on ne peut calculer l'étendue ! La toilette des femmes est devenue extrêmement chere ; quoique l'achat de chaque décoration soit moins dispendieux dans le détail, la grande quantité les rend hors de proportion avec la plus grande partie des fortunes ; des habits légers ont beaucoup moins de durée ; leur entretien coûte davantage ; & c'est ainsi que cette espece de luxe, augmentant les desirs & les dépenses, ruine les mœurs privées. La parure actuelle est fort élégante, on n'en disconvient pas ; mais sans être d'une extrême rigueur, sans vouloir bannir les graces & le bon goût, on pourroit y desirer plus de décence. On a remarqué qu'elle se ressentoit, depuis quelques années, du *style* des artistes qui travaillent en ce genre avec Antoinette. La Bertin & la Guimard, présidant à l'auguste toilette, s'il faut ajouter foi aux bruits publics ; ont épargné aux *filles* la peine de se cacher parmi les honnêtes femmes ; car tout-à-coup elles ont paru ambitionner d'être les *filles* les mieux mises de tout Paris & de toute la cour. Que de maux, encore une fois ! & personne ne nie qu'Antoinette ne soit la source de tous ceux que son luxe a enfantés !

les derniers coups : il vouloit en faire un premier ministre de France. Mais Antoinette pouvoit tout sacrifier à son frere, hors sa vengeance personnelle ; le cardinal, dit-on, avoit toujours porté ses vues jusqu'à elle ; les bruits sont partagés sur le sort qu'avoient éprouvé ses soupirs ; heureux ou non, on assure qu'il avoit été jaloux ; que, sous le prétexte du respect & de l'attachement, il avoit donné des avis à l'impératrice ; que sa lettre étoit parvenue à Antoinette, & qu'elle avoit conservé dans son ame le ressentiment le plus vif d'une telle offense. Le cardinal étoit ambitieux, avide, prodigue, débauché ; c'est l'assemblage de tous les vices. Qui pourroit prononcer sur l'étrange affaire *du collier ?* Elle a été jugée sans être expliquée ; peut-être ne le sera-t-elle jamais : c'est un chaos dans lequel on ne distingue que des scélérats, des frippons, des femmes perdues, des suppôts du despotisme, la lie de la nation, le rebut de l'humanité, & dans laquelle des juges de la même trempe ont rendu un arrêt inique.

Si les projets qu'on attribue constamment à Antoinette avoient été combinés par une femme de génie, elle auroit pu mieux réussir ; mais chacun sait qu'elle a peu d'esprit, & qu'elle prend pour du caractere son excessif entêtement : aussi trouvoit-elle un obstacle dans les lumieres de la nation ; & en la poussant à bout par des moyens violens & rapides, son défaut de prudence & de calcul ne lui faisoit pas appercevoir qu'elle finiroit par la soulever toute entiere. La fermentation devenoit grande ; les imbécilles édits de Calonne, la premiere assemblée des notables, la témérité de Brienne & de Lamoignon, le siege du palais, l'exil du parlement, la conduite imprudente de d'Artois, l'hypocrisie de Xavier, l'emprisonnement des douze Bretons; tout cet amas de crimes & d'extravagances conduisoit à grands pas le royaume ou dans le fond de l'abyme, ou vers une révolution. Tout-à-coup la nation se leve, brise ses chaînes, le souverain paroît, & les usurpateurs consternés se cachent dans la poussiere. O François! peuple vraiment grand, peuple en effet digne d'être le modele de tous les peuples, si tu étois moins crédule & moins facile à tromper! tu étois convaincu qu'Antoinette avoit dit plus d'une fois qu'elle ne *seroit contente que quand elle auroit lavé ses mains dans ton sang*; & tu as respecté le sien.

Tous les misérables qu'on regardoit comme ses complices avoient fui, elle demeuroit seule; & l'on assure qu'elle n'avoit pas perdu l'espoir. Il est certain qu'à la veille du sac de Paris, tandis que les troupes destinées à le mettre en cendres l'environnoient de toutes parts, tandis que l'artillerie étoit prête à en renverser les murs, que les boulets, les grils, les bombes s'apprêtoient, que l'appareil formidable de la guerre se déployoit, tandis qu'on s'attendoit à voir détruire le frere par le frere, les épouses & les meres par leurs maris & leurs fils, les enfans périr au milieu des flammes; on assure, dis-je, qu'Antoinette & les courtisannes dont elle étoit environnée dansoient à Versailles au son de la musique des troupes allemandes, dont ces femmes impies animoient la fureur par le mouvement de la danse, le bruit des instrumens, & par des liqueurs fortes. Eh bien! au 5 octobre, lorsque la nation toute-puissante

puissante avoit pardonné tant d'horreurs dont elle la croyoit bien fermement coupable, n'a-t-on pas vu se renouveller la même scene? n'a-t-on pas vu de nouvelles orgies? n'a-t-elle pas une seconde fois paru au milieu d'une troupe d'hommes plongés dans l'ivresse & le délire, & méditant de nouveaux forfaits? On dit qu'elle conduisoit le fil de cette nouvelle trame; que l'erreur & l'imprudence ne la menerent point à cette odieuse fête, & qu'on remplissoit son cœur d'espérance & de joie en foulant aux pieds le signe de la liberté d'une nation qu'elle vouloit anéantir.

Antoinette a-t-elle encore à se reprocher d'avoir corrompu le général de la garde nationale parisienne, & d'avoir fait un courtisan, un esclave, de cet homme qui prétendoit être l'émule de Washington, & qui avoit été choisi comme tel pour commander au nom de la liberté aux vainqueurs de la Bastille? ou bien n'a-t-elle fait qu'employer la corruptibilité innée d'un enfant de la cour, d'un fils de Noailles, d'un homme sans caractere & sans énergie? Est-ce elle qui a su lui dicter l'usage de ces souris flatteurs, de ces discours caressans, au moyen desquels il s'étoit attaché si fortement les gardes nationales non soldées, qu'à sa voix enfin ils n'ont pas balancé à se souiller d'une tache tellement ineffaçable, que les peuples qui, en nous imitant, feront un jour la conquête de leur liberté, se garderont d'enregimenter une portion de leurs citoyens, & de confier leur sort aux mains d'une seule tête, dont l'ascendant funeste peut user d'un pouvoir aussi effrayant que celui du despote le plus sangui-

Y

naire (1) ? Eſt-ce Antoinette qui avoit dirigé la ſcene ridicule, mais atroce, des poignards, & qui, d'accord avec le général, avoit préparé la diverſion bizarre du château de Vincennes, & fait conduire toute la garde pariſienne & toute l'artillerie de la ville hors des murs, pour faire pompeuſement fuir ou ſaiſir quarante hommes, & quelques enfants ſéduits, comme l'avoient été en 1788 les miſérables qui brûlerent la maiſon du paiſible & honnête Réveillon ?

Eſt-ce elle qui avoit prémédité le voyage de St. Cloud du 14 mars, & qui avoit juré avec le général la perte des braves grenadiers qui s'y oppoſerent ? Eſt-ce elle qui avoit combiné le départ du 20 juin, & qui, dans l'ombre de la nuit, ſe dérobant à la puiſſance des loix & à celle du peuple de qui elles émanent, couroit dans les bras de ſon autre frere chercher la vengeance qui bouillonne au fond de ſon cœur ? Eſt-il vrai qu'à ſon retour, lorſqu'elle venoit de comprendre par le ſilence du peuple, à quel point elle en avoit offenſé la majeſté ſuprême, concevant quel arrêt il de-

---

(1) La Fayette étoit mécontent de la cour; on lui avoit refuſé des graces : Louis XVI & Antoinette ne pouvoient le ſouffrir. Il parut être du parti de la nation, lors des troubles & de la ſeconde aſſemblée des notables : la révolution ſe fit ſans lui; la Baſtille, les Invalides, le champ de Mars furent pris ſans lui; il parut lorſque le peuple fut vainqueur, & ſe fit élire on ne ſait comment : il courut demander au roi la permiſſion de prendre cette place que le peuple lui donnoit. Sans doute il crut, comme tant d'autres, que cette efferveſcence n'auroit que peu de durée, & il ſaiſiſſoit ce moment de ſe rendre agréable à ſes *maîtres*, & de rentrer en grace. Qui ſait quelles furent alors leurs conventions.

voit dicter, s'il étoit juste & prévoyant, elle dit à de certains représentans » que s'ils ne se hâtoient » de la réintegrer, elle déclareroit hautement tous » l'or qu'elle leur avoit donné pour la laisser » partir " ? Est-il vrai que cette menace & de nouveaux dons ont gangrené les ames déja souillées de Barnave, de Chapelier, de Lameth, de Dandré, de Lavie & autres confreres subalternes des chefs de la bande ? que Bailly & la Fayette aient eu le double motif de faire taire cette femme, & de sauver leur tête, coupables aussi du départ de son mari ? Est-il vrai que ce soit à elle que les victimes du champ de Mars aient été immolées, comme celles de Nancy, par la plus abominable des trahisons ? Est-ce pour elle que le champ de la fédération a été profané ; que l'autel de la patrie est encore teint du sang des citoyens, des femmes & des enfans ? Autrefois couverte par le camp des soldats du despotisme, cette plaine célebre la vit disparoître, cette horde d'esclaves, au premier cri de la *liberté*. O honte ! ô douleur ! on a vu les enfans de la patrie, méconnoissant les cris de leur mere, lancer un plomb meurtrier sur leurs freres paisibles, réunis sans armes pour le salut de tous, à l'ombre de la loi ; on les a vus les poursuivre, leur fermer les passages, les immoler sans défense à leurs pieds ! A qui obéissoient-ils ? A un magistrat sans pudeur, qui avoit donné à un général sans vertu des ordres mendiés à des législateurs impies, vils esclaves des tyrans que nous avions su dompter ! Si l'on n'a pas entendu Antoinette dicter ses loix aux indignes représentans d'une nation trop patiente, si on ne l'a pas vue applaudir au menſonge & à la calomnie qui ont régné dans les récits de Bailly & de la Fayette, ſi on ne l'a pas vue leur en payer le prix convenu entre elle & eux, ce qu'il y a de certain, c'eſt que l'effet en a été auſſi heureux pour elle que ſi elle eût tracé le plan du complot; c'eſt que, malgré le vœu manifeſté de la nation, elle eſt encore la femme du roi; c'eſt qu'en deux mois tout ce qu'il y avoit de mieux dans la conſtitution a été détruit; c'eſt qu'on a rendu à Louis XVI la majeure partie de ce que la raiſon & la juſtice lui avoient ôté; c'eſt qu'on lui a donné tous les moyens poſſibles de recouvrer le reſte; c'eſt qu'enfin, ſi la majorité de l'aſſemblée conſtituante, qui vouloit anéantir la nation & mettre à ſa place le pouvoir arbitraire abattu en 1789, n'a pas opéré ſeule la contre-révolution méditée depuis ſi long-tems, ſi la journée infamante du 17 juillet, ordonnée par elle, n'a pas été, en 1791, le tombeau de la liberté françoiſe, comme le 14 juillet 1789 en fut la premiere exploſion, ſi la mort ou l'émigration des patriotes n'a pas remplacé celle des traîtres à la patrie, ſi les jugemens d'un tribunal vendu n'ont pas aſſouvi la rage des deſpotes ſur les têtes les plus cheres aux citoyens, ſi nous conſervons encore une ombre de liberté, nous le devons uniquement à ſix perſonnes, dont l'attitude fiere & impoſante a quelquefois repouſſé l'audace de la coalition des pervers. Rendons hommage à nos Brutus, à nos Catons, dont la vie peut-être n'a pas été en ſûreté au milieu de la horde de brigands qui ſapoient les fondemens de l'état, & qui ont bravé la mort pour le ſalut de leurs concitoyens conſternés;

qui ne les auroient ni défendus ni vengés (1).

Est-il vrai que, méditant de nouveaux forfaits, Antoinette se sert de la puissance & de la liberté qu'elle s'est fait rendre pour suivre la trame qu'elle avoit déja ourdie? Est-il vrai que c'est à sa voix que se rassemblent vers nos frontieres les hordes de Germanie; que les conjurés François, dont le nombre s'accroît chaque jour, vont l'attendre à Worms & à Coblentz; qu'elle soudoie cette armée de traîtres; qu'elle seconde leurs projets en semant la discorde dans tous les départemens; qu'elle paie ces vagabonds qui, errant dans les campagnes menacent de les dévaster; qu'elle encourage les prêtres réfractaires; qu'elle promet l'impunité aux ministres dont la perfide intelligence avec elle nous laisse presque sans défense exposés aux insultes & au glaive de l'ennemi; qu'elle a déja formé dans l'assemblée législative un parti de royalistes; qu'elle y a fait nommer des gens à elle; qu'elle y a découvert & salarié de ces êtres lâches & avides qui demandent à genoux *de l'or & l'esclavage*; qu'elle a étouffé les cris de ceux qui veulent *du fer & la liberté*, & fait révoquer le sublime décret qui devoit anéantir pour

---

(1) Oui, la tête de Péthion & celle de Robespierre ont été menacées. Si les efforts des ennemis de la patrie avoient réussi, c'en étoit fait d'eux; ils mouroient victimes de la liberté: la liberté seroit morte avec eux. Ils ont rallié les Jacobins épouvantés; ils ont couvert les Feuillans d'opprobre, ils ont ranimé l'espoir des patriotes, & empêché dans l'assemblée la consommation du crime. Qu'ils en reçoivent le prix! Les vrais citoyens donnent peu d'éloges; mais ils racontent les actes de vertu; ils les transmettent à la postérité; ils citent pour exemples à leurs neveux les hommes qui en ont été capables.

jamais cette pompe servile, ce cérémonial ridicule, à l'aide duquel on fascine les yeux éblouis d'une classe d'hommes simples & crédules ? Est-il vrai que la mollesse de l'assemblée, dans laquelle il y a cependant des hommes libres, est déja l'ouvrage de l'or & des promesses d'une femme dont l'ambition & la vengeance ne se lasseront jamais ? Antoinette ? si tu as combiné ce tissu de forfaits dont toute la France t'accuse avec les nations étrangeres, si tu en projettes encore, prends garde, Antoinette, prends garde à toi ! le courroux d'une nation peut être suspendu par la pitié ; il peut être rallenti par une stupeur passagere ; on peut l'éblouir peut-être par de scandaleuses illuminations, par un don ridicule & mesquin à des pauvres qui n'ont pas reçu de ta main de quoi subsister un seul jour ; on peut l'endormir par des sermens imposteurs, par des lettres qu'on a peut-être démenties d'avance, par les adroites manœuvres des esclaves du despotisme : mais songe que le sommeil du peuple est celui du lion : que le germe de la liberté est répandu dans toute l'Europe ; que tu es moins sûre que tu ne penses de tes soldats étrangers ; que tes François émigrans sont tous des lâches incapables de se mesurer avec des citoyens ; que tout annonce la chûte des tyrans ; que leur premier pas vers nos frontieres nous fera tous relever à la fois, & que tu te verras seule contre vingt quatre millions d'hommes, & l'être éternel qui les a créés égaux & libres !

Antoinette ! tu peux seule te juger ; tu peux seule te dire à quel point la nation a droit de te haïr. Ce sont là les crimes dont elle t'accuse ; tous les maux qu'elle a soufferts, elle les croit ton ouvrage; tous ceux qu'on lui prépare, elle croit te les voir méditer dans l'enceinte du palais qu'elle te donne, & que tu trouves vieux, étroit & incommode. Si tu es infatiable de forfaits, elle ne peut couvrir ton nom de trop d'opprobre; cependant c'eſt à de pareils excès qu'elle doit déja cette portion de liberté que tu n'as pu lui arracher: c'eſt à ceux que tu médites qu'elle devra le reſte. N'eſpere pas que les écrivains gardent un lâche ſilence ſur les entrepriſes de tes agens & les tiennes; en vain la corruption des premiers légiſlateurs a voulu porter atteinte à la liberté de la preſſe, ni toi, ni eux, ni leurs ſucceſſeurs, n'échapperez à la ſurveillance & à la cenſure publique. Le feu de la liberté, le ſaint amour de tous, brûle encore dans le cœur des écrivains; leurs concitoyens les appellent, le ſort de leur poſtérité les enflamme, & l'être qui dans ſon cœur a juré de vivre libre ou mourir, ſe joue de la colère des tyrans.

F I N.

www.ingramcontent.com/pod-product-compliance
Lightning Source LLC
Chambersburg PA
CBHW050259170426
43202CB00011B/1749